JN114139

Methodological Foundations of Web Survey
Design and Administration in Practice

ウェブ調査の基礎

実例で考える設計と管理

山田一成 [編著]
Yamada Kazunari

誠信書房

はじめに

　ウェブ調査はインターネット利用の一般化とともに急速に普及し，既に広汎かつ頻繁に実施されるようになっている。また，その用途も，マーケティングリサーチだけでなく，官公庁や研究機関による社会調査や，学術研究のための各種データ収集へと広がり，利用機会の多さという点では，既に代表的な調査方法になっていると言っても過言ではない。

　なお，日本マーケティング・リサーチ協会が行っている経営業務実態調査によると（注1），調査手法別売上高構成比については，アドホック調査における「インターネット調査」の割合は，2000年度にはわずか3.2％であったが，2005年度には手法中最多の27.5％を記録。その後，2020年度には57.6％を占めるまでに至っており，こうした指標からも，ウェブ調査が急速に普及したことが明らかとなっている（注2）。

　ただし，そうしたウェブ調査の方法について，正確な理解が広く共有されているかというと，必ずしもそうとは言えないようである。多くの人々は「ウェブ調査」という言葉に接しても，「ネットを利用したアンケート」といった漠然としたイメージを思い浮かべるだけではないだろうか。また，ウェブ調査の利用を積極的に考える人々にとっての「ウェブ調査」も，「機動性に富み，安価で，大サンプル調査も容易」といった明るいイメージに留まっているのではないだろうか。

　もちろん，ウェブ調査がそうしたメリットを持っているのも事実である。ウェブ調査を利用すれば，必要な情報を短期間のうちに低コストで手に入れることが可能であり，確率抽出調査では出現頻度が低かった層への調査が実施可能となることも少なくない。さらに，質問提示順序のランダマイズやスライダー尺度の使用に加え，回答画面に画像や動画を表示することもできるため，従来型調査では不可能だった調査票構成へと新たな調査の可能性も広がっている。

　しかし，同時に，そうしたウェブ調査の利用を問題視する声も少なくな

い。ウェブ調査が代表性に関する問題を抱えていることは，その黎明期から
ずっと指摘されてきた事柄であるが，近年ではそれに加え，ウェブ調査には
問題のある回答が多いとの主張も行われるようになっている。また，そうし
たこともあり，2020年7月には，日本学術会議の分科会がウェブ調査につ
いて異例とも言える提言を行うに至っている（注3）。こうした状況下では，
ウェブ調査についてネガティブなイメージを持つ研究者や実務担当者がいて
も不思議ではない。

　ただし，肯定的であっても否定的であっても，そうした評価には，正確な
知識や実査経験に基づいた確固たる根拠が伴っているだろうか。魅力的な
セールストークや批判的なレビュー論文の要約を，そのまま受け取って思考
停止に陥ってはいないだろうか。ウェブ調査の有効利用について考えるため
には，そうした見かけ上の煌びやかさや総論としての批判的言説に惑わされ
ず，ウェブ調査の方法論的基礎について，具体的な情報と正確な理解を得な
ければならない。

　もちろん，そのためには，調査の仕様に関わる細かな事柄や，調査を行っ
た者が実査後に知り得る経験則など，広く開示されてはいないような情報へ
のアクセスも必要となる。しかし，そうした情報と，そうした情報の意味を
理解し活用する力こそ，ウェブ調査の有効利用を可能にする「調査の基礎」
なのである。

　制約の多いデータであっても，前提や仮定を置いて，既知の情報と理論を
援用すれば，今まで知ることができなかった全体像への推論も不可能ではな
くなる。調査（サーベイ）とは，そうした論理的な俯瞰のために作られた，
人間の認識のための技術体系である。ウェブ調査もまた，そうした体系のひ
とつとなるべく開発されたはずであるが，ウェブ調査がそうなるためには，
それを可能にする基盤が必要とされる。本書で紹介し伝えようとするのも，
そうした調査利用を支える知識と知恵である。

　なお，本書はタイトルに基礎という言葉を含んでいるが，本書は一般の
人々に向けた入門書ではない。本書は，自ら調査を行おうとする研究者や実
務担当者のための，方法論的基礎に関する専門書である。しかし，本書の各
章では，一部の専門家にしか関わらないような，特殊で例外的な事柄を扱っ
ているわけではない。むしろ，本書では，専門領域を問わず，全てのサーベ

イの設計と管理を支える「調査の基盤」についての論考を取り上げたつもりである。

　ただし，本書では，さまざまなタイプのウェブ調査を等しく取り上げてはいない。本書では，ウェブ調査のなかでも最も頻繁に利用されている「公募型ウェブ調査」に焦点を合わせ，そこを起点として，ウェブ調査の有効利用の可能性について多面的な検討を行っている。もちろん，公募型ウェブ調査が抱える課題は多岐にわたっており，本書で全ての論点を網羅できているわけではない。しかし，今後，検討が必要とされる問題について考えていく際に，検討の出発点となる論点については，できる限り本書のなかで取り上げるよう心がけたつもりである。

　そうした本書の構成は，目次に示されているとおりであり，各章で取り上げる主題や問題はそれぞれに異なっている。ただし，2章と3章，4章と5章は，それぞれセットとなっている。そのため，それらの章については章番号順にお読みいただきたい。また，ウェブ調査を行ったことがない方や，ウェブ調査の基礎知識を習得したいと思っておられる方は，まず1章をお読みいただきたい。そこでは，ウェブ調査を論じる際に用いられる用語と，そうした用語がどのような考え方や具体的な手続きとつながっているかを確認していただけると思う。

　なお，本書の各章は，取り扱っている主題や問題との関係において，論述のスタイルがそれぞれに異なっていることも，あらかじめお断りしておきたい。当該領域の知見を概観する必要がある場合は，レビューに重きをおいたスタイルが採用されているが，個々のケースのなかで議論すべき論点を扱う場合には，実証研究の論文構成に従ったスタイルが採用されている。

　しかし，そうしたスタイルの違いにも拘わらず，本書の各章に共通するものもある。それは，論考の内容が「机上の空論」とならないよう，実際に行われた調査や実験の結果に基づいて，知見の紹介や方法論に関わる議論が行われているという点である。本書のサブタイトルに「実例で考える」とあるのも，読者の方々にそうした点を読み取っていただきたいとの思いからである。そして，このように説明すれば，本書を手に取っていただいた方々には，本書がどのような地点を目指して進んでいるのかを，十分ご理解いただけると思う。あとは，そうした方々に，少しでも有益な情報をお届けできる

ことを祈るばかりである。

　公募型ウェブ調査は既にその黎明期を脱し，現在は様々な領域で実用に供されるなかで，少なからず困難さに直面し，その運用の細則を整えるべき時期に入っている。また，そうした調査の現場における努力と発見は，この方法の有効利用の可能性の模索とともに，誤解や先入観に修正を迫りながら，次第に技術の体系として形を成しつつある。そして，そうした動向のなかには，回答時間や回答パターンといったパラデータによる検票技術の共有だけでなく，標本設計の前提・仮定の明示や，バイアスの評価方法の整備など，新しい標準体系への問題提起も含まれている。本書もまた，そうしたたくさんの試みとともに，同じ方向に向かって，始まりの書のひとつとして刊行されるものである。

　本書が，公募型ウェブ調査の有効利用のための「礎」となることを，心から願っている。

　　2023 年 2 月吉日

山田一成

注 1　https://www.jmra-net.or.jp/activities/trend/investigation/
　　　（2022 年 12 月 21 日閲覧）

注 2　ただし期間中には若干の項目変更が行われている。

注 3　「Web 調査の有効な学術的活用を目指して」（日本学術会議　社会学委員会
　　　Web 調査の課題に関する検討分科会，2020 年）。

目 次

viii

1章　公募型ウェブ調査の特性

山田一成

1.　ウェブ調査の種類

　ウェブ調査とはウェブを利用したサーベイ（注1）である。そうしたサーベイは一般にはネットリサーチと呼ばれることも多いが，英語圏の学術論文においては Web survey と呼称されることが多いため，本章でもその訳語であるウェブ調査という言葉を用いる（注2）。

　ただし，ひとくちにウェブ調査といっても，ウェブ調査にはバリエーションがあり，目下普及の中心的存在となっている公募型ウェブ調査も，そのなかのひとつの類型に過ぎない。そのため，ウェブ調査の有効利用について検討するためには，その前提として，まず，ウェブ調査にはどのような種類があるのかを知り，それらがどのような点で相互に異なっているのかを理解しておく必要がある。

　ウェブ調査の分類は古くから試みられてきたが（注3），全体を概観するうえで有益なのは，日本学術会議の提言における分類，すなわち，①一般的な無作為標本に対する Web 調査，②確率的ウェブパネルに対する Web 調

査，③非確率標本に対する Web 調査，という３分類である（注4）。ただし，これらのうち，①は従来型調査のデータ収集にウェブを利用する形態であり，そこで新しく論点となるのは主にデータ収集方法の影響だと考えられる。また，②は確率標本によってウェブ調査の回答者集団（パネル）を構築するという手法であるが，現時点では盛んに実施されているとは言えない形態であるとされている。そのため，提言においても①と②は後景に退き，主に③が議論の対象とされている。

　こうした分類は公募型ウェブ調査が「何でないか」を理解するうえで大変有益である。しかし，③の内容を具体的に理解しようとすると，更なる内容の特定が必要となってくる。そのため上述の提言でも，③については更に吉村・大隅（1999）の分類が援用される格好となっているが，その分類とは，ウェブ調査を回答者の確保と実施方法により，パネルタイプ，リソースタイプ，オープンタイプの３つに大別するものである。また，これらのうちのリソースタイプは，更に［リソース内オープン］［属性絞り込み］［リソース内サンプリング］の３つに細分化されているが，そうした分類はウェブ調査のバリエーションを把握するうえで大変有益なものとなっている。そのためここでも，そうした吉村・大隅（1999）の分類の概要を説明しておくことにしたい（注5）。

　まず，オープンタイプとは，ウェブ上で公開された調査に誰でも参加可能な形態である。また，パネルタイプとは，ウェブ上での公募により回答者集団（パネル）を構成し，その回答者集団を対象に継続的に調査を行う形態である。これらに対しリソースタイプとは，ウェブ上での公募により登録者集団（リソース）を構成し，このリソースの一部が調査に参加する形態である。なお，こうした分類における「パネル」と「リソース」の違いについて吉村（2003）は，「調査が登録者集団全体に対し継続的に行われる場合をパネルと呼び，目的に応じて登録者集団の一部を対象に調査が行われる場合にその登録者集団をリソースと呼んでいる」と述べているが，ウェブ調査のバリエーションを把握するためには，この点の理解が必須となることを強調しておきたい。

　次に，そうしたリソースタイプのうち，［リソース内オープン］は登録者全体に調査への参加を呼びかけるもので，特定個人への協力依頼は行わない

形態である。一方、［属性絞り込み］は、登録情報で対象者を絞り込み、調査への参加を依頼する形態であり、「現行のウェブ調査の大部分を占める」とされている。最後の［リソース内サンプリング］は、登録者全体から調査依頼対象者を無作為に抽出する形態で、「あまり行われない」とされている。

　以上のように、ウェブ調査には複数のバリエーションがあるが、本書で取り上げる公募型ウェブ調査は、吉村・大隅（1999）の分類で言えばリソースタイプの［属性絞り込み］に相当する。以下では、公募型ウェブ調査をそのように特定したうえで、その基盤に関わる知見と論点の共有を図り、公募型ウェブ調査の有効利用について議論する。

2. 非確率標本の有効利用

　ウェブ調査の分類において、回答者が確率標本であるかどうかが重視されてきたことは上述のとおりである。また、そうした重視は、サーベイを「標本から母集団について推測するための方法」だと捉えるなら、当然の帰結であると考えられる。ちなみにウェブ調査を8つのタイプに分けて論じたCouper（2000）は、非確率標本によるウェブ調査の価値をほとんど認めておらず、そうしたタイプの調査のひとつに「娯楽としての投票」という否定的な名称を与えているほどである。また、そうした事柄から予想されるように、公募型ウェブ調査の方法論に関するこれまでの研究においては、その代表性が問題視され、重要な検討課題のひとつとされてきた。

　しかし、そうした研究動向にもかかわらず、公募型ウェブ調査の利用は拡大の一途をたどり、急速に普及していることは既に述べたとおりである。そして、そうであれば、公募型ウェブ調査を「確率標本ではない」という理由で利用しようとしないのは、はたして現実的な判断だと言えるのかどうか疑問もわいてくる。

　また、そうした視点から振り返ってみると、確率標本調査も深刻な問題を抱えていたことが思い出される。まず、確率標本調査を実施しても、多くの場合、実際の回収率は理想を大きく下回っていたはずである。また、それにもかかわらず、日本では、回収率の長期低下傾向に歯止めがかからないなか、回収率の低い確率標本調査が「容認」されてきたのではなかっただろう

か。回収率が5〜6割という確率標本調査が珍しくないなか，無回答バイアスの検討を踏まえた報告と解釈は，その都度，研究論文や報道記事に明示されてきたと言えるだろうか。

　もちろん，そのような問いに対しては，低回収率の原因を探る調査不能の研究や，回収率を上げる工夫や，補正に関する統計技法などを挙げ，低回収率を補う努力が並行して行われてきたとの反論も予想される。しかし，そうであるなら，公募型ウェブ調査についても，そうした努力に相当する議論，すなわち，非確率標本によるウェブ調査の有効利用はどのように可能かという議論が，更になされるべきではないだろうか。

　そこで本章では，そうした議論に必須と思われる論点を，本節で概観しておくことにしたい。なお，ここではそうした論点として，以下，（1）母集団の想定，（2）抽出条件の設定，（3）傾向スコアによる補正，（4）使用目的の変更の4点について述べることにする。

（1）母集団の想定

　非確率標本調査である公募型ウェブ調査について，まず行われるべきなのは母集団の想定である。たとえば，いまここに，公募型ウェブ調査によって得られた「18歳以上の男女個人から成る標本」があったとして，その標本を「有権者の標本」だと仮定することは極めて困難である。なぜなら，有権者のなかにはインターネットを利用していない人たちも少なくないし，利用していても調査会社の登録モニターになっていない人は大勢いるからである。しかし，それに比べると，そうした標本を「成人オンライン消費者の標本」だと仮定することは，それほど困難なことではないように思われる。もちろん，成人オンライン消費者のなかにも登録モニターになっていない人は大勢いるのだが，登録モニターはインターネット利用者ではあるため，その点では，より妥当であると考えられるのである。

　ただし，誤解の無いように断っておきたいが，ここで強調したいことは，「母集団は成人オンライン消費者」だと言いさえすれば，全ての公募型ウェブ調査が無条件に肯定されるといったことではない。ここで強調したいことは，確率標本／非確率標本という区別の前に，そもそも，その標本はどのような母集団の標本なのか，という点が明確に意識・検討されていなければな

らない，ということである。

　かつて，テレビが普及していなかった時代には，世論調査の標本を成人テレビ視聴者の標本だとは見なせなかったはずである。しかし，その後テレビが行き渡り，一家に複数のテレビが置かれるようになった段階では，そうした「見なし」が妥当だと判断されることもあったはずである。そして，そうだとすれば，インターネット利用の普及が更に進めば，公募型ウェブ調査の標本を成人オンライン消費者の標本だと見なす議論は，今よりも妥当性を増すようになると考えられる。

（2）抽出条件の設定

　母集団を想定して標本抽出調査を行う場合，まず，具体的な抽出条件が設定され，そうした設定に従ってスクリーニングという作業が行われる。また，そうしたことを具体的な作業を起点として眺めると，スクリーニングの条件設定を計画的・論理的に行うことで，得られる標本をどのような母集団の標本だと仮定できるかが変わってくる，ということも理解される。公募型ウェブ調査では事前に多様なスクリーニングを行うことが容易であるが，そうした点は，多様な母集団を想定できるという点で，公募型ウェブ調査のメリットとなっていると考えられる。

　また，抽出条件の設定については割当法（quota sampling）も重要となる（注6）。公募型ウェブ調査において母集団を想定する際に，都道府県等の行政区分に対応した居住地域についてスクリーニングを行うことを前提とすると，直近の国勢調査や住民基本台帳の結果に基づいて，想定された母集団の性年代別構成比に対し，予定された回答者数を割り当てていくことが可能となる（「割り当てる」ことを「割り付ける」と言うことも多い）。そして，そのような標本設計を行うことで，得られた標本がどのような特性を持つか，具体的に検討することも可能となる。

　もちろん，そうやって得られた標本も非確率標本ではあるのだが，特定の抽出条件を設けていない場合に比べると，割当法による標本のほうが，偏りの程度や方向を具体的に検討することが可能であると考えられる。また，確率標本の入手が困難となった現在，必要なことは，非確率標本の利用を控えることではなく，どのような考え方に従えば，その有効利用が可能になるか

を考えることであるように思われる（注7）。

(3) 傾向スコアによる補正

　上記（1）（2）は調査設計段階についてであったが，実査終了後のデータ処理において重要な論点となるのが傾向スコア（propensity score）を用いたデータの補正である（星野・前田, 2006; 星野, 2007; 星野, 2009; 星野, 2010; 谷口・大森, 2022）。

　傾向スコアとは，分析において「従属変数と独立変数の両方に関連のある複数の共変量をひとつにまとめた値」である。また，そうしたスコアは，個々の回答者の回答が確率標本調査と公募型ウェブ調査のいずれのものかを示す2値変数があった場合，それを従属変数とする2項ロジスティック回帰分析などによって求められる。そして，そうした傾向スコアを用いることで，ウェブ調査の回答者が確率標本調査に回答した場合に，計測したい変数がどのような回答になるかを推定可能であると考えられている。

　なお，こうした傾向スコアを用いた補正は次のような手順で実施される（星野・森本, 2007）。①予備的実験調査の実施（既存型調査とウェブ調査の両方），②予備的実験調査のデータから補正に利用可能な共変量のセットを選定，③本調査としてのウェブ調査の実施（補正のための共変量項目を含む），④予備的実験調査の共変量データと本調査の共変量データを用いた傾向スコアの算出，⑤傾向スコアを用いた本調査データの補正。

　ただし，このような作業にはかなりのコストが必要となるだけでなく，それ以外にも以下のような要検討点がある。まず，共変量として分析に採用する変数の選定については，必ずしも汎用性の高い方法や基準が知られているわけではない。また，補正の効果は事前には不明であり，常に補正の効果が大きいことが保証されるわけではない。そして，更に重要な点として，確率標本調査の回収率が低い場合，そうした調査は補正の基準として妥当かどうか，という問題が挙げられる。

　このように見てくると，傾向スコアによる「補正」は，計算は可能であっても，計算結果の受け止め方には議論の余地があると言わざるを得ない。ただし，補正を行おうとすること自体は，非確率標本の有効利用に積極的に取り組んでいるという点で，相応に評価されるべきであるように思われる。

(4) 使用目的の変更

上記（1）～（3）は確率標本に近づこうとする試みであったが，発想を転換し，使用目的を変更することで，非確率標本調査の有効利用を可能にしようとする議論もある。ここでは，そうした議論のなかでも代表性の高いものとして，①社会科学の予備調査，②言語研究の事例研究，③心理学の調査研究を取り上げ，それぞれについて概説することにしたい。

まず，社会科学においては，公募型ウェブ調査を予備調査（preliminary survey）に使うことが可能かどうかが検討されている（轟・歸山，2014）。ただし，そこで言われている予備調査とは，調査票の事前チェックのために少人数を対象に行われるプリテストではなく，「本調査において当該リサーチクエスチョンを設定することの当否の判断を得る」ためのものであるとされている（p.48）。もっとも，そうした利用を認めるかどうかについては，リサーチクエスチョン設定の当否判断の基準はどのように設定可能かという議論が必要となるが，そうした議論において，「結論を出すためのサーベイ」という先入観に縛られることなく，調査が果たしうる別の機能が模索されている点は，調査に関わる者が忘れてはならない点である。

一方，言語研究においては，これまで国立国語研究所，NHK放送文化研究所，文化庁文化部国語課などにより，確率標本による大規模調査が行われてきたが，それとともに，多人数の非確率標本調査を事例研究として肯定的に捉える主張もなされている（中東，2018）。たとえば，佐藤（2001）は，日本の方言区画上重要な14地点のそれぞれにおいて「3世代4層」を設定し，各層から50名ずつ合計2,800名の多人数調査を行っているが，そうした調査について佐藤は，それが有意抽出による事例調査であることを認めながらも，そうした調査が「現在考えられる言語調査法の中で，もっとも客観性を保った方法であることもまた事実なのである」と述べている（p.47）。また，荻野（2002）は更に踏み込んで，「社会言語学では調べる対象が，言語使用・言語運用の『集団の中の多様性』や『小集団ごとの違い』に注目しようとする面が強く，社会調査や世論調査とは違った性格を持っており，研究の目的や明らかにしたい事象が異なっているだけでなく，そもそも，方言調査などは，ランダムサンプリングによる調査が適さない」と主張している

という（注8）。こうした議論は，言語学者が使う「多人数調査」という言葉に表われているように，当該分野においては，主にサーベイの大量観察法という側面によって研究目的が達成される可能性が高いが故の議論であるように思われる。

　なお，こうした発想の転換を更に押し進めていくと，現実の社会集団を母集団とする考え方に拘束されない利用法があることにも思い至る。心理学における「調査」研究である。心理学においては古くから質問紙法による「調査」が盛んに行われてきたが，そうした「調査」の標本は，有意抽出によって選ばれた大学生であることが非常に多い。また，なぜそうした標本で「よし」とされるかといえば，「心理学では人間の普遍的な心理機制を問題にしているため，回答者が多様な人々を広くカバーしている必要はない」という暗黙の前提があったためであるとも考えられる。

　もちろん，そうした研究方法は science of the sophomore（大学 2 年生の科学）と呼ばれ（Sears, 1986; Gordon et al., 1986），批判されてきた（Peterson, 2001; Reynolds, 2010)。しかし，これまで心理学では，コストとの兼ね合いもあってか，大学生以外の標本が積極的に用いられてきたとは言いがたい状態であった。ところが，公募型ウェブ調査が登場し，大サンプル調査が低コストで実施できるようになると，状況は大きく変わることとなった。「大学 2 年生の科学」と批判する側もされる側も，非学生層を対象とする公募型ウェブ調査を実施することが容易になったのである。

　ただし，そうした調査では，大学生以外の回答者を得ることが目的とされ，具体的な母集団や確率抽出という考え方には拘束されないケースも少なくないと想像される。また，そのため，社会科学から「そうした調査はサーベイではない」との批判的見解が寄せられることも十分予想される。しかし，心理学から見ると，そうした公募型ウェブ調査は実証研究の進展に大きく寄与する画期的な方法となりうるのである。

　ただし，心理学におけるそのような利用については，ウェブで回答を得ることに関わるさまざまな論点も浮上することになる。本書の 2 章以降でそうした問題を取り上げたのも，ウェブ調査が心理学とその関連領域で多用されることを想定するが故である。

以上のように，非確率標本による公募型ウェブ調査の有効利用について考える際に，検討に値する論点は決して少なくはない。また，そうした試みは，思考実験として行われるだけでなく，実際に公募型ウェブ調査を実施し，得られたデータの特性を押さえたうえでなされるべきであると考えられる。そこで，以下では，そうした方法論的基礎に関する実証研究に資するべく，公募型ウェブ調査のデータ特性に関する経験的資料を提供することを試みる。ただし，そうした作業のためには，その前に，データ収集の前段階で行われる標本設計について，その具体的な手続きを正しく理解しておく必要がある。

3. 公募型ウェブ調査の標本設計

　公募型ウェブ調査の標本設計において，母集団が設定された後は，スクリーニングと割当法について検討することになる。スクリーニングは登録モニターのなかから特定の条件に該当する対象者を選定する手続きであるが，調査設計時には，そうしたスクリーニングが調査全体のなかで果たしうる機能について知っておく必要がある。一方，割当法は標本の性年代別構成比などが母集団における構成比と等しくなるように標本数を割り当てる手続きであるが，調査設計時には，割り当てに使用する変数の数とコストとのバランスを，調査目的に照らして考えることが重要となる。なお，本節では，そうした割当法とも密接に関わる標本設計の技法としてスプリット法について解説するとともに，公募型ウェブ調査には回答者（候補）が先着順で決まる段階があることについても言及する。

(1) スクリーニング

　公募型ウェブ調査はスクリーニング調査と本調査という2つの調査によって構成されている。そのうちスクリーニング調査は，本調査に先立ち，広く本調査の回答者を募るために行われるものであり，一般的には数問程度のコンパクトな調査となる。ただし，スクリーニングに使用される変数のなかには，居住地域のように，スクリーニング調査の調査票には含まれないものもある。なお，スクリーニングは以下で述べるように，調査の基本設計に関わ

る重要な機能を果たすこともあり，多様で詳細なスクリーニングが可能である点が公募型ウェブ調査の大きなメリットになっている。

　そうしたスクリーニングの具体例としては，まず，出現率の低い回答者を対象とする大サンプル調査のための使用が挙げられる。たとえば，「無職の独居高齢者（男女65歳以上）」を対象とする調査の場合，一般的な確率抽出では回収票における出現率が極めて低くなることが予想される。しかし，そうした場合でも，公募型ウェブ調査ではスクリーニングによって一定の回答者数を確保することが可能となる（山村ほか，2021）。また，特定職業の従事者のみを対象とする大サンプル調査は，名簿（抽出フレーム）が閲覧できなければ実施は極めて困難であるが，公募型ウェブ調査では，自己申告に基づけば可能となるケースも少なくない。なお，そうしたケースの具体例としては，医療従事者の大規模パネルを利用した調査を挙げることができるが，そのようなパネルは既に複数の調査会社で利用可能となっている。更に，回答者の属性ではなく，行動や意識によるスクリーニングも可能である。たとえば，自己申告ではあるが，「特定商品を1カ月以内に購入した人」や「1年以内に特定商品の購入を予定している人」などのように，マーケティングリサーチにおいて必要とされる層の確保も十分可能である。

　しかし，スクリーニングの機能は，回答者の限定に留まるものではない。それ以外にもスクリーニングの重要な機能として，スクリーニングによって回答時間を使った分析が可能になるという点を挙げることができる。一般的な公募型ウェブ調査の場合，回答者である登録モニターは，それぞれその都度，いろいろな回答デバイスを用いて回答を行っており，使用回線もさまざまである。しかし，そうした回答者ごとの回答環境について，回答デバイスをPCのみに限定したり，著しく遅い回線の利用者を除外するなどして，回答環境に関するスクリーニングを行えば，回答者の回答環境に著しい差がないようにすることも不可能ではない。そして，そうできれば，各質問の回答時間（画面提示時間）が同じ条件下で生じているという仮定のもと，回答者間で回答時間というパラデータを比較することが可能となる。

　なお，ここで言うパラデータ（paradata）とは「調査データ収集過程についてのデータ」のことである。具体例としては，上述の回答デバイス種別，通信回線種別に加え，使用ブラウザ種別，回答時間，各種回答行動などを挙

げることができる。もっとも回答時間については，心理学実験に必要とされるような厳密で精度の高い回答環境の管理は不可能である。しかし，回答者間で回答環境が著しく異なることがないと仮定することは不可能ではなく，また，そう仮定できれば，回答時間が著しく短いケースや著しく長いケースを識別でき，その原因について検討することや，異常値や外れ値を除外した分析を行うことも可能となる。

　以上のように，公募型ウェブ調査ではスクリーニングを計画的に行うことで，特定の回答者層を選定できるだけでなく，データの質の維持・向上や分析の妥当性を高めることも期待できる。ただし注意が必要なのは，スクリーニングに使用される情報には，調査会社の調査システム上で自動的に記録されたものと，回答者の自己申告によるものがあるという点である。前者の例としては，調査開始時間・終了時間や，各質問の回答時間を挙げることができる。一方，後者には，回答者の属性や意識を含むほとんどの情報が該当する。

　なお，回答者の属性については，調査会社からデータ納品時にデフォルトで提供される情報と，調査の発注者が調査票のなかに設定した質問から得られる情報の2種類がある。属性情報がデフォルトで提供されるのであれば，あえて課金対象となる質問を設定する必要はないようにも思われるが，調査会社はデフォルト情報が何時のものかを開示するとは限らない。そのため，厳密さが必要となる場合には，改めて質問を設定する必要が生じることがある。また，デフォルト質問の選択肢設定によっては，予定していた分析が行えないケースもある。たとえば，世帯年収，貯蓄額，職業などの変数は，デフォルトで納品されることが多いものの，変数の定義や選択肢設定が，発注者が計画している分析に利用可能であるとは限らない。そのため，デフォルト質問を使用する場合は，発注前にデフォルト質問の仕様を確認しておく必要がある。

（2）割当法

　公募型ウェブ調査を割当法による調査として実施する場合には，調査会社が提供する標準的で安価なサービスではなく，オーダーメイドの調査として，別の料金体系に従って発注することになる。ただし，オーダーメイドの

調査とすることで，設計の自由度が高まるだけでなく，回答時間の測定が可能となるなど，料金増に伴ってメリットも多くなる。

　一般的に用いられる割当法の例としては，まず母集団の性年代別構成比を算出し，その構成比に基づいて，回答者を性年代別の各区分に割り当てていくようなケースが挙げられる。また，その場合，性別が2区分で年代が5区分の調査であれば，性年代別の区分は全部で10区分となる。なお，調査会社では，割り当ての対象となるこうした個々の区分を指して「フラグ」という言葉が使われることがある（注9）。

　なお，こうした割当法によって標本設計を行う場合，割り当てをどのくらい細かく行うかが問題となる。というのも，割り当て条件の増加は料金増に直結するからである。たとえば，「一都三県の20歳から69歳までの男女個人」という母集団設定の場合であれば（注10），各変数のフラグは，地域が4，性別が2，年代が5となり，割り当ての対象となるフラグ数は全部で40（＝4×2×5）となる。しかし，こうした場合に，割り当ては性×年代の10フラグだけとし，居住地域はスクリーニング条件とすることも可能である。また，各地域ごとの性年代別構成比を割り当て対象としなければ，その分，調査コストは削減できることになる。もちろん，そうすると割り当ての精度は下がることになるが，そこで検討すべきなのは，調査の目的が，そこまでの精度を必要とするものであるかどうかである。

（3）スプリット法

　割当法とも密接に関連する重要な標本設計の技法として，スプリット法（split-ballot technique）を挙げることができる。スプリット法とは，回答者をランダムに複数の群に分割し，各群にそれぞれ異なる質問を行って，適宜，結果を比較検討するための方法である。こうした技法は，社会調査や世論調査のワーディング実験や，心理学研究における実験的調査，更には，マーケティングリサーチにおけるコンセプトテストなど，いろいろな目的のために採用される方法であり，ウェブ調査においては，その実施の容易さが大きなメリットとなっている。

　しかし，ひとくちにスプリット法と言っても，ウェブ調査におけるスプリット法が具体的にどのような手続きによるかは，必ずしも広く知られてい

るわけではない。実は，後述するように，ウェブ調査におけるスプリット法にはバリエーションがあるのだが，そのことはほとんど知られていないように思われる。また，そうしたことは利用者に対して開示されているとも言いがたく，調査会社との打ち合わせの際に，質問して初めてわかるケースがほとんどのように思われる。そこで，ここでは，ウェブ調査の設計者が知っておくべき事柄のひとつとして，ウェブ調査において採用可能な3つのスプリット法について，以下，簡単に説明する（以下の①〜③の名称は本章における便宜的なものである）。

①質問ランダム提示方式

まず挙げられるのは，ウェブ調査の各回答者ごとに，複数ある質問のどれを提示するかを調査システム上の「くじ引き」で決めるやり方である。この方式は，ウェブ調査におけるスプリット法のなかでも最もシンプルな方法であり，ウェブ調査の複数実施を別にすれば，スプリット法として最初に思いつくのはこの方式であると言ってよいだろう。なお，調査会社のなかには，こうした方式を「画面分岐」や「完全ランダム」という言葉を用いて説明する会社もある（「完全ランダム」と言う理由については後述する）。

ただし，こうした方式を用いた場合，質問の提示が完全にランダムであるために，スプリットされた各質問の回答者数が完全に等しくなることはほとんどない。また，スプリット各群の性年代別構成比が完全に等しくなることもほとんどない。したがって，回答者の数や性年代別構成比を極めて重視する調査課題においては，別のスプリット法が必要とされる。

②フラグ別提示方式

そこで次に考えられるのが，質問の提示を回答者のフラグごとに調整するという方法である。ここでは，その具体的な手続きについて，質問Aと質問Bの2問によるスプリット法の場合について説明する（便宜的に，実際の手続きを簡略化して説明する）。

まず，「20代男性」というフラグに注目した場合，実査が始まると，このフラグの回答者のそれぞれに対し，質問Aか質問Bのいずれかがランダムに提示される。ただし，質問への回答数に質問間で差が生じた場合には，いずれかの時点において，回答数の少ないほうの質問を表示するようにする。そして，「20代男性」の回答終了者数が予定数に達したら，そこでこのフラ

グの回収が打ち切られる。フラグ別提示方式とは，このような調整をフラグ
ごとに実施する方法である。したがって，この方式では，厳密に言えばラン
ダム提示は行われないことになる。ただし，調査会社サイドでは，こうした
提示方法を「完全にランダムではない」と表現することがある。

　なお，こうした方式を用いると，ランダム提示を回答者ごとに行う方式
（①）よりも，回答者の性年代別構成比の群間の差が小さくなると考えられ
ている。ただし，こうした方法を採用しても，各群の性年代別構成比が完全
に等しくなるとは限らない。また，そうした性年代別構成比の群間の差がど
の程度小さくなるかは，実際に調査を実施してみないとわからない。そこで
登場するのが，次に挙げる方式である。

③フラグ増設方式

　通常，性年代別構成のような回答者フラグは，1つの調査に1セット設定
されるだけである。しかし，それをスプリットの各群ごとに設定することも
可能である。質問がAとBの2種類であれば，質問Aの回答者用の10フラ
グ（1〜10）と，質問Bの回答者用の10フラグ（11〜20）をあらかじ
め設定しておくわけである。そして，フラグ1〜10の回答者には質問Aを
提示し，フラグ11〜20の回答者には質問Bを提示するように決めておけ
ば，スプリット各群の回答者数と性年代別構成比を等しくすることが可能と
なる。

　なお，こうした方式は，フラグを増設することで質問のランダム提示を不
要とする方法であるとも言えるし，類似した2つの調査を同時並行的に実施
することに近いと言うこともできる。また，この方法のメリットは，各群の
回答者数や性年代別構成比を完全に一致させることで，群間比較の問題点を
解消しうる点にあると考えられるが，フラグ数の増加は料金増に直結するこ
とが多いため，必ずしもメリットに富むとも言いがたい（調査を2つ実施す
るよりも，フラグ増設のほうが安価となる場合には，その点がメリットだと
言えなくもない）。そのため，この方式を採用するかどうかは，回答者の性
年代別構成比が重視される度合い次第であるように思われる。

　以上のように，調査会社では「スプリット（法）」という言葉が多義的で
ある可能性があり，発注者がその点を理解していないと思わぬトラブルに巻
き込まれる危険性もある。特に心理学者にとっては「完全ではないがランダ

ム」という手続きは「ランダム」ではないため，発注の際にはその点の確認
が不可欠となる。他方，群間比較において性年代別構成比が等しいことが必
須とされる領域では，完全なランダム提示によるトラブルが発生してしまう
危険性があることになる。こうした点については業界における改善の取り組
みも期待されているように思われる。

(4) 先着順による対象決定

　以上，標本設計に関わる3つの要点について説明してきたが，標本がどの
ように得られるかに関しては，公募型ウェブ調査に特有の仕様があることも
述べておきたい。その仕様とは，回答者や回答者候補が先着順で決定され
る，という方式である。以下，具体例を挙げながら説明しよう。

　公募型ウェブ調査を割当法として実施する場合には，まず，所定の条件を
満たす回答者をリソースとして確保するために，登録モニターのなかから該
当者がスクリーニングによって抽出される（回収予定数よりもはるかに多い
数となる）。また，この工程においてスクリーニング調査が実施された場
合，その回収は先着順で行われ，回収票が所定の数に達したところで回収が
打ち切られる。次に，そのようにして確保された回答者候補のなかから，調
査会社の基準によって「無効」とされた回収票が除外され，残った回答者候
補が本調査のためのリソースとされる。そして，そのリソースのなかからラ
ンダムに本調査の配信対象者が抽出されるが，そうした対象者に対して配信
された本調査の回収は先着順で行われ，回収票が所定の数に達したところで
回収が打ち切られる（注11）。

　なお，こうした工程に従った場合，調査依頼メールが届いているかどうか
チェックする頻度の高い登録モニターほど，本調査の回答者となる可能性が
高いことになる。また，もしも，調査依頼メールへの回答が早いモニターと
遅いモニターの間に，何らかの特性の違いが認められるのであれば，回収さ
れた標本には登録モニター全体の傾向と比べ，そうした特性に関する偏りが
認められる可能性があることになる。更に，週末に本調査を実施する設計と
した場合，土曜日が休日の人が先に調査に回答できる可能性が高まり，休日
が週半ばであることが多い職業の人は，回答者に含まれにくくなることも予
想される。

このように，先着順という回収方法は，調査目的によっては調査開始時間や調査期間，更には回答者の職業や生活様式とも関わりながら，データの特性に影響を及ぼしうると考えられる。ただし，そうした「偏り」はあくまで思考実験の結果であり，実際にそうした偏りが生じていることが確認されているわけではない。また，実際にどの程度偏りうるか，具体的に予測できるわけでもない。しかし，標本の回収に関し「先着順」という工程があることや，そのことがもたらしうる結果について知っておくことは，公募型ウェブ調査のデータの質や回答者特性を評価するうえで必須の事柄であるように思われる。

　以上のように，公募型ウェブ調査の標本設計についてはいろいろな論点があるが，ここでは優先度が高いと思われる論点を選んで紹介した。個人情報保護法の施行以前の日本では，住民基本台帳や選挙人名簿の閲覧が可能であり，確率抽出による調査の実施も比較的容易であった。また，そのため，十分な調査費用さえ確保できれば，確率抽出に基づく標本設計については調査会社の標準的な手続きに従うこともできた。
　しかし，そうした状況が大きく変わってしまったいま，標本の代表性に関する考え方は根底から見直しを余儀なくされている。そして，そうした状況のなかで浮上しているのが，公募型ウェブ調査における割当法の利用である。もちろん，その可能性は未だ要検討の段階にあるとの見方もあるが，そうであれば，それ故に，利用可能性の実証的な検証と情報の共有は急務であると言わざるを得ない。
　なお，そうした検証における具体的な論点は少なくないが，なかでも重要となるのは回収された標本の特性の評価である。同時期の国勢調査や住民基本台帳や選挙人名簿と比較した場合，得られた標本は，どちらの方向にどの程度偏っているのか。また，そうした偏りの方向や程度は，どのような変数について検証されるべきなのか。そうした問題について，ここで全ての論点を取りあげることはできないが，それでもここで，そうした検討の重要性は指摘しておくべきであるように思われる。また，そうした指摘にともない，次節では，可能な範囲で，そうした作業に関わる基礎的な情報の提供を行っておくことにしたい。

4. 公募型ウェブ調査の回答者特性

　公募型ウェブ調査の標本抽出方法が決まり調査票（調査画面）が完成すれば（注12），その後実査が開始され，回収票（回収データ）が所定の数だけ集まったところで実査が打ち切られる。また，実査開始後は検票作業によって無効票が除外され，実査終了後には残った有効票に基づいて回収標本の特性を確認することになる。なお，その際，各種変数の標本構成比と母集団構成比との比較をとおして，回収標本の歪みの方向と程度が明らかになることもある。

　公募型ウェブ調査の標本特性を面接調査，郵送調査，国勢調査などと比較しながら把握する試みは，これまでにも少なからず行われており，貴重な知見が得られている（本多・本川, 2005; 石田ほか, 2009; 埴淵ほか, 2015）。また，インターネット利用の急速な普及を考慮すると，できるだけ近年の情報を共有することが望ましく，そのような意味では，直近の研究として大森（2021）も注目に値する。ただし，それらの研究では全国調査が検討の対象とされており，大都市圏を対象とした場合の回収標本の特性については，必ずしも最新の情報が開示・共有されているわけではない。

　そこで以下では，筆者が首都圏において実施した近年の複数の公募型ウェブ調査について，それらの回答者特性のなかから，（1）居住地域，（2）教育水準，（3）登録調査会社数，（4）調査回答件数のそれぞれについて実例を紹介する（注13）。ただし，本節では従来型調査との直接的な比較は行っておらず，その点は今後の検討課題となっている。

（1）居住地域

　本節で紹介する調査は全て割当法によるものであり，事前調査における標本の割り当ては一都三県合計での性年代別構成比に基づいて行われている。また，その際，調査対象地区は一都三県であるが，その内訳（埼玉，千葉，東京，神奈川の人口比率）についての割り当ては行われなかった。

　そこで，各調査ごとに，本調査の回収票における一都三県の比率を調べた結果が表1－1～表1－3である。なお，標本の割り当ての際に使用されたの

表1-1 居住地域の標本構成比（2015年）

居住地域	調査時期		住民基本台帳
	2015年 1〜2月	2015年 5月	2014年 1月
埼玉	19.4	18.5	20.5
千葉	15.2	15.8	17.4
東京	37.3	38.8	36.8
神奈川	28.1	26.9	25.3
N	520	520	23,690,114

注：住民基本台帳は平成26年。数字は列％。

表1-2 居住地域の標本構成比（2016〜2020年）

居住地域	調査時期						国勢調査
	2016年 12月	2017年 1月	2017年 10月	2018年 1月	2019年 1月	2020年 2月	2015年 10月
埼玉	17.9	20.2	18.3	19.8	18.6	17.5	19.9
千葉	16.0	13.2	12.9	14.0	15.7	14.3	16.8
東京	40.6	38.8	39.9	41.3	40.8	41.0	38.1
神奈川	25.6	27.9	28.9	24.9	24.9	27.2	25.1
N	520	1,444	519	622	1,241	537	23,658,362

注：国勢調査は平成27年。数字は列％。

表1-3 居住地域の標本構成比 （2021〜2022年）

居住地域	調査時期		国勢調査
	2021年 2月	2022年 3月	2020年 10月
埼玉	17.7	19.2	19.3
千葉	13.8	14.8	16.6
東京	45.0	42.3	39.3
神奈川	23.5	23.7	24.8
N	520	520	23,082,382

注：国勢調査は令和2年。数字は列％。2021年2月調査は平成27年国勢調査に基づく。

は，2015年の調査は平成26年（2014年）の住民基本台帳（表1-1），2016〜2021年の調査は平成27年（2015年）の国勢調査（表1-2），2022年の調査は令和2年（2020年）の国勢調査（表1-3）である。

　結果をみると，一都三県の各比率の順位は全ての調査において正確に再現されており，母集団構成比からのズレも，結果の解釈に特段の制約を課すようなものとは言えず，全体として大変良好な結果であると考えられた。こうした結果はサンプルサイズが小さくない調査についてのものではあるが，今後，公募型ウェブ調査の標本設計について検討する際に，ひとつの参考情報となるものと思われる。

（2）教育水準

　これまで公募型ウェブ調査の回答者特性として，高学歴者の割合が高いことが繰り返し指摘されてきたが（本多・本川，2005; 石田ほか，2009; 埴淵ほか，2015），首都圏においても同様の傾向が示されるかどうか国勢調査の結果との比較を試みた。

　まず，国勢調査では10年ごとの大規模調査において「教育」についての質問が行われているため，令和2年（2020年）の国勢調査について，一都三県の20〜69歳である約2,308万人を対象として教育水準を集計した。その結果，「中卒」3.6％，「高卒」25.5％，「短大・高専」16.0％，「大卒」27.7％，「大学院卒」3.5％，「不詳」19.9％，「在学者」3.7％となっていた。

　一方，公募型ウェブ調査における教育水準の分布を示したのが表1-4であるが，2020年2月や2021年2月の構成比は上述の国勢調査の結果とは大きく異なり，「大卒」が多く，国勢調査の結果よりも20ポイント以上高くなっていた。ここで両調査に虚偽報告に関する差が無いと仮定すれば，公募型ウェブ調査においては首都圏を対象とした場合でも高学歴者偏重であるとの結論が導かれることになる（注14）。また，こうした教育水準の偏りは，2016年以降の全ての公募型ウェブ調査においてほぼ同様に認められており，しかも「大卒」についてはゆるやかな増加傾向さえうかがえる。

　以上のような傾向を踏まえるなら，今後の公募型ウェブ調査では，教育水準別の分析が必須となることを視野にいれた標本設計が必要となるかもしれない。ただし，公募型ウェブ調査で「大卒以上」が6割近くにも及ぶ可能性

表 1 - 4　教育水準の標本構成比（列％）

教育水準	調査時期							
	2016 年 12 月	2017 年 1 月	2017 年 10 月	2018 年 1 月	2019 年 1 月	2020 年 2 月	2021 年 2 月	2022 年 3 月
中学校卒	1.7	1.6	1.3	0.8	1.1	1.1	1.0	1.3
高校卒	21.2	20.4	21.4	21.7	20.7	19.4	17.9	18.8
専門学校・専修学校卒	11.0	12.3	12.1	11.3	11.2	12.8	11.0	12.3
短期大学・高等専門学校卒	13.7	11.6	9.8	8.7	10.2	10.6	10.6	8.3
大学卒	46.3	46.0	47.0	48.7	47.9	49.0	50.6	50.2
大学院修了	3.3	5.0	2.7	5.0	5.5	4.3	6.0	5.8
大学に在学中	0.8	1.4	2.7	1.0	1.2	0.6	1.7	1.2
大学院に在学中	0.6	0.6	1.5	1.0	0.6	0.7	0.4	0.6
その他	0.0	0.2	0.2	0.3	0.4	0.0	0.0	0.0
答えたくない	1.5	0.9	1.2	1.6	1.1	1.5	1.0	1.5
N	520	1,444	519	622	1,241	537	520	520

があることを考えると，今後は，サンプル数をかなり増やすか，あるいは，割当法において，性別や年代とともに教育水準の構成比を考慮することが必要となるかもしれない。

（3）登録調査会社数

　登録調査会社数については未だに漠然とした思い込みや誤解が多いように思われるが，調査会社の登録モニターは当該の調査会社とだけ契約を結んでいるわけではない。どの調査会社と契約するか，また，いくつの調査会社と契約を結ぶかは登録モニターの自由であり，専属契約のような規定があるわけではない。また，そのため，「どの調査会社のモニターが良質か」といった問いは，「問い」として成立しているとは言いがたい（注15）。

　とはいえ，ほとんどの登録モニターが十数社の調査会社と契約しているとも考えにくく，近年の実際の状況については調べてみる必要があるように思われた。そこで，質問が可能であった3回の調査において，本調査に質問を設定したところ，表1−5のような結果となった（注16）。

　3回の調査結果はほぼ同一で，各回の間に大きな違いはほとんどみられず，どの回でも「専属モニター」と言える「1社」は約3割に過ぎなかった。ただし，「5社以上」も2割弱と決して多くなってはいなかった。こう

表1-5　登録調査会社数（列％）

会社数	調査時期		
	2016年 12月	2017年 1月	2019年 1月
1社	31.3	29.4	31.5
2社	22.7	22.0	25.5
3社	20.6	22.0	19.1
4社	8.1	8.9	7.2
5社以上	17.3	17.7	16.7
N	520	1,444	1,241

した結果が示唆するのは，登録モニターの「回答の質」（注17）が問題にされる場合には，それが，特定の調査会社に固有の問題であると見なされてはならない，ということである。もちろん，杜撰な調査を行う調査会社や，調査会社の調査管理体制に明らかな違いがあるようであれば個別に問題とされるべきである。しかし，そうした特殊なケースを別にすれば，公募型ウェブ調査の「回答の質」については，調査会社横断的に検討されるべきであると考えられる。

（4）調査回答件数

　公募型ウェブ調査への回答件数については過去1カ月間の回答件数をたずねた（注18）。その結果が表1-6である。まず，2019年1月の結果を見ると，平均して「1日に1件以上」（1カ月間に30件以上）という回答は75％，平均して「1日に3件以上」（1カ月間に90件以上）という回答は42％に及んでいた。また，経年変化を見ると，回答件数は増加傾向にあることもうかがわれた。なお，こうした結果は，直近1週間の回答状況についても同様であり（表1-7），平均して「1週間に20件以上」回答した回答者は約58％に達していた。

　ただし，こうした結果は事前調査（スクリーニング調査）も含めてカウントしたものであり，本調査のみの件数でない点には十分な注意が必要である。しかし，それを考慮してもなお，表1-6の直近3回の調査で，回答者の7割超が「毎日ウェブ調査に回答している」という点は，従来の面接調査

表 1-6　公募型ウェブ調査への回答件数（1 カ月間：列%）

回答件数	調査時期					
	2015 年 1〜2 月	2015 年 5 月	2016 年 12 月	2017 年 1 月	2018 年 1 月	2019 年 1 月
0 件	2.1	5.2	4.2	2.8	2.3	2.7
1 件〜 10 件未満	13.7	14.2	11.3	7.5	6.9	7.0
10 件〜 30 件未満	25.8	21.7	17.9	16.8	16.1	15.3
30 件〜 60 件未満	26.2	23.3	21.3	23.0	21.4	22.4
60 件〜 90 件未満	11.5	11.3	9.8	12.5	12.7	11.1
90 件〜 120 件未満	8.7	10.6	12.5	13.1	15.3	13.6
120 件〜 150 件未満	1.9	3.8	5.0	6.2	5.5	5.8
150 件〜 180 件未満	1.9	1.9	1.5	2.9	3.7	3.1
180 件以上	8.3	7.9	16.3	15.3	16.2	19.0
N	520	520	520	1,444	622	1,241

注：回答件数はスクリーニング調査への回答も含む。

表 1-7　公募型ウェブ調査への
回答件数（1 週間：列%）

回答件数	調査時期
	2022 年 3 月
0 件	3.7
1 件〜 5 件未満	6.5
5 件〜 10 件未満	12.3
10 件〜 20 件未満	19.2
20 件〜 30 件未満	17.5
30 件〜 40 件未満	11.0
40 件〜 50 件未満	5.8
50 件以上	24.0
N	520

注：回答件数はスクリーニング調査
への回答も含む。

や郵送調査とはまったく異なる状況であることは明らかであり，改めて，公
募型ウェブ調査の回答者の多くが「調査慣れ」している可能性が高いことが

示唆された。

　なお，こうした結果は「プロ回答者」の存在を連想させるかもしれない。「プロ回答者」（professional respondent）とは，謝礼目的で調査に頻繁に回答する回答者を指して用いられる言葉であり，公募型ウェブ調査への批判のなかには，こうした回答者が不正回答や不良回答を行うことへの懸念が含まれることも多い。

　しかし，そうした解釈が妥当かどうかについては議論の余地がある。そもそも公募型ウェブ調査は，回答者全員に謝礼が払われるシステムであり，謝礼をまったく目的とせずに登録モニターになる人がいるとは考えにくい。また，頻繁に調査に回答しようとしても，本調査が配信されてくるかどうかは回答者の意向によって決まるわけではない。更に言えば，調査会社の標準的な謝礼額のことを考えると，公募型ウェブ調査への回答で生計を立てることは現実には不可能であると思われるため，「プロ回答者」という言葉には語弊があると言わねばならない（注19）。

　ただし，「プロ」かどうかを問題にしなければ，謝礼目当てに調査に頻繁に回答する登録モニターが存在するのは事実である。また，そうした回答者についての実証研究も海外では既に行われている。たとえば Matthijsse et al.（2015）は，オランダの大規模な市場調査パネルの回答者について潜在クラス分析を行い，「プロ回答者」を識別するとともに，「プロ回答者」が頻繁にメールチェックを行っていることを明らかにしている。しかし，同時に，そうした回答者の調査参加への動機付けには，謝礼だけでなく「楽しさ（fun）」が重要であること，および，そうした回答者の回答が低質であるとは言えないことなども明らかになっている。

　なお，こうした回答者については，日本における実証研究はこれからとなるものと思われるが，謝礼目当てで頻繁に回答する回答者が直ちに不正回答者や不良回答者であるとは言えない点には十分な注意が必要である。また，同時に，そもそも不正回答や不良回答を「特定の回答者（層）に起因するもの」とする前提の妥当性についても批判的な検討が必要である。というのも，不正回答や不良回答は，質問の量・形式や調査の意義の知覚などによって，誰にでも起こりうることだと考えることもできるからである。

5. 基礎研究の課題

　公募型ウェブ調査は調査会社の登録モニターから回答を得る調査であり，名簿（抽出フレーム）に基づいた調査ではない。また，割当法として実施した場合，リソースからの無作為抽出が行われることもあるが，その前後では先着順で回答者が決まっていく方式を採用している。そのため代表性に問題を抱えており，その利用には今なお否定的な声も少なくない。しかし，個人情報保護法の施行後に，確率抽出を理想とする議論を続けているだけでは，「無い物ねだり」や「机上の空論」を繰り返すことになってしまうのではないだろうか。

　本章ではそうした現状認識と問題意識に基づき，公募型ウェブ調査を新たな視点から見直すことを試みたが，そうした作業から明らかとなったのは，公募型ウェブ調査の割当法としての可能性である。割当法は，標準的な社会調査論のなかでは簡便法として登場することが多いが，確率抽出が実施困難となり，また，実施できたとしても十分な回収率が望めないのであれば，簡便法の肯定的な側面に注目し，その有効利用について積極的に検討することが必要ではないだろうか。また，その際には，標準的な社会調査論を所与とする有効性検証だけでなく，これまでの常識や定説に拘束されることなく，調査を問題解決の手段と捉え，どのような問題なら公募型ウェブ調査に解決できるかを考えることも必要となるように思われる。もちろん，そうした思考実験の先には，「サーベイ」という方法の特性や意義が問い直される局面も待ち構えているのだが，研究者がなすべきことは，既に完成されたサーベイという技術の形を守ることだけではないはずである。

　もちろん，そうした問いや試みは，いつまでも総論や思考実験に留まっていてよいものではない。公募型ウェブ調査を有効に利用する方法について考えるのであれば，個々の論点について実際に調査を実施し，その結果に基づいて，情報の共有を図りながら，具体的に検討を重ねていく必要がある。また，そうした検討を必要とするのが，標本設計だけでないことは言うまでもない。「公募」に関わる論点について検討し，仮に標本設計が一応の形になったとしても，公募型ウェブ調査は「ウェブ」を利用することに起因する

論点をいくつも抱えているからである。

　公募型ウェブ調査は従来型調査よりもコストがかからず，実験的調査や方法論的基礎に関する調査を行うことも比較的容易である。そうしたことも手伝ってか，既にこれまでの実証研究によって，紙の質問紙を使用した調査にも共通する問題点が少なからず明らかとなっており，調査の「回答の質」に関わる実証研究においては，回答時間や回答パターンなどのパラデータを利用した新しい検討も始まっている。

　本書でも，そうした問題群のそれぞれについて，以下の各章において調査データに基づいた検討の結果が報告される。もちろん，本書におけるそうした検討も，公募型ウェブ調査が抱える問題群のごく一部を扱っているに過ぎない。しかし，そうした個々の具体的な検討によって，公募型ウェブ調査の長所と短所が少しでも明らかとなれば，その有効利用の可能性に向けて，新たな道が開かれる可能性は十分あるように思われる。

注

注1　ここで言う survey とは標本抽出に基づく標準化された大量観察法のことを指す。ただし，こうした survey には適切な訳語があるとは言えないため，本章ではあえて「サーベイ」と表記している。なお，本書ではこうしたサーベイの定義に従い，公募型ウェブ調査の，①標本抽出に関する特性，②データ収集に関する特性，③調査票構成に関する特性のそれぞれについて，実例に基づいた検討を行っている。

注2　Web survey は online survey（オンライン調査）とも呼ばれる。なお，日本ではインターネット調査という言葉が使われることもあるが，インターネット調査はやや古い言葉であり，電子メールを用いた調査が含まれている場合もある。

注3　これまで英語圏の文献で引用されることが多かったのは Couper（2000）による分類である。Couper は，まず，ウェブ調査を確率標本によるものと非確率標本によるものに大別する。そして，それぞれに複数のサブタイプがあることを指摘する。なお，この分類の詳細は Tourangeau et al.（2013）にも記載されている（訳書，表2.1，p.16）。

注 4　出典は「Web 調査の有効な学術的活用を目指して」(日本学術会議　社会学委員会　Web 調査の課題に関する検討分科会, 2020 年)。3 分類については「補論 I」(p.27) を参照。http://www.scj.go.jp/ja/info/kohyo/pdf/kohyo-24-t292-3.pdf (2022 年 12 月 21 日)

注 5　大隅 (2002) の表 4.7 (p.206) も参照。

注 6　公募型ウェブ調査においては，母集団構成比に対する標本数の割り当てが行われることがある。また，その場合,「標本抽出は割当法による」との説明がなされることがある。しかし，ここで注意が必要なのは，そうした割当法を「有意抽出」と呼ぶことには議論の余地もある，という点である。というのも，割当法による公募型ウェブ調査の回答者は,「先着順」や「リソースからの無作為抽出」といった手続きが組み合わさって決まることがあり，そうした場合の割当法は「非確率抽出」ではあっても,「調査員の恣意による有意抽出」であるとは言えないからである。なお，かつて，訪問面接による世論調査において，地点は確率抽出であっても，各地点の面接対象者が調査員の恣意で選ばれた場合に，そうした方法を「割当法」と呼んだためか (Gallup, 1972　二木訳, 1976),「割当法は有意抽出である」と理解されていることもあるが，統計学的に重要なのは抽出が確率抽出かどうかである。また，そのため，誤解を招く危険のある「有意抽出」という言葉は，使用しないほうがよいようにも思われる。

注 7　こうした議論からは「ギャラップ伝説」と呼ばれる逸話が思い出される。この逸話は吉田・西平 (1956) によって紹介されるとともに，福武 (1958) などで引用されることで広まり，次第に「伝説」として定着していったと想像される。しかし，やがてこの逸話の内容は疑問視され，修正を迫られるようになる (盛山, 2004; 杉野, 2005)。また，その後，紹介者の一人である西平自身も，フランスの文献や朝日新聞のマイクロフィルムに基づきながら，当時ギャラップが面接で補正していた可能性を指摘している (西平, 2009, p.69)。更に，鈴木・佐藤 (2012) も,「伝説」の修正されるべき点について詳細な検討を加えている。なお，一般読者向けに「伝説」をどう受け止めるべきか解説したものとしては，岩本 (2015) や鈴木 (2021) を挙げることができる。

注 8　荻野の主張については論文が入手困難であったため中東 (2018) から引用した。

注 9　フラグは fragment の略と言われており，クロス表における「セル」に相当する。ただし，フラグは英語文献では見かけない用語であり，日本の

ウェブ調査業界の特殊用語（jargon）であるように思われる。

注10　世論調査の対象地域は行政区分を考慮して設定されるが，消費者調査では
　　　一都三県のような大都市圏が対象地域とされることも少なくない。その理
　　　由としては，大都市圏が，①実態としてひとつの生活圏・経済圏であるこ
　　　と，②消費者にとって商業環境や情報環境が同質であると考えられること，③既に一都三県のような大都市圏という設定が慣行となっており，各
　　　種統計資料と対応する場合があること，④人口の多さと対応する形で登録
　　　モニター数が多いため，調査設計や実査が比較的容易になる場合があるこ
　　　と，などが挙げられる。

注11　こうした工程には調査会社による違いや，個々の調査ごとの異同もありう
　　　ると考えられるが，筆者が過去に実施した割当法による公募型ウェブ調査
　　　は，全てこうした手続きに基づいていた。

注12　オーダーメイドの調査では，調査票（質問画面）の仕様については細かな
　　　指定が可能である。質問文のレイアウトや色，選択肢の配列方向などはも
　　　ちろんのこと，文字サイズや，回答者による文字サイズ選択の可否なども
　　　指定可能である。また，スクリーニング調査と本調査を一体化するか別に
　　　するかも指定可能である。ただし，そうしたことも含め，調査全体として
　　　何を指定できるかは，発注者からの問い合わせに応じて説明されることが
　　　ほとんどであるため，発注者の知識量，経験，技量によって，調査画面の
　　　質は大きく変わることになる。なお，注意が必要なのは，現状では，回答
　　　者が回答の際に目視する回答画面と完全に同一の画面は，発注者サイドで
　　　は見ることができないという点である（画面校正の際に，それに近い画面
　　　を見ることはできる）。また，それと関連するが，現状では，回答画面ファ
　　　イルや調査の配信状況を示す仕様書などは，発注時に指定すれば納品され
　　　ることが多いものの，指定なしでも納品されるとは限らないようである。
　　　こうした点については，今後，改善を期待したいところである。

注13　分析の対象となった公募型ウェブ調査は全て同一の調査会社に委託され
　　　た。調査対象者は一都三県在住の男女20〜69歳。標本設計は割当法で，
　　　いずれも一都三県全体の性年代別人口構成比への割当である（直近の国勢
　　　調査または住民基本台帳に基づく）。なお，スクリーニング調査は本調査に
　　　先行して別途実施する形態であった。また，スクリーニング調査は上述の
　　　調査対象者に配信され，回答に利害の影響が懸念される特定業種の従事者
　　　（家族に従事者がいる者を含む），ダイヤルアップ回線使用者，モバイル端
　　　末からの回答者は対象外とされた。調査では1画面に1質問を表示し，未
　　　回答存在時の警告表示により無回答を許容しない仕様とした。なお，こう

した調査は全てオーダーメイドであり，全質問の回答時間（質問画面提示時間・ミリ秒単位）が計測された。また，こうした調査は全て，東洋大学大学院社会学研究科研究倫理委員会の承認を受けた。

注14　教育水準の選択肢は国勢調査のものと同一ではないため，厳密な比較は困難である。なお，国勢調査の「教育」では，中途退学はその前の卒業学校を回答する仕様である。また，この質問の集計カテゴリーには「小学校（卒）」に加え，未就学者の区分不詳，在学か否かの不詳も設けられている。ただし，「小卒」は 0.03 ％であり，後ろ 2 つのカテゴリーを足しても 0.05 ％と，割合としては希少である。

注15　登録モニターの管理方法は調査会社ごとに異なっている可能性もある。

注16　質問文は次のとおり。「あなたは，現在，いくつの調査会社でインターネットのアンケート調査モニターに登録していますか。次の中から，あなたが登録している調査会社の数をお知らせください。」

注17　ウェブ調査の回答の質については，Galesic & Bosnjak（2009）が，回答時間，無回答率，自由記述量，多件法の回答の分散の 4 つを挙げている。また，彼女たちは回答の質の低下について，「同じ質問であっても，調査の後方に位置するほど，回答時間が短く，無回答率が増え，自由記述量が減り，多件法の回答の分散が減る」という傾向を指摘している。

注18　質問文は次のとおり。「あなたはこの 1 カ月間に，何件くらいインターネットのアンケート調査に回答しましたか。今回の調査（事前アンケートと本アンケートの両方）を除いて，回答した全てのネット調査会社の調査について，おおよその件数をお知らせください。なお，事前アンケートだけの場合は 1 件，本アンケートまで進んだ場合は 2 件，というように数えてください。」

注19　回答頻度の高い登録モニターについては，Toepoel et al.（2008）のように「熟練回答者」（trained respondents または experienced respondents）と呼んだほうがよいかもしれない。

引用文献

Couper, M. P.（2000）. Web surveys: A review of issues and approaches. *Public Opinion*

Quarterly, **64**, 464-494.

福武　直（1958）．社会調査　岩波書店

Galesic, M. & Bosnjak, M.（2009）. Effects of questionnaire length on participation and in-dicators of response quality in a web survey. *Public Opinion Quarterly*, **73**, 349-360.

Gallup, G.（1972）. *The sophisticated poll watcher's guide*, Princeton, NJ: Princeton opin-ion press.（二木宏二（訳）(1976)．ギャラップの世論調査入門　みき書房）

Gordon, M. E., Slade, L. A., & Schmitt, N.（1986）. The "science of the sophomore" revisit-ed: From conjecture to empiricism. *Academy of Management Review*, **11**, 191-207.

埴淵知哉・村中亮夫・安藤雅登（2015）．インターネット調査によるデータ収集の課題: 不良回答，回答時間，および地理的特性に注目した分析　*E-journal GEO*, **10**, 81-98.

本多則惠・本川　明（2005）．インターネット調査は社会調査に利用できるか: 実験調査による検証結果（労働政策研究報告書 No.17）　労働政策研究・研修機構

星野崇宏（2007）．インターネット調査に対する共変量調整法のマーケティングリサーチへの適用と調整効果の再現性の検討　行動計量学, **34**, 33-48.

星野崇宏（2009）．調査観察データの統計科学: 因果推論・選択バイアス・データ融合　岩波書店

星野崇宏（2010）．Web 調査の偏りの補正: 行動経済学における調査研究への適用　RCSS ディスカッションペーパーシリーズ, **97**, 1-19.

星野崇宏・前田忠彦（2006）．傾向スコアを用いた補正法の有意抽出による標本調査への応用と共変量の選択法の提案　統計数理, **54**, 191-206.

星野崇宏・森本栄一（2007）．インターネット調査の偏りを補正する方法について: 傾向スコアを用いた共変量調整法　井上哲浩・日本マーケティング・サイエンス学会（編）Web マーケティングの科学: リサーチとネットワーク　千倉書房, pp.27-59.

石田　浩・佐藤　香・佐藤博樹・豊田義博・萩原牧子・萩原雅之・本多則惠・前田幸男・三輪　哲（2009）．信頼できるインターネット調査法の確立に向けて　SSJ Data Archive Research Paper Series, 42, 東京大学社会科学研究所

岩本　裕（2015）．世論調査とは何だろうか　岩波書店

Matthijsse, S. M., De Leeuw, E. D., & Hox, J. J.（2015）. Internet panels, professional re-spondents, and data quality. *Methodology: European Journal of Research Methods for the Behavioral and Social Sciences*, **11**, 81-88.

中東靖恵（2018）．多人数質問調査法の現在（4）: 有意サンプルの調査の問題点　計量国語学, **31**, 461-476.

西平重喜（2009）．世論をさがし求めて: 陶片追放から選挙予測まで　ミネルヴァ書房

荻野綱男（2002）．社会言語学における多人数調査の問題: ランダムサンプリングは必要か　日語日文學研究　文學・日本學篇, **41**, 1-17.

大森翔子（2021）．インターネット調査のサンプル特性: 国勢調査・面接調査との

比較　NIRA ワーキングペーパー No.1

大隅　昇（2002）．インターネット調査　林知己夫（編）社会調査ハンドブック　朝倉書店，200-240.

Peterson, R. A.（2001）. On the use of college students in social science research: Insights from a second-order meta-analysis. *Journal of Consumer Research*, **28**, 450-461.

Reynolds, C. R.（2010）. Measurement and assessment: An editorial view. *Psychological Assessment*, **22**, 1-4.

佐藤和之（2001）．意識調査と計量的研究　日本語学（4月臨時増刊号　日本語の計量研究法），42-55.

Sears, D. O.（1986）. College sophomores in the laboratory: Influences of a narrow data base on social psychology's view of human nature. *Journal of Personality and Social Psychology*, **51**, 515-530.

盛山和夫（2004）．社会調査法入門　有斐閣

杉野　勇（2005）．1936年大統領選予測の実際：Literary Digest と Gallup 再訪　相関社会科学，**15**，55-69.

鈴木督久（2021）．世論調査の真実　日経 BP 日本経済新聞出版本部

鈴木督久・佐藤寧（2012）．アンケート調査の計画・分析入門：JUSE-StatWorks オフィシャルテキスト　日科技連出版社

谷口将紀・大森翔子（2022）．インターネット調査におけるバイアス：国勢調査・面接調査を利用した比較検討　NIRA 研究報告書 2021 No.11

轟　亮・歸山亜紀（2014）．予備調査としてのインターネット調査の可能性：変数間の関連に注目して　社会と調査，**12**，46-61.

Toepoel, V., Das, M., & Van Soest, A.（2008）. Effects of design in web surveys: Comparing trained and fresh respondents. *Public Opinion Quarterly*, **72**, 985-1007.

Tourangeau, R., Conrad, F. G., & Couper, M. P.（2013）. *The science of web surveys*. New York: Oxford University Press.（大隅　昇・鳰真紀子・井田潤治・小野裕亮（訳）（2019）．ウェブ調査の科学：調査計画から分析まで　朝倉書店）

山村　崇・後藤春彦・伊藤日向子（2021）．Web アンケート調査に基づく独居高齢者の個人属性および外出行動と「孤独感」の関係性分析　日本建築学会技術報告集，**27**，914-918.

吉田洋一・西平重喜（1956）．世論調査　岩波書店

吉村　宰（2003）．Web 調査の現状と課題：調査誤差の分類と対処の観点から　日本行動計量学会第 31 回大会チュートリアルセミナー

吉村　宰・大隅　昇（1999）．インターネット環境を利用したデータ取得：複数サイトにおける同時比較実験調査　日本行動計量学会第 27 回大会発表論文抄録集，117-120.

2章　複数回答形式と個別強制選択形式の比較

江利川滋・山田一成

1. 回答形式間の差異と最小限化

　サーベイリサーチにおいては調査項目の回答形式として，一連の項目リストから複数選択で回答を求める複数回答（multiple answer: MA）形式が多用されている。しかし，項目リストの一覧提示が困難な電話調査や特に必要がある場合などには，個別の項目ごとに該当の当否を判断させる個別強制選択回答（forced choice: FC）形式が採用される（注1）。

　こうした MA 形式と FC 形式については，両者を機能的に互換可能と仮定して調査が実施されることも少なくない。しかし，MA 形式は項目リストの中から選択する形式であり，FC 形式は個々の項目ごとに判断する形式であるため，両者を異なる回答形式とする立場もある。

　それでは MA 形式と FC 形式は機能的に等価なものとして考えてよいのか，それとも本質的に異なるものとして取り扱うべきなのか。本章では両者における回答者の回答傾向に注目し，その特徴と取り扱いにおける注意点を実証的に検討する。

（1） 個別強制選択形式を推奨する声

　２つの形式を比較した Sudman & Bradburn（1982）や Bradburn et al.（2004）は，自記式調査票において，MA 形式は小さなスペースで多くのデータが得られる経済的な形式であるのに対し，FC 形式は多少ごちゃごちゃして見栄えが悪いが（to be somewhat more cluttered and less appealing），MA 形式では非選択の意味が不明瞭であることを重視し，MA 形式よりも FC 形式の使用を強く推奨している（Bradburn et al., 2004, pp.171-173）（注 2）。

　確かに Bradburn たちの主張どおり，MA 形式で選択されなかった項目は，あてはまらないのか，あてはまるかどうかわからないのか，それとも，見落としなのかが不明なままである。それに対し，FC 形式で回答が得られなかった項目は，少なくとも「あてはまらない」ではないと推論することが可能である。そのような点だけを見ても MA 形式の採用には議論の余地があるといえる。ただし，そうした Bradburn たちの主張は実証結果を示しながら行われたものではなく，FC 形式と MA 形式の回答の差異が実際にどの程度あるのか，具体的な数値は示されていない。

（2） 複数回答形式で疑われる最小限化

　これに対し，MA 形式と FC 形式の回答傾向の違いに関する実証研究として広く知られるのが Rasinski et al.（1994）である。Rasinski たちは米国連邦教育省・国立教育統計センターの高校生パネル調査（NELS:88）の追跡調査に向けたフィールドテストの一環として，自記式質問紙による実験を実施した。

　実験では，教育や家庭環境に関する３つの質問（回答項目数はそれぞれ 4 個，12 個，20 個）を質問紙の中に分散して配置し，これらに FC 形式または MA 形式で回答する条件を設定して，対象者である学生を無作為に割り当てた。その結果から，３問全体や個々の質問で，MA 形式での項目選択数が FC 形式での項目選択数（該当項目数）よりも有意に少ないことを示し，その原因が最小限化（satisficing）であることを示唆している（注 3）。

　サーベイリサーチにおける最小限化とは，具体的には次のような事態であ

ると考えられている（Krosnick, 1991, 1999）。まず，サーベイリサーチの回答に必要な認知的コストは回答者にとって大変な重荷であり，回答者はそうしたコストを払うことを望んでいない。それにもかかわらず，調査票には膨大な数の質問が並ぶとともに，回答者が高質な回答を行うことが期待されている。

こうしたジレンマ状況において回答者は，質問理解，記憶検索，判断，回答選択という回答の認知過程の4段階（Tourangeau & Rasinski, 1988）の各段階で，最も正確な回答のための認知的努力（最適化：optimizing）を怠る可能性がある。これにより，質問の意味の不十分な理解，不完全な記憶検索，検索情報の不注意な統合，不正確な回答選択，といった状態が生じやすくなる。

なお，このように各段階での最適化の努力を怠った回答行動は「弱い最小限化」と呼ばれるのに対し，質問意図は理解するものの，記憶検索や判断は行わず，内的な心理状態とは無関係に，質問者から見てもっともらしい回答を任意に選択するような回答行動は「強い最小限化」と呼ばれる。

こうした視点からFC形式とMA形式を比較すると，MA形式では，途中で項目選択の検討が打ち切られたり，項目リストを見渡した後に相対比較による回答が行われたりするなど，FC形式に比べて最小限化が起こりやすいと考えられる。

MA形式において最小限化が生じやすいという仮説の検証を試みたRasinski et al.（1994）では，前述の3質問について，「同じ項目でもMA形式ではリストの上部にあるほうが下部にあるよりも選ばれる」という初頭効果を検討するために，混合モデルによる3元配置分散分析が行われている。それは目的変数を平均項目選択数，説明変数を①回答形式（FC形式／MA形式），②項目の提示順序（正順／逆順），および被験者内要因である③リストでの項目の位置（前半項目群／後半項目群）の3要因とする分析である。

しかし結果は必ずしも明瞭ではなく，たとえば，②と③の1次交互作用については，3問全体では「正順・逆順とも，前半項目群のほうが後半項目群より平均選数が多い」という仮説を支持する結果で統計的に有意であったが，個別に見ると，2問は仮説支持の方向ながら有意ではなく，逆方向の結果を示した1問が有意であった。また①〜③の2次交互作用も有意ではな

かったため，Rasinski et al.（1994）は，①の回答形式の効果は，項目がリストの最初にあるか最後にあるかに左右されなかった，としている。

（3）ウェブ調査での回答傾向の確認

　一方，こうした MA 形式と FC 形式の回答傾向の違いについて，質問紙調査とウェブ調査の両方で Rasinski et al.（1994）を追試したのが Smyth et al.（2006）である。Smyth たちは，ワシントン州立大の学生を対象に，2 つのウェブ調査と 1 つの質問紙調査を実施した。それぞれの調査では，回答形式（FC 形式／ MA 形式）や項目の提示順序（正順／逆順），項目数などの組み合わせによって最大 4 種類の調査票が作成され，回答者が無作為に割り当てられた。そして，そうした調査の分析結果から，質問紙調査だけでなくウェブ調査においても，MA 形式より FC 形式で平均項目選択数が多いことが報告されている。

　また，Smyth たちのウェブ調査では回答時間も測定され，全体として MA 形式より FC 形式で回答時間が長いことも見出された。更に，MA 形式では回答時間が平均より長い回答群のほうが，平均より短い回答群よりも項目選択数が多いのに対し，FC 形式では回答時間の長短 2 群で項目選択数の差があまりないことも示された。これらは，項目選択数に対する回答形式と回答時間の交互作用的な影響を示唆するものといえる。

　なお，こうした結果が生まれる原因として Smyth たちは，次の 2 つの心理機制を挙げている。1 つは MA 形式における弱い最小限化の促進であり，もう 1 つは FC 形式における深い情報処理の促進である。FC 形式は全ての項目について深い情報処理を促すため，最小限化が妨げられて回答に時間がかかる（Sudman & Bradburn, 1982）とともに，項目が該当する理由を思いつきやすくなるため項目選択数が多くなると考えられる（Sudman et al., 1996）（注 4）。

　また，Smyth たちは，Rasinski et al.（1994）と同様に，MA 形式での最小限化発生の検証として，MA 形式での初頭効果について検討している。分析の詳細を記した Smyth et al.（2005）によれば，検討対象となったのは，学内・学外生活に関する 5 つの質問（回答項目数は 9 〜 15 個）である。これらに対する MA 形式の回答について，2 つの項目提示順序（正順／逆順）

での平均項目選択数が，①項目リストの前半／後半，および，②冒頭3項目／末尾3項目の各区分で比較された（2つのウェブ調査に分散して配置された5つの質問それぞれについて①と②の比較が行われ，全体としては10個の比較が行われた）。

　その結果，回答者全体の分析で，「同じ項目でもMA形式ではリストの上部にあるほうが下部にあるよりも選ばれる」という初頭効果に沿う方向の有意な結果は，①で10比較中2個，②で4個だけであった（Smyth et al., 2005, Table2を参照）。そこで，回答時間が平均以下の短時間回答群に絞って比較を行うと，同様の有意な結果は①で10比較中5個，②で8個となった（Smyth et al., 2005, Table6を参照）。

　以上のように，MA形式における初頭効果については，Rasinski et al.（1994）の3元配置分散分析やSmyth et al.（2006）の回答者全体での分析結果は明瞭ではない。一方，Smyth et al.（2006）の分析から，対象を短時間回答群に絞り，比較区分を冒頭ないし末尾の3項目に絞ることで有意な初頭効果に沿う結果が多く見出されたことから，初頭効果という形での弱い最小限化の発生は，局所的な現象である可能性も考えられる。

2．公募型ウェブ調査における検証

　FC形式よりもMA形式で回答項目選択数が少ないという傾向が一般的な現象であれば，同一内容の質問であっても，どちらの回答形式を採用するかで調査結果が大きく異なる可能性があることになる。特にマーケティング・リサーチでは，財の所有やサービスの利用経験（事実・行動），商品評価や購買態度（意識・意見）などを測定する際に，複数選択で回答を求めることが少なくないため，こうした傾向の有無や程度の確認は重要な事前検討点となる。同様の検討が世論調査についても必要であることは言うまでもない。

　現在日本ではウェブ調査の利用が増加傾向にあり（注5），ウェブ調査の回答形式に関する基礎研究は増加しつつあるように思われるが，英語圏での蓄積に比べると，未だ不十分と言わざるを得ない状況である。そのため，英語圏で行われているような実証研究を日本においても実施することが急務と考えられる。

(1) 日本の公募型ウェブ調査で検証する仮説

　そこで本研究では，日本のウェブ調査において，FC 形式と MA 形式の間にどの程度の回答差が生じるのか，そして，MA 形式で弱い最小限化が生起しているかに関して検討を行う（注6）。具体的には，Smyth et al.（2006）に依拠しつつ，ウェブ調査における最小限化について以下の4つの仮説を検証した結果を報告する。

　　　仮説1：FC 形式より MA 形式で項目選択数が少ない。
　　　仮説2：FC 形式より MA 形式で回答時間が短い。
　　　仮説3：FC 形式では回答時間の長短で項目選択数に差はないが，MA
　　　　　　　形式では回答時間が短いほど項目選択数が少ない。
　　　仮説4：MA 形式では同一項目でも，項目リストの前半で提示するほう
　　　　　　　が後半で提示するよりも選択率が高くなる。

　まず，仮説1では，項目リストからの項目選択数は FC 形式より MA 形式で少ないという先行研究の知見を確認するとともに，個々の項目レベルでも FC 形式と MA 形式で選択率に差異が見られるかを検証する。同様に，仮説2では，FC 形式よりも MA 形式で回答時間が短いという先行研究の知見を確認する。

　回答時間の長短については，Smyth et al.（2006）が，項目選択数に対する回答形式と回答時間の交互作用的な影響を報告し，それを MA 形式での弱い最小限化の生起を支持する結果と解釈している。一方，FC 形式では短時間の回答といっても全項目をより深く処理するのに十分であり（1質問あたり MA 形式より7〜41秒の増加），それが項目選択数の減少にはつながっていないと述べている。これは，FC 形式における短時間回答は弱い最小限化の生起が疑われるほど短いものではなく，それゆえ，非該当の選択肢が選択されやすくなってもいない，という主張であると考えられる。

　こうした主張は概ね説得的であると考えられるが，Smyth et al.（2006）の分析では超長時間回答者（平均回答時間より +2SD 超）を除外しているものの，超短時間回答者（−2SD 未満）が除外されていない可能性がある

点に注意が必要である（Smyth et al., 2006, Table2 の注を参照）。仮に除外
されていなければ，「全て該当」「全て非該当」「該当・非該当を交互に選択」
など，強い最小限化が疑われる回答が混入する可能性があり，項目選択数と
最小限化の生起の有無を関連させて考えることが困難となる。そこで，本研
究では，超短時間回答者（−2SD 未満）と超長時間回答者（＋2SD 超）を
除外したうえで，同様の傾向が認められることを仮説 3 として取り上げ，検
証を試みる（注7）。

　また，仮説 4 については，最小限化が項目リストの途中で検討を打ち切る
という形でも生起すると考えられるため，こうした初頭効果が予想される。
本研究では，同一項目リストを正順で提示した場合と逆順で提示した場合の
選択率を個々の回答項目ごとに比較してこの仮説を検証する。

　なお，本研究は Rasinski et al.（1994）や Smyth et al.（2006）の追試で
もあるが，それらの先行研究のように学生を対象とするのではなく，現在の
日本で商業利用を中心に普及している公募型ウェブ調査（注8）において，
調査モニターの成人男女を対象とし，先行研究の知見の更なる一般化可能性
について検討するものである。

（2）仮説 4 の初頭効果検証について

　仮説 4 については前項で，個々の回答項目の選択率を正順提示と逆順提示
で比較して，初頭効果を検証すると述べた。先行研究では必ずしも同様の分
析が行われているわけではないが，個々の回答項目ごとの比較を行う意図に
ついて説明しておく。

　回答項目の選択には，各項目内容に固有の選好性とその提示位置がそれぞ
れ影響すると考えた場合，初頭効果は「提示位置の影響のほうが大きい」と
いう事象を捉えた概念といえる。しかし，固有の選好性と提示位置の影響が
どのようであるかは，項目内容によって異なることが十分予想される。

　こうした回答項目を複数個まとめて取り扱った場合，提示位置の影響が全
体としてどうなるかを予測するのは容易ではなく，項目間で提示位置の影響
が相殺される場合も否定できない。

　Rasinski et al.（1994）や Smyth et al.（2006）では初頭効果の検証とし
て，項目リストを前半・後半などに区分し，各区分での平均項目選択数を正

順提示と逆順提示で比較したが，結果は不明瞭であった。その一因として，個別項目の選択率ではなく，項目選択数として複数項目をまとめて分析したことの影響を想定することも可能である。そこで，本研究では仮説4を検証するにあたり，項目間での影響相殺の可能性を排除することを目的として，個々の回答項目ごとに比較を行うこととした。

(3) 行動質問と意識質問

最後に，本研究でも Smyth et al.（2006）と同様に，行動の想起による回答となる「行動質問」と意識の有無の判断による回答となる「意識質問」を設定し，回答に要する情報処理（認知的努力）の性質が異なる両者で同じように最小限化が起こるかを検討する。

Smyth et al.（2006）は，意識質問の回答にはより多くの判断が必要となるのに対し，行動質問の回答では容易に利用できる情報を回答者が持っている可能性が高いとしているが，明確な実証結果は示していない（注9）。そのため，行動質問と意識質問の差異については特に仮説を設けず，各々の質問における上記仮説の検証を通じて両質問間の差異の有無を検討する。

3. どのように回答形式を比較するか

前節で掲げた仮説を検証するため，本研究では2010年3月に，東京・埼玉・千葉・神奈川在住の男女20〜69歳を対象に公募型ウェブ調査を実施し，最終的に1,559人の有効回答を得た（注10）。本節ではその結果報告に先立って，分析に用いた項目・変数を説明しておく。

①回答形式比較項目

3種類の回答形式条件を設定し，回答者をウェブ調査のプログラム管理によっていずれか1条件にランダムに振り分けた（スプリット法）。設定した回答条件は，①FC形式（以下，FC），②FC形式と項目が同順のMA形式（MA正順），③FC形式と項目が逆順のMA形式（MA逆順）である。回答者数はそれぞれFCが522名，MA正順が519名，MA逆順が518名であった。

質問は行動質問として「インターネット利用行動」，意識質問として「ノー

トPC購入重視点」を設定した。

まず，行動質問の質問文は「あなたはインターネットをどのようなことに使っていますか。（以下，MA形式）次の中から，お使いになっているものをいくつでもお知らせください。／（以下，FC形式）次にあげる項目について，それぞれお使いになっているかどうかをお知らせください。」であり，FC形式の回答選択肢は該当が「使っている」，非該当が「使っていない」である。

また，意識質問の質問文は「あなたがノートパソコンを買うとしたら，どのような点を重視されるでしょうか。（以下，MA形式）次の中から，あなたが重視するものをいくつでもお知らせください。／（以下，FC形式）次にあげる項目について，それぞれ重視するかどうかをお知らせください。」であり，FC形式の回答選択肢は該当が「重視する」，非該当が「重視しない」である（注11）。

表2-1に行動質問，表2-2に意識質問の項目（各19個）を示した。なお，質問の表示画面は3条件とも1画面に19項目を縦方向に表示し，MA形式は各項目の冒頭に選択用チェックボックスを配置し，FC形式は各項目の右側に該当と非該当のラジオボタンを横方向に配置した（注12）。

②PCストレス項目

回答環境に対する心理的ストレスについて回答形式条件間で差がないかを検討するために，回答者が回答に用いたと考えられる「ふだん使っているパソコン」について，下記3項目への該当を2件法で尋ねた。すなわち，「ふだん使っているパソコンは処理速度が遅いので，いつもストレスを感じている」（該当30.0％），「ふだん使っているパソコンはディスプレイ画面が狭いので，いつもストレスを感じている」（該当5.6％），「インターネットを使うとき，ふだん使っているブラウザの表示が遅いので，いつもストレスを感じている」（該当25.1％）である。

③回答時間

質問ごとに回答時間（質問画面提示時間）を計測し（単位：ミリ秒(ms)），その自然対数変換値を分析に用いた。以下では，各回答条件の行動質問または意識質問について個別に回答時間対数変換値の分布を検討し，平均値から$-2SD$未満は不正回答の可能性が高い超短時間回答者，平均値か

表2-1　行動質問の項目選択率（回答形式別：%）

項目番号	インターネット利用行動（正順）	FC $N=495$		MA 正順 $N=494$		MA 逆順 $N=482$	FC - MA 正順
1	電子メールのやり取り	92.7	>	85.8	>	66.6	6.9
2	自分のホームページやブログの開設・更新	30.1		22.9		18.7	7.2
3	SNS（mixi など）	33.7	>	23.3		24.7	10.4
4	個人のホームページやブログを見る	61.0	>	40.7		44.0	20.3
5	公共機関や企業の HP やサイトを見る	83.2	>	52.0	>	41.1	31.2
6	商品・サービスの HP やサイトを見る	88.7	>	61.3		56.2	27.4
7	価格比較サイト（価格.com など）を見る	78.0	>	60.5		59.3	17.5
8	レストラン・飲食店の検索（ぐるなびなど）	73.7	>	52.4		50.0	21.3
9	チケットやホテルの予約	65.1	>	40.1		42.9	25.0
10	クーポンなどの割引券入手	58.2	>	33.4		34.4	24.8
11	ネットショッピング	86.1	>	70.9		66.8	15.2
12	ネットバンキング	66.9	>	51.0		48.3	15.9
13	ネットオークション	42.8	>	32.2		37.8	10.6
14	動画投稿サイト（YouTube など）を見る	63.2	>	44.5		39.6	18.7
15	電子掲示板（2 ちゃんねるなど）を見る	42.2	>	24.5		25.1	17.7
16	事典・辞書（Wikipedia, goo 辞書など）	76.6	>	44.7		50.6	31.9
17	地図・乗り換え・運転ルートの検索	91.9	>	75.5		78.4	16.4
18	天気予報を見る	86.5	>	69.6		69.3	16.9
19	ニュースを見る	90.7	>	65.0		70.5	25.7

注：FC と MA 正順の比較，および，MA 正順と MA 逆順の比較で 5 ％水準の有意差に不等号を表示。表全体を Bonferroni 法で 5 ％有意水準に調整。右端は FC から MA 正順を引いた差分。

ら +2SD 超は回答中断の可能性がある超長時間回答者と見なして，分析から除外した。

　以上の項目・変数を用いて回答形式条件を比較し，前節に掲げた 4 つの仮説について検討した結果を以下に報告する。なお，そうした比較は，スプリット法によって分割された各条件群が同質であり，群間に回答者の主要属性などで偏りがない場合に可能となる。そこで，分析に先立ち，回答形式 3 条件間で基本属性と PC ストレス項目の回答分布を比較した。その結果，性別，年齢，既未婚，子供の有無，最終学歴の各属性や PC ストレスの各項目において有意差は見られなかった（注 13）。これにより，各条件群は同質であると判断した。

表 2-2 意識質問の項目選択率 (回答形式別：%)

項目番号	ノート PC 購入重視点 (正順)	FC $N=496$		MA 正順 $N=493$		MA 逆順 $N=491$	FC - MA 正順
1	処理速度	93.3	>	71.2	>	52.3	22.1
2	ハードディスクの容量	86.7	>	57.4		59.1	29.3
3	メモリーの容量	91.7	>	63.3		64.0	28.4
4	画面の大きさ	74.0	>	50.3		46.4	23.7
5	画面の解像度	70.4	>	28.8		30.1	41.6
6	無線 LAN 機能の内蔵	62.3	>	38.7		33.2	23.6
7	テレビチューナーの内蔵	21.4	>	13.0		9.2	8.4
8	拡張性	38.7	>	8.9	<	16.7	29.8
9	DVD などのドライブの有無や性能	72.6	>	33.9		40.9	38.7
10	バッテリー駆動時間	64.7	>	37.1		37.1	27.6
11	重さ	62.5	>	46.5		40.5	16.0
12	落としたときなどの耐久性	62.5	>	20.1		16.9	42.4
13	保守サポートの内容	66.1	>	20.3		23.4	45.8
14	OS の種類	74.0	>	40.8		47.9	33.2
15	付属ソフトの種類	42.7	>	13.4	<	38.7	29.3
16	メーカーやブランド	58.5	>	33.7	<	47.0	24.8
17	デザイン	59.7	>	39.1		38.7	20.6
18	本体の色	52.2	>	26.4		29.9	25.8
19	価格	96.0	>	80.1	<	90.8	15.9

注：FC と MA 正順の比較，および，MA 正順と MA 逆順の比較で 5 ％水準の有意差に不等号を表示。表全体を Bonferroni 法で 5 ％有意水準に調整。右端は FC から MA 正順を引いた差分。

4. 仮説の検証と最小限化をめぐる議論

　前節で説明した方法によって回答形式条件を比較し，本研究の仮説を検討したところ，FC 形式より MA 形式で項目選択数が少なく（仮説1），回答時間が短いこと（仮説2），および，MA 形式での初頭効果（仮説4）が確認された。一方，FC 形式では項目選択数は回答時間に関わらないが，MA 形式では短時間回答群ほど項目選択数が少ない（仮説3）という結果は，意識質問では認められたが行動質問では認められなかった。以下，これらの結果について詳述する。

表 2–3　FC と MA 正順における項目選択数と回答時間

質問	平均項目選択数 (SD, N)			回答時間 (ms) 対数変換値平均 [逆変換値 (s)]		
	FC	MA 正順	t	FC	MA 正順	t
行動質問	13.1 (3.9, 495)	9.5 (4.5, 494)	13.4***	10.613 [40.7s]	10.268 [28.8s]	13.8***
意識質問	12.5 (4.0, 496)	7.2 (4.0, 493)	20.7***	10.683 [43.6s]	10.194 [26.7s]	17.2***

注：回答時間（ミリ秒（ms））対数変換値平均の逆変換値は秒（s）に換算。***p<.001

（1）仮説の検証

　まず，仮説 1 では，行動質問も意識質問も FC より MA 正順での項目選択数が有意に少なく，仮説 1 が支持された（表 2–3）。

　また，個々の項目について，FC の項目選択率から MA 正順の項目選択率を引いた差分（FC-MA 正順）を計算すると，行動質問（表 2–1）で平均 19.0 ppt（パーセントポイント；範囲 6.9 ～ 31.9 ppt），意識質問（表 2–2）で平均 27.7 ppt（範囲 8.4 ～ 45.8 ppt）であった。

　次に，仮説 2 では，行動と意識の両質問で FC より MA 正順の回答時間が有意に短く，仮説 2 が支持された（表 2–3）。なお，両形式間の平均回答時間の差は，行動質問（11.9 s）よりも意識質問（16.9 s）で大きかった。

　続いて，仮説 3 では，行動質問と意識質問のそれぞれで，対数変換した回答時間の中央値を基準に短時間回答者と長時間回答者の 2 群に分けて，項目選択数を比較した。その結果，表 2–4 に示すように，意識質問では，MA 正順で長時間回答者より短時間回答者の項目選択数が有意に少ないが，FC では両者に有意差は見られず，仮説 3 が支持された。しかし，行動質問では，MA 正順では長時間回答者と短時間回答者の間に有意差が見られず，FC で長時間回答者のほうが短時間回答者より項目選択数が有意に少なく，仮説 3 は支持されなかった（考察は本章 5 節を参照）。

　最後に仮説 4 を検討した結果，行動質問（表 2–1）も意識質問（表 2–2）もともに，MA 形式では同一項目でも，項目リストの前半での提示のほうが後半での提示よりも選択率が高い項目が複数認められ，初頭効果に関する仮説 4 が支持された。なお，有意にそうした傾向を示す項目の数は，行動質問（2 項目）よりも意識質問（5 項目）で多かった。

表2-4　回答時間の長短と項目選択数

	行動質問 (SD, N)			意識質問 (SD, N)		
	長時間回答群	短時間回答群	t	長時間回答群	短時間回答群	t
FC	11.9 (3.8, 247)	14.3 (3.7, 248)	7.1***	12.2 (3.8, 248)	12.8 (4.2, 248)	1.7
MA 正順	9.7 (4.2, 247)	9.3 (4.8, 247)	1.1	8.2 (3.6, 246)	6.2 (4.1, 246)	5.8***

注：***p<.001

　以上の結果から，日本の公募型ウェブ調査においても，同一内容の質問で
あっても FC 形式と MA 形式とで調査結果が大きく異なりうることが明ら
かとなった。

　こうした結果について，FC と MA 正順で項目選択率に著しい差（意識質
問で平均27.7 ppt，最大45.8 ppt）が認められたことは，ウェブ調査利用者
の間で知見として共有されるべきであるとともに，今後のウェブ調査を有益
なものとするためにも，いろいろな質問内容・調査条件での追試が必要であ
ることを示唆していると考えられる。なお，そうした差は Rasinski et
al.（1994）の結果よりもはるかに大きいが（注14），これが調査様式（質問
紙／ウェブ），質問内容，回答者属性（高校生／成人，米国／日本，非公募
／公募）のいずれに起因するかは不明であり，この点は今後の研究課題であ
ると考えられる。

(2) 最小限化発生の解釈をめぐる議論

　次に，FC 形式と MA 形式の間に差が生じる原因として考えられてきたの
は，MA 形式における弱い最小限化の発生であるが，上述のとおり，仮説
1，仮説2，仮説4が支持されたことにより，弱い最小限化が発生している
可能性は，経験的にある程度裏付けられたと考えられる。

　ただし，こうした結果の解釈に対し，いくつかの異なる解釈や更に実証的
検討を要する点も考えられる。具体的には，①FC 形式での黙従傾向（acqui-
escence）による回答増，②回答者による回答状況の差異，③回答項目数の
多寡である。

①FC 形式での黙従傾向

　黙従傾向は「心理検査や態度調査などにおける『はい』『いいえ』形式の

質問紙に『はい』と答えやすい傾向」（岩脇，1970, p.152）を指す。本研究の結果についていえば，MA 形式で回答が少ないのではなく（あるいは，それとともに），FC 形式で黙従傾向による回答増が生じているのではないか，という解釈である。確かに，FC 形式には「はい／いいえ」を意味する一対の選択肢が設定される点が MA 形式と決定的に異なっており，黙従傾向の危険性も指摘されている（Schuman & Presser, 1981）。

　この点について，Smyth et al.（2006）は，同一内容質問の回答形式で「はい／いいえ」条件と「はい／いいえ／わからない（または中間）」条件を設定・比較し，後者で「はい」回答が減らないことを報告している。しかし，本研究では調査実施上の制約から，このような検証は行っていない。したがって，本研究の結果を MA 形式における弱い最小限化発生の論拠と考えるには，厳密には「日本の公募型ウェブ調査でも Smyth et al.（2006）と同様に，FC 形式に黙従傾向が認められない」ことの確認が必要である。

　ただし，本研究の FC 条件で黙従傾向が著しいとは言いがたい論拠もいくつか考えられる。まず，本研究の FC 条件では全項目該当者は行動項目で 4.8 ％，意識項目で 3.8 ％を占めるに過ぎない点である。FC 形式での黙従傾向の影響については「FC 形式での全項目該当という回答パターンによって回答形式間に差が生じている」という極端な議論もありうるが，本研究で示された項目選択数や個々の項目選択率についての回答形式間の差は，そうした議論だけでは説明できないほど大きいと考えられる。

　また，別の論拠として，本研究で扱った質問の話題がインターネット利用行動とノート PC 購入重視点に関するものである点も挙げられる。一般に黙従傾向は質問内容や回答者の意見・態度が曖昧な場合に生じると考えられているが，本研究の質問項目は，ウェブ調査の回答モニターにとって日常的で身近な内容であり，場面想定法のように仮想状況について尋ねる質問でもなければ，回答者があまり考えたことのない社会状況について推測させるような質問でもない。また，本研究の質問項目は，政治経済に関する世論調査などに比べれば，回答が困難なほど難解な質問であるとも言いがたく，そのような点では，相対的には，黙従傾向の発生が強く疑われる質問内容であるとも言いがたい。

②回答者による回答状況の差異

本研究の結果の解釈に対する別の論点として，回答者ごとに回答状況（画面サイズ，質問項目一覧性，通信速度など）が異なっている可能性がある，という批判も考えられる。本研究では回答者の使用 PC のタイプ，画面サイズ，使用 OS などの情報を収集しておらず，それらの点については不明である。しかし，通信速度については，ダイヤルアップ回線使用者や不正回答の疑いがある超長時間および超短時間回答を分析から除外し，PC ストレス度を測定して群間に有意差がないことを確認している。加えて，実施したスプリット法で各条件に約 500 名規模の回答者をランダムに割り当てており，回答状況の差は相殺されていると考えられる。これらのことから，本研究の結果の解釈において回答状況の差を考慮する必要性は低いと考えられる。

③選択項目数の多寡

一方，最小限化の生起について，本研究で扱った質問の回答項目数が 19 項目と比較的多かったことの影響は可能性として考えられる。この数は実務的にみて著しく多いものではないが，それでも MA 形式と FC 形式の調査結果に大きな差異が見られたことを踏まえると，最小限化が生起しやすい項目数に関する検討は今後の重要な研究課題といえる。

ただし，先行研究では Rasinski et al. (1994) が質問紙調査で，回答項目数が各々 4 個，12 個，20 個の質問について FC 形式と MA 形式を比較し，いずれも MA 形式のほうが FC 形式より有意に項目選択数が少ないことを報告している。これは，両形式間での回答傾向の差異が，回答項目数によらない非常に頑健な現象との印象を与える結果といえる。

5. 知見の一般化に向けて

本研究ではほとんどの仮説が支持され，FC 形式と MA 形式とでは調査結果が大きく異なり，両形式間に 45.8ppt（平均 27.7ppt）もの差が生じうること，および，その原因が弱い最小限化である可能性が高いことが示された。また，先行研究と異なり，本研究の調査対象者が成人男女であることから，先行研究の結果の一般化可能性が高まったと考えられる。

しかし，本研究の知見の一般化に向けては，前節で示した議論のほかにも

検討が必要な論点がある。それは，①回答者が解釈した質問の内容や意図が回答の仕方・方略に影響した可能性や，②行動質問や意識質問への回答に必要な認知的負荷，といった論点などである。

①質問内容の解釈の影響

項目選択数に対する回答形式と回答時間の交互作用的な影響を仮説3として掲げたが，本研究では部分的支持にとどまった。仮説3で不支持となったのは行動質問における結果で，予想と異なり，MA正順では回答時間の長短で有意差が見られず，FCでは長時間回答者のほうが短時間回答者より項目選択数が有意に少なかった。

こうした結果の原因として，行動質問の内容が一部の回答者に下記のような回答方略を促した可能性が考えられる。すなわち，「インターネット利用行動を尋ねる行動質問では，日常的な行動頻度ではなく，過去経験の有無（1回でも利用経験があるか）が問われている」という解釈である。そして，そうした解釈がなされれば，FC形式でもMA形式でも，短時間に多くの項目の利用が想起される可能性がある。そうした回答が両形式に同程度含まれていたと仮定した場合，そうした回答を除けば，行動質問でも仮説3を支持する結果が得られた可能性があったと考えられる。

なお，上記の議論の「過去経験の有無による回答」は，質問内容の解釈に起因し，回答形式とは無関係に生起する現象であって，質問内容の解釈後に短時間回答方略として行われる回答（最小限化回答）とは性質を異にするものと想定されている。

ただし，上記の議論は実際に起こりうることとして想定可能ではあっても，現時点では推測に過ぎず，今後の研究課題と言わねばならない。しかし，ここで重要なのは，そうした説明が不可能でない以上，本研究の行動質問における仮説3の不支持によって最小限化の生起が否定されるわけではないと考えられる点である。

②回答に必要な認知的負荷の反映

また，最小限化の生起に関し，行動質問と意識質問の差異について仮説は設けなかったが，本研究では全体として，意識質問で個々の項目の選択率が高く，項目選択数が多く，回答時間が長くなる傾向が認められた。これについては，行動質問での想起より意識質問での判断のほうが回答に必要な認知

的負荷が高く，それを反映して差異が生じたのではないかとも推測されるが，想起にも判断にもそれぞれに難易度の高低がある点を考慮すると（例：現在の事実の想起と長期間にわたる頻度想起，印象判断と意思決定），今回の結果を一般化するには想起・判断の難易度を統制したうえで同様の結果が得られるかを確認する必要があると考えられる。

　ただし，本研究は，調査回答時の認知的情報処理機制の解明だけでなく，今後のウェブ調査の有効利用に資する知見の公開も目的としている。そのような意味では，最小限化回答が意識質問でも行動質問でも起こりうるという知見がまず重要であり，そうした結果はウェブ調査の安易な利用に注意を促すものであると考えられる。

　以上が本研究の結果，および，その解釈であるが，本研究のデータは，インターネット利用者の無作為抽出標本ではなく，調査会社の登録モニターを利用したものであり，厳密には統計的検定が行えず，その点でも結果の一般化可能性には制約があることになる。更に，他の質問内容で同様の傾向が確認されるか今後の検証も必要であるが，そうした傾向が頑健なものであれば，少なくともウェブ調査の回答形式に関しては，相対的には，MA 形式よりも FC 形式の採用が推奨されることになるだろう（注15）。

　ウェブ調査は商業利用が先行する形で既に広く普及しているが，日本においては，ウェブ調査の方法論的基礎研究は必ずしも十分とは言えない状況である。特に，本研究で検討したような，回答形式に起因する結果の差については，ほとんど研究が行われていないようである。サーベイリサーチの黎明期には，日本においても，後の礎となる重要な方法論的基礎研究が実施されていたが，今，ウェブ調査に必要とされているのは，そのような基礎研究の積み重ねである。

注

注1　英語圏では MA 形式が mark（check）-all-that-apply question format や check-all format，FC 形式が "agree-disagree" format や yes/no question

などとも呼ばれる。

注2 盛山（2004）はMA形式（多項選択）について，単純集計を行う場合，項目選択率の分母を総回答者数と総選択数のそれぞれにした場合の考察が必要であり，クロス集計は更に複雑になるなど，分析の難しさを指摘している。そして，「相互排他的な選択肢リストで回答してもらうのが難しいとき」（p.100）にMA形式を用いることもやむをえないが，その場合でもFC形式などを用いることを推奨している。

注3 satisficingはSimon（1957）による造語（satisfy＋suffice）であり，日本では満足化と訳されてきた。しかし，サーベイリサーチの方法論という文脈においては，回答者は認知的努力の放棄を後ろめたく思っている可能性もあり，心理状態を含意する満足化という訳語の適否については議論の余地がある。なお，最小限界という訳語もあるが（Groves et al., 2004　大隅監訳，2011），本章ではsatisficingが最適化（optimizing）と対を成すことをも考慮し，最小限化と訳すことにした。

注4 Smyth et al.（2006）は，FC形式によってどの程度該当理由を想起しやすくなるかについては言及していない。ただし，回答率の高低を判断するための外的基準がある場合を除けば，そうした検討は困難であると考えられる。

注5 日本マーケティング・リサーチ協会（2021）の第46回経営業務実態調査（協会会員社対象）によれば，アドホック調査手法別売上高に占めるインターネット調査の割合は，2020年度において57.6％に達している。

注6 本章は江利川・山田（2015）に大幅な加筆修正を施したものである。

注7 本研究で扱った超短時間回答者および超長時間回答者の操作的定義，すなわち，対数変換した回答時間の標準偏差を基準にする定義は，実証研究において一定の有効性を持つと考えられる。しかし，厳密に言えば，ウェブ調査の回答時間は対数や逆数を用いた変換を施しても歪みが大きいため（大隅ほか，2017），分布の裾が非常に長い場合，超長時間回答の値の影響で標準偏差も大きくなり，それによって超短時間回答の該当者数が著しく減少してしまう懸念もないわけではない。そのためもあってか，標準偏差以外の基準による操作的定義も提案されている。たとえば，Greszki et al.（2015）は，回答時間の中央値とそれ以下の短時間回答の値との差分に注目し，差分が中央値に占める割合に30％，40％，50％という3つの基準を設けて超短時間回答者を定義している。この方法は回答時間分布の平

均値や標準偏差に依拠する必要がなく，回答時間の値自体を考慮できる点にメリットがある。ただし，％値に明確な根拠があるとは言いがたく，その点には議論の余地を残している。また，Zhang & Conrad (2013) は，「1 語あたり 300ms」という値に質問内の語数を掛けた値を超短時間回答 (speeding) の操作的定義に用いているが，この方法は，回答時間が質問を読むために必要な時間を下回る場合は，回答者がその質問について十分に考えていない可能性が高い，との考えに基づいている。日本においては，大学生の読み速度について，斎田 (2004) が $M=504.9$ 文字／分 ($SD=99.2$ 文字／分，$N=168$)，小林・川嶋 (2018) が $M=653$ 文字／分 ($SD=174$ 文字／分，$N=200$) といった数値を報告しているが，これらを基準として超短時間回答の操作的定義に適用してよいかどうかについては，更なる検討が必要であると考えられる。

注8　ここで言う公募型ウェブ調査とは，公募型モニターを用いたポイント報酬制のウェブ調査のことであり，公募型モニターとは「調査機関が行う調査に協力する意思のある者を募り，協力の承諾が取れた者に対して，モニターとして登録を行った集団」のことである（加藤・李，2007）。なお，本研究では，回答者の個人情報は調査会社の個人情報保護ポリシーに従って管理されており，回答者のプライバシーに関する問題はないと判断された。また，本研究で行っているのはパラデータの分析（データ収集方法に関するデータの分析）であり，倫理的な問題はないと判断された。なお，調査謝礼のポイント数は調査会社の標準的な設定による。

注9　Smyth et al. (2006) では，FC 形式を MA 形式のように回答する行動，すなわち，該当する項目の「あてはまる」「はい」などだけ選択し，該当しない項目の「あてはまらない」「いいえ」などを選択しない回答行動の発生率が行動質問（1.58 ％）よりも意識質問（3.47 ％）で多いこと（$t=-1.55$, $p=.067$, 片側検定）や，そうした行動にかかった時間が行動質問（$M=23.15s$）より意識質問（$M=42.16s$）で長いこと（$t=4.79$, $p=.002$, 片側検定）の解釈として，意識項目への回答行動が行動質問への回答行動より認知的負荷が高い可能性を示唆している。

注10　本研究で実施したウェブ調査の仕様は以下のとおりである。対象者は，東京・埼玉・千葉・神奈川在住の男女 20 ～ 69 歳であり，調査会社の登録モニターから事前調査で回答者を抽出し，総数 1,500 人程度を目途に人口比例させた性年代人数を本調査に割り当てた。事前調査は 2010 年 3 月 25 日（木）～ 26 日（金）に実施し，26,000 人に配信して 5,891 人から回答を得た。ここから，無効回答，回答に利害の影響が懸念される特定業種の従事者，および，通信速度が著しく遅いダイヤルアップ接続者を除外して 5,465

人を抽出した。これを性年代で層化して1,986人をランダムに抽出した後，本調査を2010年3月26日（金）〜28日（日）に配信し，割当人数分の回答回収時点で調査を終了して1,559人の有効回答を得た。調査では1画面に1質問を表示し，未回答存在時の警告表示により無回答を許容しない仕様とした。また，回答者（$N=1,559$）の基本属性として，性別（男性49.9％，女性50.1％），年齢（$M=44.65$, $SD=13.52$），未既婚（未婚35.6％，既婚64.4％），子供の有無（子供あり54.0％，子供なし46.0％），最終学歴（高校卒以下25.9％，短大専門学校卒24.6％，4年制大学卒以上46.7％，在学中1.7％，NA1.0％）について回答を得た。なお，この調査は株式会社TBSテレビ・マーケティング部（現：総合マーケティング室）と本研究の筆者を構成員とするアクティブメディア研究会が共同で実施した。データ利用を許可していただいた株式会社TBSテレビ・総合マーケティング室に感謝する。

注11　ノートPC購入重視点の質問には「なお，ここでいう『ノートパソコン』には，小型のミニノートやネットブックなども含むものとします」と注記されていた。

注12　一般に広く利用されている公募型ウェブ調査を扱う本研究では，回答画面の設計も調査会社の標準仕様に従った。そのため，各々の回答画面に無回答警告表示が設定され，MA形式では全項目非該当という回答が許容されない（発生しない）こととなった。こうした仕様に対し，全項目またはほとんどの項目が非該当という回答が皆無・希少であれば分析への影響も軽微であると考えられた。そのため，本研究では行動および意識質問に網羅的な項目設定を行うとともに，該当者が極めて多くなると予想される項目を複数設定した。その結果，有効回答全体（$N=1,559$）において，行動質問では，全項目非該当者がFCで0.2％，1項目回答者がFCで0.2％，MA正順で2.5％，MA逆順で1.7％であった。同様に意識質問では，全項目非該当者がFCで0.4％，1項目回答者がFCで0.8％，MA正順で5.4％，MA逆順で5.2％であった。行動および意識質問とも，FC形式での全項目非該当者やMA形式での1項目回答者の割合が突出して高いといった特殊な分布は認められなかった。

注13　性別（$\chi^2(2)=0.12$, ns），年齢（$F(2, 1490)=0.03$, ns），既未婚（$\chi^2(2)=0.66$, ns），子供の有無（$\chi^2(2)=1.11$, ns），最終学歴（$\chi^2(8)=6.73$, ns）の各属性やPCストレスの各項目（「処理速度が遅い」$\chi^2(2)=0.70$，「ディスプレイ画面が狭い」$\chi^2(2)=0.03$，「ブラウザの表示が遅い」$\chi^2(2)=4.19$，それぞれns）において有意差や有意な関連は見られなかった（いずれも$N=1,559$）。

注14 Rasinski et al.（1994）の Appendix B に示された回答率を見ると，多くの項目で FC 形式と MA 形式間の差が 10 ポイント未満であり，FC 形式で減少している項目も若干認められる。ただし，これらの結果は質問紙によるものである。

注15 ただし，FC 形式においても，項目数が過度に多ければその分の作業負担を回答者に強いることとなり，脱落の多発や疲労による後続質問への悪影響も懸念されるため，注意が必要である。

引用文献

Bradburn, N. M., Sudman, S., & Wansink, B. (2004). *Asking questions: the definitive guide to questionnaire design –for market research, political polls, and social and health questionnaires.* San Francisco, CA: Jossey-Bass.

江利川滋・山田一成（2015）．Web 調査の回答形式の違いが結果に及ぼす影響：複数回答形式と個別強制選択形式の比較　社会心理学研究，**31**，112-119.

Greszki, R., Meyer, M., & Schoen, H. (2015). Exploring the effects of removing "too fast" responses and respondents from Web surveys. *Public Opinion Quarterly*, **79**, 471-503.

Groves, R. M., Fowler Jr., F. J., Couper, M. P., Lepkowski, J. M., Singer, E., & Tourangeau, R. (2004). *Survey methodology*. New York: Wiley.（大隅　昇（監訳）(2011)．調査法ハンドブック　朝倉書店）

岩脇三良（1970）．心理検査入門　日本文化科学社

加藤通朗・李　相吉（2007）．インターネット調査のマーケティング・リサーチへの適用　井上哲浩・日本マーケティング・サイエンス学会（編）Web マーケティングの科学　千倉書房　pp.61-102.

小林潤平・川嶋稔夫（2018）．日本語文章の読み速度の個人差をもたらす眼球運動　映像情報メディア学会誌，**72**，J154-J159.

Krosnick, J. A. (1991). Response strategies for coping with the cognitive demands of attitude measures in surveys. *Applied Cognitive Psychology*, **5**, 213-236.

Krosnick, J. A. (1999). Survey research. *Annual Review of Psychology*, **50**, 537-567.

日本マーケティング・リサーチ協会（2021）．第 46 回経営業務実態調査　<https://www.jmra-net.or.jp/Portals/0/trend/investigation/gyoumujitai_46.pdf>（2022 年 6 月 13 日）

大隅　昇・林　文・矢口博之・簑原勝史（2017）．ウェブ調査におけるパラデータの有効利用と今後の課題　社会と調査，**18**，50-61.

Rasinski, K. A., Mingay, D., & Bradburn, N. M. (1994). Do respondents really "mark all that apply" on self-administered questions? *Public Opinion Quarterly*, **58**, 400-408.

斎田真也（2004）．速読と眼球運動　基礎心理学研究, **23**, 64-69.

Schuman, H. & Presser, S.（1981）. *Question and answers in attitude surveys: Experiments on question form, wording, and context*. New York: Academic Press.

盛山和夫（2004）．社会調査法入門　有斐閣

Simon, H. A.（1957）. *Models of man: Social and rational*. New York: John Wiley and Sons, Inc.

Smyth, J. D., Dillman, D. A., Christian, L. M., & Stern, M. J.（2005）. Comparing check-all and forced-choice question formats in Web Surveys: The role of satisficing, depth of processing, and acquiescence in explaining differences. *Social and Economic Sciences Research Center Technical Report* #05-029, Washington State University. <http://survey.sesrc.wsu.edu/dillman/papers.htm>（2015 年 3 月 2 日）

Smyth, J. D., Dillman, D. A., Christian, L. M., & Stern, M. J.（2006）. Comparing check-all and forced-choice question formats in Web surveys. *Public Opinion Quarterly*, **70**, 66-77.

Sudman, S. & Bradburn, N. M.（1982）. *Asking Questions*. San Francisco, CA: Jossey-Bass.

Sudman, S., Bradburn, N. M., & Schwarz, N.（1996）. *Thinking about Answers: The application of cognitive processes to survey methodology*. San Francisco, CA: Jossey-Bass.

Tourangeau, R. & Rasinski, K. A.（1988）. Cognitive processes underlying context effects in attitude measurement. *Psychological Bulletin*, **103**, 299-314.

Zhang, C. & Conrad, F. G.（2013）. Speeding in web surveys: The tendency to answer very fast and its association with straightlining. *Survey Research Methods*, **8**, 127-135.

3章　個別強制選択形式の有効性評価

江利川滋・山田一成

1.　回答形式間の差異と最小限化・再考

　複数回答（multiple answer: MA）形式と，個別強制選択回答（forced choice: FC）形式という，サーベイリサーチにおける2種類の回答形式について，2章では，同一内容・同一項目数の質問であっても，MA形式での項目選択数がFC形式での項目選択数（該当項目数）より少ないことを実証的に確認した。また，その原因については，MA形式での最小限化（satisficing）発生を想定する論考も概ね実証的な支持を得たが，考察ではFC形式での黙従傾向（acquiescence）発生など，回答結果に影響を及ぼす他の要因の可能性も示唆された。

　両者の回答傾向の違いは，MA形式での最小限化発生と言ってよいのだろうか。そして，その抑制は可能なのだろうか。そうした疑問に答えるべく，本章では2章を承けて，更にMA形式とFC形式の差異に関する実証的な検討を深めていく（注1）。

（1）回答傾向の差異の実証的確認

　FC 形式より MA 形式で項目選択数が減少しやすいという回答傾向については，Rasinski et al.（1994）が高校生対象の質問紙調査で，また，Smyth et al.（2006）が大学生対象のウェブ調査で，そうした回答傾向が認められることを実証的に示している。また，Thomas & Klein（2006）は，Harris Interactive Panel を使用した公募型ウェブ調査（調査会社委託によるポイント報酬制のウェブ調査）でも，調査トピックスや対象国（豪・加・仏・独・伊・西・英・米）によらず，こうした回答傾向が広範に認められることを報告している。同様に，江利川・山田（2015）が日本の公募型ウェブ調査で，FC 形式に比べて MA 形式では著しい項目選択率の低下が認められることを明らかにしている（2 章を参照）。

　こうした回答傾向の主な原因は，MA 形式において，回答者が最も正確な回答に必要な認知的努力（最適化：optimizing）を放棄すること，すなわち，最小限化が生起することであると考えられてきた（Krosnick, 1991, 1999; Smyth et al. 2006; 江利川・山田，2015）。本研究では，2 章の議論を承けて，MA 形式と FC 形式の回答傾向の差異が再現性のある頑健な現象であるかどうかを確認するとともに，その原因と考えられている最小限化について，これまでほとんど実証的に検討されてこなかった最小限化の抑制を取り扱う。

（2）質問回答行動における最小限化

　サーベイリサーチにおける最小限化とは，質問意図を理解して記憶から関連情報を検索し，その情報を単一の判断に統合して選択肢に応答するという，回答に必要な一連の認知的努力を回答者が怠ることを指し，そうした認知的努力が不十分な回答行動を「弱い最小限化」，質問意図の表面的な理解だけで記憶検索や判断を行わずに応答する回答行動を「強い最小限化」と呼ぶ（Kronsnick, 1991, 1999; 2 章 1 節（2）も参照）。

　こうした最小限化は，調査結果の解釈を困難にするため，その生起を抑制する調査設計が必要となる。そのため，ウェブ調査の複数回答質問においては FC 形式の採用が推奨される（江利川・山田，2015）。なぜなら，FC 形式

は項目ごとに回答（該当／非該当）を求める形式であるため，そのような視覚的な形式が個々の項目について深い情報処理を促し，その結果，最小限化が抑制されやすいと考えられるからである（Smyth et al., 2006）。

しかし，他方では，MA 形式には FC 形式のような項目ごとの選択肢表示領域がないため，相対的に視覚情報の少ない MA 形式を圧迫感や抵抗感を生起させにくい形式と見なし，その点を肯定的に評価する立場があることも予想される。そのため，本研究では，MA 形式の有効利用の可能性を検討する観点も含めて，最小限化の抑制要因を実証的に検討する。

(3) 最小限化の生起を検証するには

MA 形式における最小限化生起の検証には，FC 形式よりも MA 形式において，①項目選択率が低下し，その結果として質問全体での項目選択数が低下すること，および，②回答時間が短くなることを示す必要がある。ただし，①については，そうした傾向が MA 形式における最小限化の生起を意味するのではなく，むしろ FC 形式での黙従傾向による選択増を意味している，との解釈も考えられる。そのため，上記に加えて③ FC 形式で黙従傾向が生起していないことも確認する必要がある（Schuman & Presser, 1981; Smyth et al., 2006）。

上記③については，Smyth et al.（2006）は，実際には「中立」や「決定不能」に相当する回答者が，FC 形式で「非該当」よりも「該当」と回答しやすい傾向を黙従傾向としている（p.68）。そして，FC 形式に 2 選択肢条件（該当／非該当）と 3 選択肢条件（該当／非該当／わからない，または中立）を設け，これらの間で「該当」選択率に有意差が認められないことから，FC 形式での回答に黙従傾向は認められないと主張している（注2）。

日本では，江利川・山田（2015）が①および②を確認したが，③の FC 形式における黙従傾向の有無は未検証であったため，MA 形式と FC 形式での項目選択率の違いが MA 形式での最小限化生起によるかどうかは推論に留まっていた。そこで，本研究では，③も含めて MA 形式における最小限化の生起を検証する。

なお②について，Smyth et al.（2006）は回答時間と項目選択数の関係に注目し，「項目選択数は，MA 形式では短時間回答群のほうが長時間回答群

よりも少なく，FC 形式では両群に差はない」という分析結果をもって，最小限化生起の傍証としている。Smyth et al.（2006）の研究は大学生を対象としており，「MA 形式質問の回答時間の長短は主に検討項目数に規定される」との前提が置かれていると推測される。

　しかし，成人男女を対象とした場合，回答時間が年齢や性別などの要因に規定されている可能性や，調査項目として取り上げる話題の複雑さや身近さなど，回答時間の長短と交絡する要因もありうるため，上述の分析結果が最小限化の傍証になるかどうかについては議論の余地があると考えられる。そのため本研究では，回答時間と項目選択数の関係についての分析は行わないこととした。

2. 回答項目数は最小限化に影響するか

　最小限化を促進・抑制する要因について，Krosnick（1991, 1999）は，課題の難易度，回答者の能力，最適回答への動機づけの 3 点を挙げている。このうち，「課題の難易度」とは質問が回答者に課す認知的負荷の程度であり，「回答者の能力」とは回答者の知的熟達や思考経験の程度である。また，「最適回答への動機づけ」とは，認知欲求，回答者にとっての質問事項の個人的重要性，調査結果の有用性，疲労などによって左右される，回答への動機づけである。

　これら 3 要因間には「最小限化の生起率＝課題の難易度÷（回答者の能力×最適回答への動機づけ）」という関係があり，この式に従って，最小限化は，課題の難易度が高いほど，回答者の能力が低いほど，最適回答への動機づけが低いほど，生起しやすいと考えられている（Krosnick, 1991）。

　本研究ではこれらの要因のうち，操作や測定が比較的容易な「課題の難易度」について検討する。

（1）回答項目数操作の狙い

　本研究で検討する複数回答質問において，課題の難易度の操作が容易な要素のひとつと考えられるのが，回答項目の数である。

　Krosnick（1991）は，記憶検索に関わる課題の難易度として「1 つの質問

で扱われている対象の数」（p.221）をあげている。たとえば，態度対象が単一の質問よりも複数個ある質問のほうが，記憶から関連情報を検索する対象数が多くなり，要求される想起課題が難しくなるほど，最小限化が起こりやすくなるという。

　回答項目数が異なる条件下でのFC形式とMA形式の回答傾向の違いについては，Thomas & Klein（2006）が以下の検討を行っている（Experiment3）。それは，FC形式とMA形式それぞれで，選択肢数が5項目の条件とその他の条件（10・15・20項目の3条件をプールしたもの）について，項目リスト先頭5項目の平均選択数（範囲は0〜5）を比較するものである。その結果，FC形式では2つの条件間で有意差は認められなかったが，MA形式では5項目条件のほうがその他の条件より有意に項目選択数が多かった。この結果からThomas & Klein（2006）は，MA形式において回答項目数が増えると項目選択数が減るという関連が見出されたとしている。

　上記の結果から，FC形式とMA形式という回答形式の差異と回答項目数の条件が，交互作用として項目選択数に影響することも想定されるが，Thomas & Klein（2006）ではそのことについて実証的な検討は行われていない。また，回答項目数を最小限化の抑制要因と捉える視点も欠落しているように見受けられる。

　そこで本研究では，江利川・山田（2015）が用いた質問をベースに回答項目の多い条件と少ない条件を設け，回答形式の差異を考慮したうえで，項目数が最小限化の生起にどのように影響するのかを検証すべき課題とした。

（2）回答項目数条件の設定

　本研究で設定した回答項目数の条件は，①20項目条件，②上位10項目条件，③上下5項目条件の3つである。以下にその内容と設定の理由を説明する。

　今回，回答項目数の多寡による条件を設定するにあたり，江利川・山田（2015）が用いた行動質問・意識質問をベースにしたものを多数項目条件（①20項目条件）とし，そこから項目数を減らして少数項目条件を作成することを検討した。なお，少数項目条件は，MA形式のメリットが生じる下限項目数を考慮するとともに（数項目ではMA形式にするメリットはない），

本研究の知見が今後一種の参考値・基準値となる可能性も視野に入れ，最終的に 10 項目とした。

　次に，具体的な項目の選定については，市場調査や社会調査で複数回答質問を作成する際，一般に選択肢の網羅性が重視されることを念頭に置いた。

　網羅性は相互排他性とともに，複数回答質問の選択肢設定の要件として，質問紙調査や社会調査法の教科書で古くから挙げられてきた（岩井，1975）。網羅性が要件とされるのは，回答者が選びたい回答が選択肢にないと，他の選択肢への回答が歪んだり，サーベイへの不満・不信の誘発から回答全般が粗略になったりするなど，調査結果やその解読に悪影響が及ぶことが危惧されるからだと考えられる。

　一般的なサーベイの状況を想定する本研究においては，少数項目条件が回答者に不自然に見えることがないよう，高い選択率という特性を持つ項目群が一定数含まれている必要があると判断された。そこで，江利川・山田（2015）が報告した項目選択率を参考に，多数項目条件との主たる比較対象として，選択率上位 10 項目による少数項目条件（②上位 10 項目条件）を設定した。

　また，上位 10 項目条件に含まれない低選択率項目でも同様の設定を検討したが，低選択率項目だけで構成された少数項目条件は，上述の網羅性に照らし，市場調査や社会調査の回答者から見て不自然なものとなることが危惧された。そこで，本研究では，回答者から見てより自然な質問によって低選択率項目に関するデータ入手が可能となるよう，選択率の上位 5 項目と下位 5 項目を混在させた条件（③上下 5 項目条件）を，もう 1 つの少数項目条件として設定することとした。

　これら，項目数は等しく少数であるが，選択率という項目特性が個別に異なる 2 つの少数項目条件において，個々の項目の選択率に差異が認められるかどうかということも，本研究で検討するリサーチクエスチョンとした。

3．公募型ウェブ調査における再検証

　以上の議論から本研究では，公募型ウェブ調査における最小限化に関して以下の 4 つの仮説を検証する。

仮説1：同一内容・同一項目数の複数回答質問であっても，FC 形式より MA 形式で項目選択率が低い。またそのため，FC 形式より MA 形式で項目選択数が少ない。

仮説2：同一内容・同一項目数の複数回答質問であっても，FC 形式より MA 形式で回答時間が短い。

仮説3：仮説1のうち「FC 形式より MA 形式で項目選択率が低い」という傾向は，回答項目数が少ないほど抑制される。

仮説4：FC 形式の複数回答質問で黙従傾向は生起していない。

　なお，サーベイの質問はその内容によって，行動や事実の有無を想起して回答する「行動質問」と心理状態や判断を回答する「意識質問」に大別でき，江利川・山田（2015）に続いて本研究でもこの2種類の質問を設定する。

　ここで，Smyth et al.（2006）は，行動質問よりも意識質問にかかる回答時間が長いことを示して，意識質問のほうが回答に熟慮を要すると主張している。このような主張は，行動質問と意識質問のどちらで最小限化が生起しやすいか，という問題設定を想起させるが，そのような一般的な問題設定が可能かどうかについては議論の余地がある。なぜなら，想起にも判断にもそれぞれ難易度の高低があることを考慮すると，結果の一般化については，難易度を統制したうえでの比較が必要となるからである。

　しかし，本研究では，難易度を統制したうえでの比較は当面の目的ではないため，江利川・山田（2015）と同様の差異に，「回答形式の違いによる最小限化は行動質問でも意識質問でも生起し，その程度は行動質問より意識質問で大きい」という差異が見いだされるかどうかの確認を課題とした。

　そのため，仮説1と仮説2は，行動質問と意識質問の両方で検証を行うが，どちらの質問の認知的負荷が重いかは厳密な判断が困難であるので，特性が異なる両質問の各々で2つの仮説が支持されるかどうかに注目するに留める。

　また，仮説3について，項目数が同じ上位10項目条件と上下5項目条件の異同については，特に仮説を設けず探索的検討を行う。

4. 仮説検証に向けて

　FC 形式と MA 形式の回答傾向の違いを再検証し，その原因の 1 つである「MA 形式での最小限化」に影響する要因として回答項目数を検討するために，本研究では，東京・埼玉・千葉・神奈川在住の男女 20 〜 69 歳を対象とした 2 つの公募型ウェブ調査を実施した（注 3）。1 つは 2014 年 3 月に実施した第 1 調査（注 4），もう 1 つは 2017 年 10 月に実施した第 2 調査（注 5）で，最終的な有効回答数は第 1 調査が 2,257 人，第 2 調査が 519 人であった。

　まず，第 1 調査を用いて，項目条件（上位 20 項目／上位 10 項目／上下 5 項目）ごとに，各項目の選択率，質問全体での項目選択数，回答時間のそれぞれを回答形式条件（FC 形式／ MA 形式）間で比較することで，仮説 1 と仮説 2 を検証する。更に，各項目の選択率について，回答形式条件と項目条件を要因とする 2 元配置分散分析を行うことで，仮説 3 を検証する。

　次に，第 2 調査を用いて，Smyth et al.（2006）の黙従傾向に関する議論に依拠して，FC 形式で黙従傾向は生起していないという仮説 4 を検証する。

　以下，結果報告に先立って，分析に用いた項目・変数を説明しておく。

①回答形式比較項目

　第 1 調査では，各回答形式で 3 種類ずつ，合計 6 種類の条件を設定し，回答者をウェブ調査のプログラム管理によりいずれか 1 条件にランダムに振り分けた（スプリット法）。設定した条件は，20 項目 MA 形式（376 名），20 項目 FC 形式（378 名），上位 10 項目 MA 形式（376 名），上位 10 項目 FC 形式（375 名），上下 5 項目 MA 形式（375 名），上下 5 項目 FC 形式（377 名）の 6 通りである。質問は 2 章と同様に，行動質問として「インターネット利用行動」，意識質問として「ノート PC 購入重視点」を設定した。（注 6）

　行動質問の項目は表 3−1 に，意識質問の項目は表 3−2 に示すとおりである。質問の表示画面は各条件とも 1 画面に項目を縦方向に表示し，MA 形式は各項目の冒頭に選択用チェックボックスを配置し，FC 形式は各項目の右側に該当と非該当のラジオボタンを横方向に配置した。

　第 2 調査では，第 1 調査と同一の行動質問と意識質問について，FC 形式 2 選択肢（該当／非該当）（263 名），FC 形式 3 選択肢（該当／非該当／どち

表 3-1　行動質問の項目選択率（%）

項目番号	インターネット利用行動	20項目条件			上位10項目条件			上下5項目条件		
		FC	MA	（差）	FC	MA	（差）	FC	MA	（差）
1	電子メールのやり取り[a]	95.4 >	84.9	(10.5)	94.1 >	86.6	(7.5)	94.8 >	83.8	(11.0)
2	自分の HP 開設・更新[a]	20.2	14.2	(6.0)				23.9	17.7	(6.2)
3	SNS[b]	45.8	35.4	(10.4)				47.0	36.5	(10.5)
4	個人 HP・ブログ閲覧[a]	55.6 >	38.3	(17.3)						
5	企業 HP・サイト閲覧[a]	77.2 >	52.2	(25.0)	86.2 >	56.3	(29.9)			
6	商品 HP・サイト閲覧[a]	85.3 >	66.7	(18.6)	90.4 >	71.1	(19.3)			
7	価格比較サイト[a]	79.0 >	52.8	(26.2)	80.0 >	58.6	(21.4)			
8	飲食店の検索[a]	70.0 >	41.4	(28.6)	72.4 >	47.8	(24.6)			
9	チケット・ホテル予約[a]	60.2 >	34.2	(26.0)						
10	クーポン・割引券入手[a]	48.1 >	24.3	(23.8)				49.6 >	28.1	(21.5)
11	ネットショッピング[a]	87.3 >	71.6	(15.7)	86.5 >	76.4	(10.1)	88.2 >	76.8	(11.4)
12	ネットバンキング[a]	59.7 >	44.9	(14.8)						
13	ネットオークション[a]	35.2 >	22.0	(13.2)				31.4 >	20.0	(11.4)
14	動画投稿サイト[a]	74.9 >	49.0	(25.9)						
15	電子掲示板[a]	44.4 >	22.0	(22.4)				39.2 >	24.6	(14.6)
16	事典・辞書[a]	74.1 >	40.0	(34.1)	80.8 >	46.1	(34.7)			
17	地図・運転ルート検索[a]	88.2 >	69.9	(18.3)	92.7 >	72.6	(20.1)	87.0 >	72.8	(14.2)
18	天気予報を見る[a]	87.0 >	64.6	(22.4)	89.6 >	70.3	(19.3)	88.2 >	70.1	(18.1)
19	ニュースを見る[a]	87.9 >	71.3	(16.6)	92.4 >	68.2	(24.2)	90.8 >	72.8	(18.0)
20	テレビの番組表を見る[c]	41.8 >	14.2	(27.6)						
	N	347	345		355	343		347	345	

注：（差）は FC から MA を引いた差分。項目番号は回答画面での並び順（20項目条件以外は項目番号による昇順表示）。FC と MA の比較で 5 ％水準の有意差に不等号を表示（各条件全体を Bonferroni 法で 5 ％有意水準に調整）。
[a] 江利川・山田（2015）の使用項目に一致（本表では簡略表記）。[b] 正確には「SNS（Facebook, LINE, Twitter など）」。[c] 本研究で新規追加。

らともいえない（注7））（256 名）の 2 条件を設定し，回答者をウェブ調査のプログラム管理によりいずれか 1 条件にランダムに振り分けた。

②回答時間

　第 1 調査と第 2 調査でそれぞれ個別に，調査全体に要した調査所要時間（単位：秒（s））と質問ごとの回答時間（質問画面提示時間）を計測し（単位：ミリ秒（ms）），その自然対数変換値を分析に用いた。以下では，まず調査所要時間の対数変換値の分布を検討し，平均値から$-2SD$ 未満は不正回答の可能性が高い超短時間回答者，平均値から $+2SD$ 超は回答中断の可

表3-2　意識質問の項目選択率（%）

項目番号	ノートPC購入重視点	20項目条件			上位10項目条件			上下5項目条件		
		FC	MA	（差）	FC	MA	（差）	FC	MA	（差）
1	処理速度 [a]	92.2 > 73.1		(19.1)	92.0 > 68.0		(24.0)	95.4 > 73.3		(22.1)
2	記憶媒体の種類や容量 [b]	82.6 > 46.9		(35.7)	84.7 > 41.9		(42.8)	82.8 > 48.8		(34.0)
3	メモリーの容量 [a]	88.7 > 61.4		(27.3)	88.6 > 51.9		(36.7)	90.8 > 62.2		(28.6)
4	画面の大きさ [a]	77.6 > 44.6		(33.0)	74.4 > 42.5		(31.9)	79.6 > 44.5		(35.1)
5	画面の解像度 [a]	66.0 > 26.6		(39.4)						
6	無線LAN機能の内蔵 [a]	71.2 > 31.1		(40.1)						
7	TVチューナー内蔵 [a]	16.9 > 5.7		(11.2)				13.8 > 3.8		(10.0)
8	USB端子の数や規格 [c]	54.7 > 18.3		(36.4)						
9	拡張性 [a]	33.7 > 6.3		(27.4)				33.0 > 8.4		(24.6)
10	光学ドライブの有無 [d]	56.7 > 22.3		(34.4)	62.5 > 24.3		(38.2)			
11	バッテリー駆動時間 [a]	62.8 > 33.7		(29.1)	64.8 > 26.7		(38.1)			
12	重さ [a]	64.0 > 35.7		(28.3)	63.6 > 27.3		(36.3)			
13	落下時などの耐久性 [a]	57.6 > 16.9		(40.7)				48.0 > 13.7		(34.3)
14	保守サポートの内容 [a]	61.3 > 14.3		(47.0)						
15	OSの種類 [a]	77.0 > 39.1		(37.9)	78.4 > 32.8		(45.6)			
16	付属ソフトの種類 [a]	41.9 > 11.7		(30.2)				33.6 > 10.2		(23.4)
17	メーカーやブランド [a]	63.7 > 36.0		(27.7)	64.2 > 37.2		(27.0)			
18	デザイン [a]	64.2 > 31.7		(32.5)						
19	本体の色 [a]	59.0 > 24.6		(34.4)				44.3 > 18.3		(26.0)
20	価格 [a]	96.2 > 61.4		(34.8)	95.5 > 61.0		(34.5)	96.6 > 66.6		(30.0)
	N	344	350		352	341		348	344	

注：（差）はFCからMAを引いた差分。項目番号は回答画面での並び順（20項目条件以外は項目番号による昇順表示）。FCとMAの比較で5%水準の有意差に不等号を表示（各条件全体をBonferroni法で5%有意水準に調整）。
[a] 江利川・山田（2015）の使用項目に一致（本表では簡略表記）。[b] 正確には「記憶媒体の種類（HDD，SSDなど）や容量」。[c] 本研究で新規追加。[d] 正確には「DVDなどの光学ドライブの有無や性能」。

能性がある超長時間回答者と見なして除外した。更に行動質問または意識質問を分析する際，各々の質問の回答形式条件ごとに回答時間の対数変換値の分布を検討し，平均値から$-2SD$未満または$+2SD$超の回答者を分析から除外した。

③PCストレス項目

　回答環境に対する心理的ストレスについて条件間での差の有無を検討するために，回答者が回答に用いたと考えられる「ふだん使っているパソコン」

について，下記3項目への該当を5件法で尋ねた。すなわち，項目A「ふだん使っているパソコンは処理速度が遅いので，いつもストレスを感じている」，項目B「ふだん使っているパソコンはディスプレイ画面が狭いので，いつもストレスを感じている」，項目C「インターネットを使うとき，ふだん使っているブラウザの表示が遅いので，いつもストレスを感じている」である（注8）。

　以上の項目・変数を用いた回答形式条件の比較に先立ち，スプリット法によって分割された各条件群が，主要属性などについて同質であることを以下のように確認した。

　まず，条件間で基本属性の回答分布を比較したが，性別，年代，既未婚，子供の有無，最終学歴の各属性に有意な差は認められなかった（注9）。また，PCストレス3項目各々について，第1調査の6条件間および第2調査の2条件間で回答平均の比較を行ったが，いずれも条件間で有意な差は認められなかった（注10）。そのため，各条件の回答者は同質であると判断した。

　なお，第1調査について表3-1（行動質問）と表3-2（意識質問）の各項目を検討すると，上位10項目条件はいずれの質問においても相対的に選択率の高い一連の項目群を構成していた。これに対し，上下5項目条件は選択率の上位5項目と下位5項目の間に30ppt（パーセントポイント）前後の開きがあり，項目群が選択率の高低で分かれた。これらの結果から，行動質問でも意識質問でも，3条件は項目選択率について概ね事前の想定どおりの設定であったことが確認された。

5．回答形式間の差異の頑健性

　前節で説明した方法によって回答形式条件を比較し，本研究の仮説を検討したところ，FC形式よりMA形式で項目選択率や項目選択数が少なく（仮説1），回答時間が短いこと（仮説2），および，FC形式で黙従傾向が生起していないこと（仮説4）が確認された。一方，FC形式とMA形式の項目選択率の差異に対する回答項目数の多寡の影響は認められず，仮説3は不支持となった。以下，これらの結果について詳述する。

（1）仮説の検証

まず，仮説1のうちFC形式とMA形式の項目選択率の差をχ^2検定で検討すると，行動質問（表3-1）も意識質問（表3-2）も，3条件ともほとんどの項目の選択率がFC形式よりMA形式のほうで有意に低かった。なお，行動質問の20項目条件で2項目，同上下5項目条件で2項目が有意差を示さなかったが，それらの選択率もMA形式のほうが低かった。

更に，平均項目選択数について，3条件ごとにFC形式とMA形式の間で比較したところ（表3-3），全ての条件で，FC形式よりMA形式での項目選択数が有意に少なかった。以上の結果から仮説1が支持された。

なお，個々の項目について，FC形式の項目選択率からMA形式の項目選択率を引いた差（FC-MA：最小限化の生起指標）を計算すると，行動質問では，20項目条件で平均20.2ppt（範囲6.0 ～ 34.1ppt），上位10項目条件で平均21.1ppt（範囲7.5 ～ 34.7ppt），上下5項目条件では平均13.7ppt（範囲6.2 ～ 21.5ppt）であった。また，意識質問では，20項目条件で平均32.3ppt（範囲11.2 ～ 47.0ppt），上位10項目条件で平均35.5ppt（範囲24.0 ～ 45.6ppt），上下5項目条件では平均26.8ppt（範囲10.0 ～ 35.1ppt）であった。

次に，仮説2については，行動と意識の両質問とも全ての条件で，FC形式よりもMA形式の回答時間が有意に短く，仮説2が支持された（表3-3）。

また，項目選択率に対する回答形式条件の影響が，項目条件によって異な

表3-3　FC形式とMA形式における項目選択数と回答時間

質問	項目条件	平均項目選択数（SD, N）			回答時間（ms）対数変換値平均[逆変換値（s）]		
		FC	MA	t	FC	MA	t
行動	20項目	13.2 (4.2,347)	9.1 (4.4,345)	12.3***	10.6 [39.7s]	10.2 [27.5s]	12.3***
	上位10項目	8.7 (2.0,355)	6.5 (2.7,343)	11.6***	9.8 [18.5s]	9.7 [16.3s]	3.8***
	上下5項目	6.4 (2.0,347)	5.0 (2.2,345)	8.6***	9.9 [19.9s]	9.7 [15.7s]	8.4***
意識	20項目	12.9 (4.3,344)	6.4 (4.5,350)	19.4***	10.6 [40.2s]	10.0 [22.8s]	16.3***
	上位10項目	7.7 (2.1,352)	4.1 (2.6,341)	19.9***	9.9 [20.7s]	9.6 [15.1s]	8.9***
	上下5項目	6.2 (1.8,348)	3.5 (2.0,344)	18.4***	10.0 [21.6s]	9.6 [14.6s]	11.5***

注：回答時間（ミリ秒（ms））対数変換値平均の逆変換値は秒（s）に換算。***: $p<.001$

るかどうか検討するために，行動質問と意識質問の項目ごとに回答形式条件と項目条件を要因とする「比率の差の分散分析」（注11）を行った（表3-4，表3-5）。その結果，ほとんどの項目でFC形式とMA形式の違いに関する回答形式条件の主効果のみが認められ，項目数の多寡や10項目条件の特性の違いに関する項目条件の主効果や交互作用は認められなかった。これにより，仮説3は支持されなかった。

　最後に，仮説4については，表3-6と表3-7に示すとおりとなった。表3-6の行動質問について，2条件間で「該当」回答について比率の差の検定を行ったところ，全項目で有意な差は認められなかった（差の範囲-6.6 ～ 13.1ppt，平均値4.7ppt）。また，表3-7の意識質問について同様の検定を行ったところ，項目4（該当差13.1ppt，$\chi^2 (1) = 10.09$，$p<.05$）と項目15（該当差12.1ppt，$\chi^2 (1) = 9.31$，$p<.05$）以外の項目で有意な差は認められなかった（差の範囲2.0 ～ 13.1ppt，平均値7.4ppt）。以上の結果は，仮説4を概ね支持するものと考えられる。

　ただし，表3-6と表3-7では該当差が10ppt超となる項目が散見されたため，χ^2検定の有意性確認に加え，効果量も検討した。まず，表3-7で有意差を示した2項目に関し，①表3-7の該当差に対するχ^2検定の効果量と②表3-2の20項目条件でのFC-MA（FC形式とMA形式の項目選択率の差）に対するχ^2検定の効果量（いずれもCramérのV）を算出した。すると，項目4は①0.14／②0.34，項目15は①0.14／②0.38であった。更に，表3-6の行動質問および表3-7の意識質問の各項目で同様の効果量を算出して平均を求めると，行動質問は①0.07／②0.22，意識質問は①0.08／②0.35であった。これにより，FC形式の2選択肢条件と3選択肢条件の条件差の効果は，FC形式とMA形式の条件差の効果に比べて十分小さいことが示された。

（2）頑健な回答傾向の差異

　以上のように，仮説1と仮説2への支持から，FC形式よりもMA形式において項目選択率が低く，回答時間が短いことが確認されるとともに，江利川・山田（2015）と同様の傾向が示されたことから，最小限化が疑われるMA形式の回答傾向が非常に頑健な現象であることが示された。また，両回

表 3 - 4　回答形式条件と項目条件を要因とする項目選択率の差の分散分析：行動質問

項目番号	主効果 χ^2 (df)		交互作用 χ^2 (df)	全体 χ^2 (df)
	回答形式条件	項目条件		
1	56.99 (1)*	0.34 (2)	1.37 (2)	58.69 (5)*
2	8.46 (1)	2.98 (1)	0.00 (1)	11.44 (3)
3	15.68 (1)	0.19 (1)	0.00 (1)	15.87 (3)
4	21.14 (1)*			
5	128.45 (1)*	8.65 (1)	1.99 (1)	139.10 (3)*
6	78.22 (1)*	5.61 (1)	0.32 (1)	84.15 (3)*
7	92.71 (1)*	1.79 (1)	0.74 (1)	95.24 (3)*
8	103.57 (1)*	2.82 (1)	0.50 (1)	106.89 (3)*
9	48.12 (1)*			
10	77.32 (1)*	1.13 (1)	0.28 (1)	78.73 (3)*
11	53.37 (1)*	1.86 (2)	1.64 (1)	56.87 (5)*
12	15.14 (1)*			
13	26.63 (1)*	1.45 (1)	0.08 (1)	28.15 (3)*
14	50.84 (1)*			
15	54.68 (1)*	0.16 (1)	2.41 (1)	57.25 (3)*
16	181.82 (1)*	7.07 (1)	0.14 (1)	189.02 (3)*
17	109.45 (1)*	4.68 (2)	3.21 (1)	117.34 (5)*
18	127.87 (1)*	3.77 (2)	0.59 (1)	132.24 (5)*
19	137.12 (1)*	1.43 (2)	4.43 (2)	142.98 (5)*
20	69.28 (1)*			

注：項目番号は表 3-1 に対応。比率の差の分散分析（岩原, 1964; 岡, 1990）を実施し，数値は χ^2 (df)。表全体を Bonferroni 法で 5 ％有意水準に調整。*: $p<.05$。

答形式の間には項目選択率の著しい差（特に意識質問の 20 項目条件では平均 32.3ppt，最大 47.0ppt）が認められたが，この差も江利川・山田（2015）において得られた結果と同様であり，公募型ウェブ調査における MA 形式の採用には，大いに議論の余地があると考えられた。なお，こうした差は，Rasinski et al.（1994）の結果に比べてはるかに大きく，それが調査様式や質問内容，回答者属性のいずれに起因するかは不明であり，この点は今後の研究課題である。

　また，仮説 3 不支持の根拠として，質問の項目数や項目特性に関わりなく，FC 形式より MA 形式で項目選択率が低いことが示された。これは，項目数と項目特性は最小限化の抑制要因として機能しないことを示すとともに，MA 形式における項目選択率の低下は，項目数が少なくても生じるよう

表3-5　回答形式条件と項目条件を要因とする項目選択率の差の分散分析：意識質問

項目番号	主効果 χ^2 (df)		交互作用 χ^2 (df)	全体 χ^2 (df)
	回答形式条件	項目条件		
1	188.36 (1)*	5.62 (2)	1.74 (2)	195.71 (5)*
2	342.97 (1)*	0.66 (2)	3.56 (2)	347.19 (5)*
3	280.97 (1)*	7.12 (2)	3.38 (2)	291.47 (5)*
4	254.25 (1)*	2.42 (2)	0.61 (2)	257.29 (5)*
5	114.67 (1)*			
6	118.05 (1)*			
7	46.55 (1)*	2.70 (1)	0.00 (1)	49.26 (3)*
8	105.58 (1)*			
9	162.05 (1)*	0.40 (1)	0.81 (1)	163.26 (3)*
10	198.39 (1)*	2.42 (1)	0.42 (1)	201.24 (3)*
11	163.92 (1)*	1.09 (1)	3.28 (1)	168.29 (3)*
12	151.12 (1)*	3.09 (1)	2.67 (1)	156.87 (3)*
13	235.65 (1)*	6.83 (1)	0.92 (1)	243.41 (3)*
14	181.97 (1)*			
15	263.73 (1)*	0.84 (1)	2.34 (1)	266.91 (3)*
16	145.52 (1)*	4.17 (1)	1.27 (1)	150.96 (3)*
17	106.10 (1)*	0.12 (1)	0.02 (1)	106.24 (3)*
18	76.30 (1)*			
19	143.18 (1)*	17.48 (1)*	1.79 (1)	162.44 (3)*
20	429.47 (1)*	2.74 (2)	0.72 (2)	432.93 (5)*

注：項目番号は表3-2に対応。比率の差の分散分析（岩原, 1964; 岡, 1990）を実施し，数値は χ^2 (df)。表全体を Bonferroni 法で5％有意水準に調整。*: $p<.05$。

な，極めて頑健性の高い現象であることを示唆するものである（注12）。

　そして，行動質問・意識質問ともに黙従傾向が認められず，仮説4が支持されたことから，MA 形式での項目選択率の低さは最小限化に起因すると考えられた。上述の効果量の検討からも，MA 形式における項目選択率の低さは FC 形式における回答傾向だけでは説明できないと考えられる。

　なお，項目各々の選択率では，表3-1と表3-4に示すとおり，行動質問の項目2と項目3のみ FC 形式と MA 形式の間に有意な差が認められなかった。他の大半の項目と傾向の異なるこの結果には，回答形式による最小限化抑制の現れという解釈とともに，他の解釈も可能である。まず，両項目が回答選択肢の冒頭で提示されたことにより，MA 形式でも選択率が高まったという初頭効果（Smyth et al., 2006）の現れとの解釈が可能である。ま

表 3–6　FC 形式における各選択肢の選択率：行動質問（%）

項目番号	2 選択肢 (N=244)		3 選択肢 (N=237)			該当差
	該当	非該当	該当	非該当	中立	
1	92.6	7.4	88.2	9.3	2.5	4.4
2	11.1	88.9	17.7	78.1	4.2	-6.6
3	57.0	43.0	48.9	46.0	5.1	8.1
4	58.6	41.4	54.0	39.7	6.3	4.6
5	88.5	11.5	82.7	13.5	3.8	5.8
6	91.0	9.0	84.8	11.8	3.4	6.2
7	82.4	17.6	72.6	19.8	7.6	9.8
8	71.3	28.7	64.6	29.5	5.9	6.7
9	64.8	35.2	55.3	37.1	7.6	9.5
10	56.1	43.9	43.0	47.3	9.7	13.1
11	91.4	8.6	88.6	9.3	2.1	2.8
12	60.2	39.8	54.9	40.1	5.1	5.3
13	34.0	66.0	30.0	62.4	7.6	4.0
14	78.3	21.7	70.9	22.4	6.8	7.4
15	46.3	53.7	38.8	50.6	10.5	7.5
16	71.7	28.3	72.6	21.9	5.5	-0.9
17	88.1	11.9	83.5	12.7	3.8	4.6
18	89.3	10.7	88.6	9.7	1.7	0.7
19	91.0	9.0	91.1	6.8	2.1	-0.1
20	45.9	54.1	44.3	47.3	8.4	1.6

注：項目番号は表 3–1 に対応。選択肢「どちらともいえない」を本表では「中立」と表記。2 選択肢と 3 選択肢の「該当」選択率の差（該当差）について検定を実施。表全体を Bonferroni 法で 5 ％有意水準に調整。*: $p<.05$。

た，両項目の内容によるとの解釈も可能である。すなわち，項目 2 の「自分の HP やブログの開設・更新」や項目 3 の「SNS」は，いずれも自己の意見表明を伴う自発的行動が含まれ，それを行う回答者には想起しやすく，そのため最小限化の影響が生じにくかったとも考えられる。今回の結果は，最小限化の抑制条件に関する今後の検討において，項目の提示順序や内容の想起可能性という要因を考慮する必要性を示唆するものである。

（3）回答時間の差異をめぐる議論

　また，仮説 2 について，FC 形式よりも MA 形式で回答時間が短いことを直ちに最小限化生起の根拠と考えてよいかどうか，議論の余地がないわけではない。なぜなら，FC 形式では項目数分のカーソル移動およびクリック作

表 3-7　FC 形式における各選択肢の選択率：意識質問（%）

項目番号	2 選択肢（$N=244$)		3 選択肢（$N=236$)			該当差
	該当	非該当	該当	非該当	中立	
1	91.4	8.6	86.4	4.7	8.9	5.0
2	78.7	21.3	76.7	9.3	14.0	2.0
3	85.2	14.8	80.9	5.9	13.1	4.3
4	77.9	22.1	64.8	14.8	20.3	13.1*
5	63.1	36.9	51.7	21.2	27.1	11.4
6	71.7	28.3	59.7	20.3	19.9	12.0
7	18.9	81.1	15.7	61.4	22.9	3.2
8	61.9	38.1	51.3	25.4	23.3	10.6
9	42.6	57.4	35.6	34.3	30.1	7.0
10	59.8	40.2	50.4	26.7	22.9	9.4
11	59.8	40.2	52.5	24.2	23.3	7.3
12	61.9	38.1	55.1	24.6	20.3	6.8
13	57.4	42.6	51.3	27.1	21.6	6.1
14	59.4	40.6	50.8	25.0	24.2	8.6
15	80.7	19.3	68.6	14.8	16.5	12.1*
16	43.9	56.1	36.4	39.8	23.7	7.5
17	66.0	34.0	61.4	19.9	18.6	4.6
18	61.1	38.9	53.0	25.8	21.2	8.1
19	56.6	43.4	52.1	28.0	19.9	4.5
20	93.9	6.1	89.4	3.4	7.2	4.5

注：項目番号は表 3-2 に対応。選択肢「どちらともいえない」を本表では「中立」と表記。2 選択肢と 3 選択肢の「該当」選択率の差（該当差）について検定を実施。表全体を Bonferroni 法で 5 ％有意水準に調整。*: $p<.05$。

業が必要となるため，「本来 MA 形式は FC 形式よりも回答に必要なクリック数が少なくて済む仕様であるので，MA 形式における回答時間の短さが最小限化によるとは限らない」との反論もありうるからである。

　そこで，実際にクリック作業に要する時間を明らかにするため，第 2 調査において，第 1 調査の FC 形式および MA 形式と同じ体裁でラジオボタンないしチェックボックスのみ 20 個並べた画面を提示して，全項目クリックに要した操作時間（ミリ秒）を計測した。その自然対数変換値平均の逆変換値を求めたところ，FC 形式で 23.6 秒，MA 形式で 18.7 秒であった（注13）。

　そして，回答時間（画面提示時間）を回答の考慮時間と操作時間の和と考え，表 3-3 に示した 20 項目条件回答時間（逆変換値）から上記の操作時間

を引いて，FC 形式の考慮時間／MA 形式の考慮時間／両者の差を求めた。すると，行動質問では順に 16.1 秒／ 6.8 秒／ 7.3 秒，意識質問では 16.6 秒／4.1 秒／ 12.5 秒となった。

　表 3-3 に示した 20 項目条件の回答時間（逆変換値）全体では，FC 形式より MA 形式のほうが，行動質問で 12.2 秒，意識質問で 17.4 秒短くなっていた。その差の大半は上述した考慮時間の差であって操作時間ではないと考えることができ，これらの時間差は MA 形式での最小限化生起を支持する結果と考えられる（注 14）。

6.　個別強制選択形式の有効性

　以上の分析により，公募型ウェブ調査の複数回答質問について，MA 形式では FC 形式よりも項目選択率と項目選択数が著しく低下することが確認された。また，その原因は，FC 形式より MA 形式の回答時間が短いことからも，最小限化である可能性が高いと考えられた。しかも，MA 形式におけるこうした選択率の低下は，項目数が少なくなっても抑制されないことも明らかとなった。次に，分析 2 では，FC 形式においては，行動質問でも意識質問でも，黙従傾向が生起していないことが示された。したがって，MA 形式における回答率低下の主な理由は最小限化であると考えられた。

　こうした結果から，MA 形式における最小限化は，項目数と項目特性によって抑制されず，非常に頑健な現象であると考えられる。また，そのため，MA 形式における最小限化は，項目数が多い場合に疲労が原因で発生することもありうるが，それとともに，MA という形式自体によって誘発される現象であると考えられる。具体的に言い換えるなら，MA という形式は，これまで想定されてきた弱い最小限化，すなわち，項目群の先頭から順番に回答する作業を途中で打ち切り次の質問へ進む，といった回答行動も誘発しうるが，それとは異なる回答方略として，まず項目群を一覧し，その後，項目の相対比較で少数の該当項目を選択し次の質問へ進む，といった回答行動も誘発しうると考えられる。

　なお，後者の回答行動は，回答者が過去の調査回答経験から学習した回答方略の採用によって生じている可能性もある。たとえば，MA 形式の質問文

には「あてはまるものをいくつでも選んでください」と付記されることがあるが，その場合「いくつでも」という文言は，「あてはまるものを全て（選べ）」という意味だけでなく，「相対比較により2つ3つ（選んでもよい）」という意味に解釈される可能性がある。そして，MAを「相対比較」と理解した回答者は，その後の調査でも，回答形式がMA形式であると認知した直後に，相対比較という回答方略を採用する可能性が高いと考えられる（注15）。しかも，サーベイでは該当する選択肢を3つまで選択させるような制限複数回答形式が使用されることも多く，そうした形式への回答経験が前述の解釈を補強することも十分予想される。このように，MA形式は，回答者によっては，弱い最小限化や回答ヒューリスティックによって，制限複数回答形式として回答されている，と考えることもできるが，これはMA形式のnLA化（回答個数制限nのLimited Answer化）と呼ぶべき現象である。

　以上の結果，および，項目数が10項目以下であればMA形式のメリットもほとんどないことから，公募型ウェブ調査の複数回答質問においては，項目数が過度に多くない限り，MA形式ではなくFC形式の採用が強く推奨される。特に，個々の項目選択率の値を相対的な高低としてではなく，絶対的な値として知りたい場合には，FC形式が強く推奨されることになる。もちろん，項目間の相対比較による回答で十分な場合には，MA形式を使用することも可能ではある。しかし，MA形式では，上述のnLA化が起こることも十分予想されるため，最初から制限複数回答形式としたほうが，質問と回答の意味が明確になり，デメリットも小さいと考えられる。

　なお，本研究では，Krosnick（1991, 1999）が挙げた最小限化促進要因のうち，回答者の能力，および，最適回答への動機づけについては検討していない。Krosnick（1991）は回答者の能力の具体的な内容として，認知的洗練度や質問内容の考察経験などを挙げているが，今後はそうした要因についても検討していく必要がある。

　また，本研究ではMA形式の質問文を「いくつでもお知らせください」としたが，これを「もれなく全部選んでください」といった表現に変えた場合，MA形式の回答行動が変化するかどうかも，今後の検討課題である。

注

注 1　本章は江利川・山田（2018）に大幅な加筆修正を施したものである。

注 2　黙従傾向は「心理検査や態度調査などにおける『はい』『いいえ』形式の質問紙に『はい』と答えやすい傾向」（岩脇, 1970, p.152）を指し, 質問の内容や自分の本心に関係なく, そうした傾向を習慣的に示す回答者を指す「イエイ・セイヤー（yeasayer）」（Young, 1992）という用語もある。また, 山岸ほか（1996）は, 「黙従傾向は, 通常, 質問の内容が曖昧だったり, あるいは回答者の態度や意見がはっきりとしていない場合に生じると考えられている」（p.34）とし, リッカートタイプの 5 段階尺度 78 項目の分析から, そうした見解を支持する結果を示した。Smyth et al.（2006）は, 実際は該当・非該当が明確ではない回答者が FC 形式で該当と回答しやすい傾向を FC 形式における黙従傾向としているが, この定義は回答者の一般的特性よりも（あるいは, それとともに）特定の質問に対する態度・意見の明確さに注目する点で, 山岸ほか（1996）の見解に通じるものとも考えられる。

注 3　第 1 調査と第 2 調査は同一の調査会社に委託されたが, いずれも, 回答者の個人情報は調査会社の個人情報保護ポリシーに従って管理されており, プライバシーに関する問題はないと判断された。また, 本研究で行うのはパラデータ（データ収集プロセスについてのデータ）の分析であり, 倫理的な問題はないと判断された（第 2 調査は東洋大学大学院社会学研究科研究倫理委員会の承認を受けた）。なお, 両調査とも, 調査謝礼のポイント数は調査会社の標準的な設定による。

注 4　第 1 調査で実施したウェブ調査の仕様は以下のとおりである。対象者は, 東京・埼玉・千葉・神奈川在住の男女 20 〜 69 歳であり, 調査会社の登録モニターから事前調査で回答者を抽出し, 総数 2,000 人程度を目途に人口比例させた性年代人数を本調査に割り当てた。事前調査は 2014 年 3 月 17 日（月）〜 18 日（火）に実施し, 87,660 人に配信して 10,659 人から回答を得た。ここから, 無効回答, 回答に利害の影響が懸念される特定業種の従事者, スマートフォン・携帯電話からの回答者, および, 通信速度が著しく遅いダイヤルアップ接続者を除外して 9,918 人を抽出した。これを性年代で層化して 3,322 人をランダムに抽出した後, 本調査を 2014 年 3 月 20 日（木）〜 23 日（日）に配信し, 割当人数分の回答回収時点で調査を終了して 2,257 人の有効回答を得た。調査では 1 画面に 1 質問を表示し, 未回答存在時の警告表示により無回答を許容しない仕様とした。第 1 調査回答者（$N = 2,186$）の基本属性は, 性別（男性 51.5 %, 女性 48.5 %）, 年代（20

代 18.1 %，30 代 22.2 %，40 代 22.5 %，50 代 17.0 %，60 代 20.2 %），未既
婚（未婚 40.7 %，既婚 59.3 %），子供の有無（子供あり 48.3 %，子供なし
51.7 %），最終学歴（高校卒以下 22.8 %，短大・専門学校卒 23.5 %，大学
卒以上 49.0 %，在学中 3.0 %，その他 0.2 %，NA1.5 %）であった。なお，
第 1 調査は，株式会社 TBS テレビ・マーケティング部（現：総合マーケ
ティング室）と本章の著者を構成員とするアクティブメディア研究会が共
同で実施した。データ利用を許可していただいた株式会社 TBS テレビ・総
合マーケティング室に感謝する。

注 5 　第 2 調査で実施したウェブ調査の仕様は以下のとおりである。対象者は，
東京・埼玉・千葉・神奈川在住の男女 20 〜 69 歳であり，調査会社の登録
モニターから事前調査で回答者を抽出し，総数 500 人程度を目途に人口比
例させた性年代人数を本調査に割り当てた。事前調査は 2017 年 10 月 3 日
（火）〜 6 日（金）に実施し，79,200 人に配信して 5,000 人から回答を得
た。ここから，無効回答，特定業種の従事者，スマートフォン・携帯電話
からの回答者，および，ダイヤルアップ接続者を除外して 3,983 人を抽出
した。これを性年代で層化して 876 人をランダムに抽出した後，2017 年 10
月 6 日（金）〜 8 日（日）に配信し，割当人数分の回答回収時点で調査を
終了して 519 人の有効回答を得た。調査では 1 画面に 1 質問を表示し，未
回答存在時の警告表示により無回答を許容しない仕様とした。第 2 調査回
答者（$N=502$）の基本属性は，性別（男性 51.0 %，女性 49.0 %），年代
（20 代 16.9 %，30 代 21.1 %，40 代 24.9 %，50 代 18.3 %，60 代 18.7 %），
未既婚（未婚 45.8 %，既婚 54.2 %），子供の有無（子供あり 45.0 %，子供
なし 55.0 %），最終学歴（高校卒以下 22.9 %，短大・専門学校卒 22.1 %，
大学卒以上 49.2 %，在学中 4.4 %，その他 0.2 %，NA1.2 %）であった。

注 6 　質問文は 2 章に示したものと同一であるが，ノート PC 購入重視点の質問
の注記が「なお，ここでいう『ノートパソコン』には，タブレットパソコ
ンを含めないものとします。」となっていた。

注 7 　本研究では選択肢を，該当，非該当，「どちらともいえない」の順に配置し
た。理由は，特に中間回答傾向が強いとされる日本（吉田，1980）におい
て「どちらともいえない」を中間に配置した場合，黙従傾向と中間回答傾
向の両方が回答に影響する可能性が生じ，結果の解釈が不明瞭になると考
えられたためである。

注 8 　3 項目の回答選択肢は「あてはまる」「まああてはまる」「どちらともいえ
ない」「あまりあてはまらない」「あてはまらない」の 5 段階で，あてはま
る程度が高いほど得点が高くなるように 1 〜 5 の数値を割り当てた。3 項

目への回答の平均 M と標準偏差 SD は，第1調査を①，第2調査を②と表記するとそれぞれ，項目 A が① $M=2.70$（$SD=1.12$）と② $M=2.83$（$SD=1.22$），項目 B が① $M=2.18$（$SD=0.95$）と② $M=2.22$（$SD=1.07$），項目 C が① $M=2.74$（$SD=1.10$）と② $M=2.82$（$SD=1.20$）であった（いずれも① $N=2,186$，② $N=502$）。

注9　第1調査を①，第2調査を②と表記すると，条件間での基本属性の回答分布比較では，性別（① χ^2 (5) $=0.12$，② χ^2 (1) $=0.00$），年代（① χ^2 (20) $=1.27$，② χ^2 (4) $=0.58$），既未婚（① χ^2 (5) $=0.70$，② χ^2 (1) $=1.09$），子供の有無（① χ^2 (5) $=2.77$，② χ^2 (1) $=0.21$），最終学歴（① χ^2 (20) $=21.08$，② χ^2 (4) $=5.82$）の各属性に有意な差は認められなかった（最終学歴は① $N=2,154$，② $N=496$；それ以外は① $N=2,186$，② $N=502$，いずれも ns）。

注10　第1調査では6条件に対する1元配置分散分析，第2調査では2条件間の平均値の差の検定を行ったが，いずれも条件間で有意な差は認められなかった（第1調査を①，第2調査を②と表記すると，項目 A：① F (5, 2180) $=0.33$，② t (500) $=0.05$；項目 B：① F (5, 2180) $=1.93$，② t (500) $=0.05$；項目 C：① F (5, 2180) $=0.42$，② t (500) $=0.57$；それぞれ① $N=2,186$，② $N=502$，いずれも ns）。

注11　項目選択率を逆正弦変換した値に対し，χ^2 検定を利用した分散分析を行う手法である（岩原，1964; 岡，1990）。

注12　なお，一般に広く利用されている公募型ウェブ調査を扱う本研究では，回答画面の設計も調査会社の標準仕様に従った。そのため，各々の回答画面に無回答警告表示が設定され，MA 形式では全項目非該当という回答が許容されない（発生しない）こととなった。こうした仕様に対し，全項目またはほとんどの項目が非該当という回答が皆無・希少であれば分析への影響も軽微であると考えられた。そのため，本研究では行動および意識質問に網羅的な項目設定を行うとともに，該当者が極めて多くなると予想される項目を複数設定した。その結果，超長時間回答者と超短時間回答者を除いた回答全体において，行動質問（$N=2,082$）では，全項目非該当者が FC20 項目条件で1名，FC 上位10項目条件で2名，FC 上下5項目条件ではおらず，また，1項目回答者が MA20 項目条件で8名，MA 上位10項目条件で7名，MA 上下5項目条件で19名であった。このように，行動質問では，FC 形式での全項目非該当者や MA 形式での1項目回答者が突出して多いといった特殊な分布は認められなかった。他方，意識質問（$N=2,079$）では，全項目非該当者が FC20 項目条件，FC 上位10項目条件，FC

上下5項目条件の各々で1名ずつ，また，1項目回答者がMA20項目条件で44名，MA上位10項目条件で57名，MA上下5項目条件で71名であった。このように，意識質問では，FC形式での全項目非該当者は希少であったものの，MA形式では1項目回答者が比較的多かった。こうした結果は，MA形式に無回答警告表示がなければ，FC形式との差が更に広がる可能性があることを示唆している。

注13　全項目クリック所要時間を自然対数変換し，回答者全体による平均値から−2*SD*未満または＋2*SD*超の回答者を除外した後，再度平均を計算した。

注14　第2調査で計測されたMA形式の全項目クリックに要した操作時間は，項目選択数（クリック数）が多い分，実際の回答状況での操作時間より長いと考えられる。それが両形式間の考慮時間の差をどれほど説明するかの確認は今後の検討課題である。また，本研究では20項目条件のみ検討したが，その他の2条件の操作時間計測も今後の検討課題である。ただし，項目数が少ないと考慮時間の差が検出されにくくなる点には注意が必要である。

注15　このような回答方略は回答ヒューリスティックとして概念化可能である。なお，こうした回答方略は，Krosnick（1991, 1999）の「弱い最小限化」「強い最小限化」という概念では捉えきれない，回答行動の能動的側面を捉えるものとして，極めて重要な概念であると考えられる。

引用文献

江利川滋・山田一成（2015）．Web調査の回答形式の違いが結果に及ぼす影響：複数回答形式と個別強制選択形式の比較　社会心理学研究，**31**，112-119.

江利川滋・山田一成（2018）．公募型Web調査における複数回答形式の有効性評価　心理学研究，**89**，139-149.

岩原新九郎（1964）．新しい教育・心理統計　ノンパラメトリック法　日本文化科学社

岩井勇児（1975）．質問紙調査の諸形式　続　有恒・村上英治（編）心理学研究法9　東京大学出版会　pp.65-106.

岩脇三良（1970）．心理検査入門　日本文化科学社

Krosnick, J. A.（1991）. Response strategies for coping with the cognitive demands of attitude measures in surveys. *Applied Cognitive Psychology*, **5**, 213-236.

Krosnick, J. A.（1999）. Survey research. *Annual Review of Psychology*, **50**, 537-567.

岡　直樹（1990）．質的データの検定法　森　敏昭・吉田寿夫（編）心理学のためのデータ解析テクニカルブック　北大路書房　pp.176-216.

Rasinski, K. A., Mingay, D., & Bradburn, N. M.（1994）. Do respondents really "mark all that apply" on self-administered questions? *Public Opinion Quarterly*, **58**, 400-408.

Schuman, H. & Presser, S.（1981）. *Question and answers in attitude surveys: Experiments on question form, wording, and context.* New York: Academic Press.

Smyth, J. D., Dillman, D. A., Christian, L. M., & Stern, M. J.（2006）. Comparing check-all and forced-choice question formats in Web surveys. *Public Opinion Quarterly*, **70**, 66-77.

Thomas, R. K. & Klein, J. D.（2006）. Merely incidental? : Effects of response format on self-reported behavior. *Journal of Official Statistics*, **22**, 221-244.

山岸みどり・小杉素子・山岸俊男（1996）．国際比較質問紙調査における黙従傾向統制のための方法　社会心理学研究，**12**，33-42.

吉田　潤（1980）．世論調査の質問文の検討（1）：質問の尋ね方や形式の問題　文研月報，**30**(9)，16-26.

Young, M. L.（1992）. *Dictionary of polling: The language of contemporary opinion research.* Westport: Greenwood Publishing Group.

4章　両極型スライダー尺度の有効性評価

山田一成

1. スライダー尺度の特性

　スライダー尺度（slider scale）はグラフ評定尺度（graphic rating scale: GRS）の一種であり，回答は，水平または垂直方向の線分に沿ってスライダー（スライドバー）を移動させる操作によって行われる。これまでサーベイではリッカート尺度が多用されてきたが，ウェブ調査ではスライダー尺度が容易に利用可能となることもあり，ウェブ調査の利用が増加するにつれてスライダー尺度への関心も高まり，英語圏では，その方法論的基礎に関する実証研究も盛んに行われている（Chyung et al., 2018）。

　そうしたスライダー尺度にはいくつかの特徴があるが，なかでも連続量の測定が可能となる点は，この尺度の大きなメリットと見なされており，この尺度への関心の高さの源泉となっているように思われる。連続量の測定が可能になれば，分析時に離散量を連続量と見なす必要がなくなり，データに対しさまざまな統計手法を適用することが可能となる。また，サーベイではサ

ンプルサイズの大きなデータの入手が容易であるため，多様な回答者属性を
考慮した連続量の分析も可能となる。と同時に，そうした連続量を離散量に
変換することも不可能ではないため，マーケティングリサーチや社会調査に
おいて多用されるクロス集計の実行が妨げられることもない。加えて，項目
数の多い調査で問題になる回答者の倦怠感（回答への飽き）が，スライダー
操作によって軽減・解消されることも期待できる。

　ただし，以上のようなメリットが実際に得られるかどうかや，どの程度得
られるのか，そして，それらと引き換えにデメリットを有してはいないか，
といった問題については，必ずしも研究が十分ではなく，特に日本において
は，データに基づいた検討はほとんど行われていないようである。

　そこで本章では，社会科学領域の公募型ウェブ調査におけるスライダー尺
度の利用に焦点を合わせ，リッカート尺度（ラジオボタン）との比較を通し
て，その有効性評価を試みる（注1）。ウェブ調査によって本格的に利用可
能となったこの新しい回答形式は，従来型の回答形式を凌駕する画期的なイ
ノベーションなのか。それとも，従来型の回答形式と互換可能なオルタナ
ティブに留まるものなのか。あるいは，予想もしなかった特殊なクセを持
つ，扱いにくいギミックに過ぎないのか。本章と5章では，こうした問いに
ついて考えるために，2017年から2018年にかけて行われた2つの公募型
ウェブ調査の結果を報告する。

　なお，GRSを代表する尺度としてはVAS（visual analogue scale）が広
く知られており，スライダー尺度のことをVASと呼称することもあるが
（Couper et al., 2006），両者は回答方法が異なっている。PCで回答する場
合，VASの操作は，①マウスポインタを回答位置まで移動させる，②クリッ
クして回答する，という2アクションとなる。これに対しスライダー尺度の
操作は，①マウスポインタをスライダーまで移動させる，②クリックしてス
ライダーをつかむ，③スライダーを回答位置まで移動させる，④スライダー
を放して回答する，という4アクションとなる。このように，スライダー尺
度はVASよりも操作が複雑であり，回答行動の研究においては両者が明確
に区別されることも多い（Funke, 2016）。

　ただし，そうした研究の主たる関心事は，スライダー尺度とVASの差異
よりも，GRSとリッカート尺度の違いにある場合が多い。というのも，ス

ライダー尺度やVASには連続量を測定できるという大きなメリットがあるからである。また，特にスライダー尺度には，スライダー操作によって，回答作業への関与が深まる（Roster et al., 2015），回答作業が楽しいものとなる（Sikkel et al., 2014），回答への満足度が高まる（山田・江利川，2014），といったメリットもあると考えられている。そして，最終的には，そうした事柄の帰結として，回答の質の向上が期待されていることは言うまでもない。

　ただし，そうしたスライダー尺度の有効性については，以下のレビューで述べるように，必ずしも一貫した研究結果が得られているわけではない。

2. スライダー尺度のメリットとデメリット

(1) スライダー尺度のメリット

　スライダー尺度の有効性に関する初期の研究としてはCook et al.（2001）を挙げることができる。Cookらは大学図書館サービスの評価に関するウェブ調査データを用いて，心理尺度の信頼性係数を回答形式間で比較している。心理尺度にはリッカート尺度版（9件法）とスライダー尺度版（5件法，9件法，連続型）があったが，α係数を比較した結果，連続型スライダー尺度もリッカート尺度も十分な信頼性を示すこと，および，係数の値は前者で若干低いものの，両者の間に大きな差はないことなどが報告されている。Cookらはこうした結果に基づき，いずれの尺度形式もデータ収集法として許容されると述べている。ただし，この研究は20年以上前のウェブ環境下のものであり，スライダー尺度の回答者数が少ないことや，リッカート尺度が9件法であることなど，注意すべき点も少なくない。

　これに対し，近年の研究としてはBosch et al.（2019）を挙げることができる。Boschらはノルウェーの大規模な確率オンラインパネルを対象とするウェブ調査データを利用し，各種尺度の信頼性と妥当性について，多特性多方法行列を用いた検討を行っている。分析対象となった質問は移民資格と最高裁に関するもので，それぞれについて，リッカート尺度とスライダー尺度による測定結果が比較された。その結果，Boschらは，いずれの測定法も同じくらい推奨できるものであると評価しながらも，リッカート尺度をスライ

ダー尺度に変更する必要はないと述べている。

　なお，スライダー尺度の回答の楽しさについては Sikkel et al.（2014）を挙げることができる。Sikkel らは，オランダの調査会社のモニターを対象とする調査において，ドラッグによる回答形式として，3種類のスライダー尺度（連続型，離散型，絵文字付き離散型）を設定し，クリックによる回答形式との比較を行っている。その結果，ドラッグ回答群ではクリック回答群よりも，質問が興味深く，質問は自分にとって重要な事柄を含んでおり，質問への回答は楽しい，と回答する傾向が認められた。ただし，Sikkel らの研究では，上記3つのドラッグ形式が明確には区別されておらず，結果の解釈に議論の余地を残している。

（2）スライダー尺度のデメリット

　以上の例に代表されるように，これまでの研究の結果は，必ずしもスライダー尺度の利用を積極的に推奨するものではない。また，先行研究のなかには，以下のように，スライダー尺度の利用に否定的な見解を示す研究もある。

　まず，Couper et al.（2006）は，人間の行動特性の原因について「100％遺伝」から「100％環境」までを範囲とする評価軸を用い，VAS（スライダー尺度），ラジオボタン，数値入力の3形式によるウェブ調査の回答を比較し，スライダー尺度では脱落や無回答が増え，回答時間が長くなることを指摘している。

　また，Funke et al.（2011）は，スライダー尺度のデータの質について，商品コンセプト評価に関するウェブ調査のデータを用いて分析を行っている。回答形式はリッカート尺度とスライダー尺度の2種類であり，両尺度間で，脱落率，回答時間，測定値の分布が比較されたが，スライダー尺度では脱落率が高く回答時間が長くなっていた。なお，特に注目すべきなのは，脱落率が教育水準の低い層で高かったことで，Funke らはこうした結果を踏まえ，スライダー尺度の使用は推奨しないと述べている。

　更に，Maloshonok & Terentev（2016）は，大学のオンライン授業後のウェブ調査において，ラジオボタン，スライダー尺度，テキストボックスの回答を比較している。質問内容は「授業に費やす1週間の勉強時間」であっ

たが，「わからない」の割合がラジオボタンでは 3.3 ％であったのに対し，スライダー尺度では 11.5 ％，テキストボックスでは 14.3 ％に及んだため，Maloshonok らは，よりよいのはラジオボタンの利用であると述べている。

(3) 有効性評価の問題点

ただし，以上のようなスライダー尺度のメリットとデメリットについては，一貫した結果が得られているとは言えないという指摘もある（Roster et al., 2015）。また，そうした総括とならざるを得ない理由としては，以下の 3 点が重要であると考えられる。

まず挙げられるのは，研究ごとに測定内容，回答者，回答デバイスなどがさまざまに異なっているという点である。もちろん，そこに，国や時期といった調査状況の違いが関わることは言うまでもない。そのため，スライダー尺度の評価に関する研究横断的な一般化は，そもそも不可能に近いと考えるべきなのかもしれない。

また，これまであまり言及されていない点として，スライダー尺度にも複数のバリエーションがあるという点が挙げられる。そこには，VAS との同一視という問題も含まれるが，スライダー尺度に限定しても，配置方向（水平／垂直）（Funke et al., 2011），言語・数値ラベルの有無と数，スライダー位置の数値フィードバックの有無（Couper et al., 2006），スライダー初期位置の違い（Liu & Conrad, 2019），といったさまざまな仕様の違いが存在する。更に，スライダー尺度のなかには離散型の尺度も存在するため（注 2），そうした点も結果の一貫性を論じることを非常に困難にしている。

しかも，更に重要な点として，有効性評価の指標が共有されているわけではない，という点も挙げられる。なお，この点は実証研究における重要な論点であるため，次節では個々の指標に検討を加えながら，本研究における指標の選定を行うことにする。

3. 有効性評価の指標

先行研究における有効性評価の指標としては，回答時間，DK・NA，脱落，回答分布，信頼性係数，回答心理などが挙げられるが，本研究ではそれ

らに，先行研究が見当たらない指標として項目間相関と再検査信頼性を加え，公募型ウェブ調査を想定して，以下，それぞれについて検討する。

回答時間　スライダー尺度はラジオボタンと比べ回答に必要なアクション数が多く，また，回答に熟慮を要する可能性もあるため，回答時間が長くなることが予想される。ただし，日本における先行研究では，そうした時間増が中央値で数秒程度であり，調査に悪影響が及ぶほどではないという報告もある（山田・江利川，2014）。そこで，本研究でも回答時間を有効性評価の指標とし，先行研究の結果が頑健かどうか検証する。

DK・NA　調査会社の公募型ウェブ調査では，NA（無回答）が許容されない仕様となることも少なくない。本研究で実施した調査もそうした仕様であったため（後述），本研究ではNAを有効性評価の指標としない。一方，「わからない」というDK回答については，トレードオフを含むような難しい質問（Couper et al., 2006）であれば，設定したほうがよいこともあるが，本研究では一般的な質問にスライダー尺度を利用するケースを想定している。そのため，本研究ではDK回答を有効性評価の指標としない。

脱落　調査会社の公募型ウェブ調査では，原則として，回答が完了した調査票が先着順で回収票（回収データ）となっていき，所定の数だけ回収票が集まったと判断されたところで回収が打ち切られる。したがって，回答が途中で放棄された調査票は回収票には含まれないことになる。本研究で実施した調査は，そうした脱落（attrition）を把握できない仕様であったため，本研究では脱落を有効性評価の指標としない。

回答分布　先行研究のなかには測定値の分散が大きいことを尺度のメリットと見なすものもある（Cooper et al., 2006）。回答が特定の選択肢や回答位置に集中すると，個人間の差が十分検出されないからである。ただし，そこで仮定されているのは，回答者が微妙な差異をリッカート尺度では回答できず，代替となる選択肢を選んでいるようなケースである。しかし，別のケースとして，回答形式の変化によって回答者の判断の方法と内容が変わり，それによって分散が増大することも予想される。そして，その場合には，分散の増大を尺度のメリットと見なすことには議論の余地があることになる。そのため，本研究では回答分布を有効性評価の指標とせず，尺度特性に関する参考情報として報告・検討することにする。

信頼性係数　スライダー尺度によって内容が類似した項目を複数測定した場合には，α係数を回答形式間で比較することができる（Cook et al.,2001）。ただし，調査会社の公募型ウェブ調査では，1回答画面に設定できるスライダー尺度の数に限りがあることも少なくない。また，回答画面の増加は料金増に直結し，調査実施上の大きな制約となる。そのため，本研究ではスライダー尺度の大量使用を前提とせず，信頼性係数を有効性評価の指標としない。

回答心理　スライダー尺度は回答への関与，回答の楽しさ，回答への満足度などを高める可能性があると考えられる。しかし，そうした回答心理への効果を実証した研究はほとんど見当たらない。日本では山田・江利川（2014）がスライダー尺度の回答形式満足度が高いことを報告しているが，それ以外には実証研究が見当たらない。そこで，本研究でも回答形式満足度を有効性評価の指標とし，先行研究の結果が頑健かどうか検証する。

項目間相関　スライダー尺度と他の項目との相関については，先行研究がほとんど見当たらない。理由として考えられるのは，以下のような問題点である。まず挙げられるのは，そうした項目間相関の異同をどう評価すべきか，という問題である。構成概念妥当性という視点から見ると，項目間相関については，相関の有無や方向性の一致という緩やかな基準に照らし，回答形式間に違いがないことが望ましい。しかし，他方では，スライダー尺度の測定値が連続量であることが原因で相関係数が大きくなり，それがメリットとされる場合もあると考えられる。そのため，項目間相関の異同の評価については，研究ごとの個別具体的な判断に委ねるしかないようにも思われる。また，項目間相関といっても，単相関だけでなく，偏相関の検討も必要とするかどうか，という論点もある。更に言えば，割当法による公募型ウェブ調査において，スプリット各群の等質性をどの程度仮定できるか，という問題も残されている。このように，項目間相関については要検討点が多いため，本研究では項目間相関を有効性評価の指標とせず，尺度特性に関する参考情報として報告・検討する。

再検査信頼性　スライダー尺度では，連続量を回答できることにより再検査信頼性が低下することも予想される。そこで，本研究では再検査信頼性を有効性評価の指標とし，スライダー尺度の再検査信頼性が十分かどうか検

証する。

4. 本研究の目的と方法

（1）本研究の目的

　以上の検討を踏まえ，本研究では研究対象を社会科学領域の公募型ウェブ調査における連続型の両極型スライダー尺度に限定し，その有効性について，回答時間，回答形式満足度，再検査信頼性を指標として，両極型リッカート尺度（両極型ラジオボタン）との比較検討を行う。また，尺度特性を把握するための参考情報として，両極型スライダー尺度の回答分布と項目間相関についても比較検討の結果を報告する。

（2）回答形式比較の方法

　両極型スライダー尺度の特性を明らかにし，その有効性について検討するために，本研究では2つの公募型ウェブ調査（調査会社委託・ポイント報酬制）を実施した（注3）。1つは2017年の調査（注4）で，もう1つは2018年のパネル調査（注5）である。

　以下ではそうした調査の結果を報告するが，個々の結果を正しく理解するためには，スライダー尺度とラジオボタンという回答形式が，それぞれどのようなものであったのか，そして，それらをどのような方法によって比較したのかを，具体的に知っておく必要がある。そこで，ここではまず，そうした事柄について，その要点を解説しておくことにしたい。

　まず，本研究のウェブ調査では，回答形式間比較のためにスプリット法を採用し，回答者をプログラム制御によりランダムに各条件に割り当てた（質問ランダム提示方式）。2017年調査はラジオボタン5件法・垂直配置（RB5V），ラジオボタン5件法・水平配置（RB5H），ラジオボタン11件法（RB11），スライダー尺度（SLD）の4条件であった（図4-1〜図4-4）。また，2018年調査は両回とも RB5V，RB11，SLD の3条件であった（パネル調査2回目はパネル調査1回目と同一条件に回答）。各条件の回答者数は表4-1（後述）に示すとおりである。

　なお，SLD は300pixel の線分であり，スライダー初期値は中央の「どち

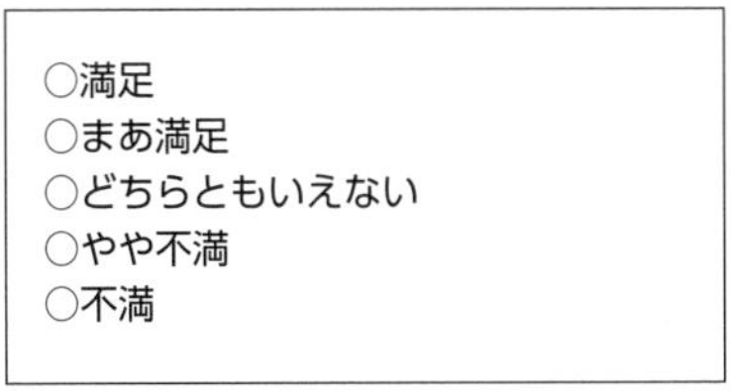

○満足
○まあ満足
○どちらともいえない
○やや不満
○不満

図4-1　ラジオボタン5件法・垂直配置（RB5V）

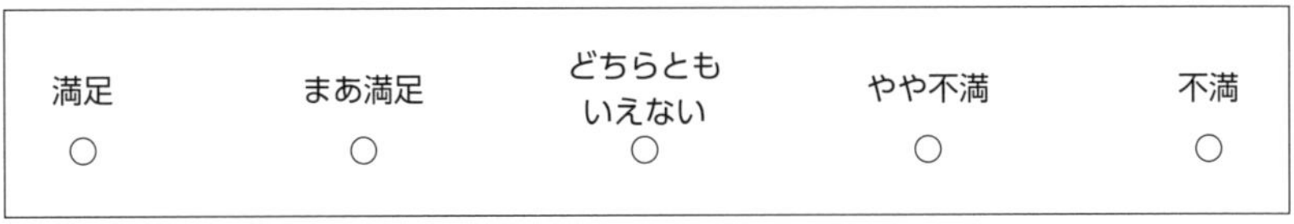

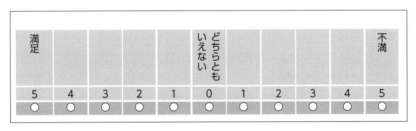

図4-2　ラジオボタン5件法・水平配置（RB5H）

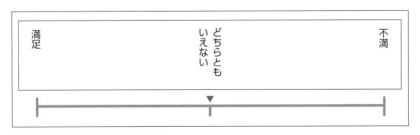

図4-3　ラジオボタン11件法（RB11）

満足　　　　　　　　　どちらとも　　　　　　　　不満
　　　　　　　　　　　いえない

▼

図4-4　両極型スライダー尺度（SLD）（▼：スライダー）

らともいえない」とした。また，SLD を提示された回答者がスライダーを操作せずに次の画面に進もうとした場合は，警告（プロンプト）を表示し，初期位置がそのまま得点化されないようにした。警告文は「最初に表示されたスライドバーの位置をご回答とされる方も，一度，スライドバーを動かしてからその位置にお戻しください」というものであった。

測定内容は社会科学領域のサーベイにおける一般的な質問項目のなかから収入満足度を選定した。質問文は「あなたは現在のご自分の生活で，所得や収入の面では，どれくらい満足していますか」とし，その後に，RB5V・RB5H では「次の中から，あなたのお気持ちに最も近いものを選んでお知らせください」と依頼した。また，SLD では「あなたのお気持ちに最も近いところに，スライドバー（▼）をマウスなどで動かして，お知らせください」と依頼した。なお，RB11 では「『どちらともいえない』を 0，『満足』や『不満』を 5 とした場合に，あなたのお気持ちに最も近いものを選んでお答えください」と依頼した（注 6）。調査票における質問項目の位置は，2017 年調査ではどの条件でも 18 問中の 7 問目であり，2018 年 1 回目調査ではどの条件でも 17 問中の 5 問目，2018 年 2 回目調査ではどの条件でも 11 問中の 5 問目であった。

（3）有効性評価の指標
両極型スライダー尺度の有効性評価の指標については以下のとおりであった。

回答時間　　収入満足度の質問画面の表示時刻と，同画面での「次へ」ボタン押下時刻をミリ秒単位で記録し，その差を回答時間（画面提示時間）とした（注 7）。

回答形式満足度　　収入満足度の各回答形式について，回答直後に「その形式であなたのお気持ちを十分表すことができましたか，そうでもありませんか」とたずね，5 件法で回答を得て，値が大きいほど満足度が高くなるよう 1～5 点を与えた。

再検査信頼性　　2018 年調査（パネル調査・4 週間間隔）の 1 回目調査と 2 回目調査の収入満足度について相関係数を算出し，再検査信頼性の指標とした。分析の際には，有効票全体を対象とする分析に加え，1 回目調査と 2

回目調査の間に，回答者に大きな影響を与えた可能性のある生活上の出来事（ライフイベント）があった者を除外した分析も行った。ライフイベントの質問項目は，就業状況，家計状況，健康状態，人間関係上のトラブル，転居，結婚・離婚，死別などについて11項目設定し，これに「その他」を加え，合計12項目を調査票の最後に配置した。回答形式は個別強制選択回答形式（注8）であり，項目によっては配偶者の状況変化も回答可能であった。なお，本パネル調査の期間中にはボーナス（12月）や昇給（4月）の時期が含まれておらず，期間も4週間と短いため，収入満足度の安定を仮定した再検査信頼性の検討が不可能ではないと判断した。

　以上の有効性指標を用いて，以下，回答形式の比較を行った結果を報告する。なお，そうした比較は，スプリット法によって分割された各群が等質であり，群間に回答者の主要属性などの違いがない場合に可能となる。そこで，分析に先立ち，各調査ごとに，回答形式条件間で回答者の基本属性とPCストレス度の回答分布を比較した。その結果，全ての調査で，回答形式と性別，年代，子供の有無，教育水準，世帯年収，自由裁量所得との有意な関連は認められなかった。また，全ての調査で，回答形式条件間にPCストレス度（注9）の有意差は認められなかった（一元配置分散分析）。なお，既未婚については，2018年2回目調査でSLD条件の未婚比率がやや高かったが（$\chi^2 = 6.5$，$df = 2$，$p < .05$，Cramér's $V = .11$），それ以外の調査では回答形式条件と既未婚に有意な関連は認められなかった。

5. 回答形式の影響

(1) 本研究の主な知見

　以上のような方法によって得られた本研究の主な知見は以下のとおりである。まず，両極型スライダー尺度の回答時間は両極型ラジオボタン（両極型リッカート尺度）と比べ若干増加するものの，著しい違いはないことが示された。また，両極型スライダー尺度の回答形式満足度は両極型ラジオボタンよりも有意に高いことが示された。更に，両極型スライダー尺度の再検査信頼性は十分高く，回答形式間に有意な差は認められなかった。ただし，両極型スライダー尺度の回答分布は両極型ラジオボタンの回答分布と類似してい

るとは言えず，無条件に互換可能と言えるわけではないことも示された。

　以下では，そうした結果が得られるまでの具体的な分析手続きとその結果について，各指標ごとに詳しく報告する。

（2）有効性指標の分析

　回答時間　　回答形式の違いによって回答時間に差があるかどうか調べるために，自然対数化された回答時間について，以下のとおり一元配置分散分析を行った。

　まず，2017 年調査について，回答時間の外れ値（長時間方向：RB5V で 2名）を除外して分散分析を行ったところ，条件間に有意な差が認められた（F（3，1395）＝74.93，p < .001，η^2 = .14）。また，各条件の等分散性が棄却されたため（Levene 統計量 L（3，1395）＝4.17，p < .01），Games-Howell 法（5 ％水準）による多重比較を行ったところ，条件間に有意な差が認められた（SLD > RB11 > RB5V, RB5H）。次に，2018 年 1 回目調査について，回答時間の外れ値（長時間方向：RB5V で 1名，RB11 で 1名，SLDで 2名）を除外して分散分析を行ったところ，条件間に有意な差が認められた（F（2，587）＝38.45，p < .001，η^2 = .12）。また，各条件の等分散性が棄却されなかったため，Tukey の HSD 法（5 ％水準）による多重比較を行ったところ，条件間に有意な差が認められた（SLD > RB11 > RB5V）。なお，2018 年 2 回目調査について，回答時間の外れ値（RB11 で 1名，SLD で 3名）を除外して分散分析を行ったところ，条件間に有意な差が認められた（F（2，546）＝46.26，p < .001，η^2 = .14）。また，各条件の等分散性が棄却されたため（L（2，546）＝3.36，p < .05），Games-Howell 法（5 ％水準）による多重比較を行ったところ，条件間に有意な差が認められた（SLD > RB11 > RB5V）。

　以上のように結果は一貫しており，回答時間の中央値（第 2 四分位）は，RB5V や RB5H よりも RB11 のほうが 1 秒ほど長く，RB11 よりも SLD のほうが 2 〜 3 秒長くなっていた（表 4 - 1）。また，RB5V と RB5H の間に回答時間の差は認められなかった。

　回答形式満足度　　回答形式満足度は 2017 年調査と 2018 年 1 回目調査で測定され，それぞれの回答分布は表 4 - 2 に示すとおりであった（上述の回

表 4－1　収入満足度の回答時間（秒）

調査時点	2017 年				2018 年 1 回目			2018 年 2 回目		
回答形式	RB5V	RB5H	RB11	SLD	RB5V	RB11	SLD	RB5V	RB11	SLD
最小値	1.7	2.1	1.4	3.0	1.8	1.4	3.0	1.7	1.5	3.2
最大値	90.5	81.2	90.6	88.4	46.5	60.9	53.5	25.8	28.1	46.2
第 1 四分位	3.9	4.0	4.7	6.8	3.9	4.6	6.4	3.7	4.4	6.1
第 2 四分位	5.2	5.3	6.5	9.7	5.3	6.3	8.9	5.0	6.0	8.3
第 3 四分位	7.2	7.7	9.4	14.8	7.2	9.0	12.3	7.2	8.9	11.3
平均値	6.9	7.2	9.4	12.6	7.0	8.0	10.8	5.8	7.6	10.1
SD	7.7	7.5	10.6	10.1	6.7	6.8	7.3	3.0	4.9	6.6
歪度	6.8	6.2	4.4	3.3	4.1	4.7	2.7	2.4	1.9	2.5
N	356	352	364	327	194	213	183	185	198	166

注：RB5V はラジオボタン 5 件法・垂直配置，RB5H はラジオボタン 5 件法・水平配置，RB11 は
ラジオボタン 11 件法，SLD はスライダー尺度。

表 4－2　収入満足度の回答形式満足度（列％）

調査時点	2017 年				2018 年 1 回目		
回答形式	RB5V	RB5H	RB11	SLD	RB5V	RB11	SLD
十分表せた	10.4	11.9	10.2	20.5	8.2	9.9	19.1
まあ表せた	45.2	48.3	43.1	52.0	52.1	41.3	52.5
どちらともいえない	32.9	29.5	35.2	21.7	27.8	37.1	20.2
あまり表せなかった	9.0	8.2	9.1	4.6	8.2	8.9	8.2
まったく表せなかった	2.5	2.0	2.5	1.2	3.6	2.8	0.0
N	356	352	364	327	194	213	183

注：回答形式のラベルは表 4－1 と同様。

答時間の分析で外れ値を示した回答者は除外された）。この回答形式満足度
に回答形式間で差があるかどうか調べるために，以下のとおり一元配置分散
分析を行った。

　まず，2017 年調査について分散分析を行ったところ，条件間に有意な得
点差が認められた（$F_{(3, 1395)} = 12.31$, $p < .001$, $\eta^2 = .03$）。また，各条
件 の 等 分 散 性 が 棄 却 さ れ た た め（$L_{(3, 1395)} = 4.93$, $p < .01$），
Games-Howell 法（5 ％水準）による多重比較を行ったところ，条件間に有

意な得点差が認められた（SLD＞RB5V, RB5H, RB11）。次に，2018年1回目調査について分散分析を行ったところ，条件間に有意な得点差が認められた（F (2, 587) ＝9.20, p ＜.001, η^2 ＝.03）。また，各条件の等分散性が棄却されなかったため，Tukey の HSD 法（5 ％水準）による多重比較を行ったところ，条件間に有意な得点差が認められた（SLD＞RB5V, RB11）。

　以上のように，両調査とも，RB5V・RB5H や RB11 よりも SLD のほうが回答形式満足度が有意に高かった。また，回答形式満足度の肯定的回答の割合は，SLD では RB5V・RB5H より 11 ～ 17 ポイント，RB11 より 20 ポイントほど高かった（注10）。

　再検査信頼性　　収入満足度の再検査信頼性を回答形式ごとに見たのが表4-3である。まず，パネル調査の有効回答者（2回とも携帯・スマートフォン（スマホ）から回答していない 536 人）から回答時間が外れ値の回答者を除外した群（VLD 群）についてみると，全ての回答形式で再検査信頼性係数（r）が .80 前後であったため，どの回答形式も十分な再検査信頼性を有すると判断された。なお，r の値自体は SLD で若干低めの値となっていたが，各回答形式の r の 95 ％信頼区間（95 ％ CI）は相互に重なっており，有意な差は認められなかった。

　次に，パネル調査の2回目調査で，1回目調査の後にライフイベントがあった者を VLD 群から除き，除去後の群（NLE 群）について r を算出したが，結果は VLD 群の場合とほぼ同様であった。また，こうした NLE 群についての結果は，既未婚を考慮してもほぼ同様であった。以上の結果から，

表4-3　収入満足度の再検査信頼性（r）

分析対象	回答形式	r	[95 % CI]	N
VLD	RB5V	.85***	.81 - .89	176
	RB11	.84***	.79 - .87	192
	SLD	.79***	.73 - .84	161
NLE	RB5V	.83***	.77 - .88	138
	RB11	.82***	.76 - .86	161
	SLD	.80***	.73 - .85	134

注：回答形式のラベルは表4-1と同様。*** p ＜.001
　　VLD は有効回答者（回答時間が外れ値の回答者を除外）。
　　NLE は VLD からライフイベントがあった者を除外。

SLD の再検査信頼性は RB5V・RV11 とほぼ同等であると判断された。

（3）尺度特性の把握

　回答分布　　収入満足度の回答分布を回答形式間で比較するために，ま
ず，RB5V，RB5H，RB11 の回答値の範囲を SLD と同一の 0 ～ 300 となる
ように変換した。変換は，回答値の範囲（0 ～ 300）を各尺度の件数で均等
分割し，各分割範囲の中央を階級値とする方法で行った（回答値が大きいほ
ど満足度が高くなるように得点化した）。そのうえで，各調査ごとに収入満
足度の記述統計量を算出し（表4－4），一元配置分散分析を行った（上述の
回答時間の分析で外れ値を示した回答者は除外された）。

　その結果，平均値については条件間に有意差は認められなかった（2018
年 2 回目調査の VLD 群では平均値に有意差が認められたが，ライフイベン
トのなかった NLE 群に限定すると有意差は認められなかった）。なお，分
散については，値自体は常に SLD が最大であったが，SLD で有意に大きい
のは 2017 年調査のみであった（L $(3, 1395)$ ＝4.31，$p < .01$）。

　次に，分布形については，歪度を見ると，どの調査でも RB5V が負，
SLD が正であり，特に 2018 年調査では両回とも RB5V が強い負の歪みを示

表 4 - 4　収入満足度の回答分布

調査時点	2017 年				2018 年 1 回目			2018 年 2 回目[†]		
回答形式	RB5V	RB5H	RB11	SLD	RB5V	RB11	SLD	RB5V	RB11	SLD
平均値	136.2	127.5	134.7	127.5	137.0	130.3	127.2	141.6	129.2	119.3
SD	71.6	71.2	71.7	83.0	74.7	69.9	81.0	75.4	74.5	76.3
第 1 四分位	90.0	90.0	68.2	68.0	90.0	68.2	74.0	90.0	68.2	66.8
第 2 四分位	150.0	150.0	150.0	133.0	150.0	150.0	136.0	150.0	150.0	129.5
第 3 四分位	210.0	210.0	177.3	187.0	210.0	177.3	173.0	210.0	177.3	168.0
最頻値	150.0	210.0	150.0	0.0	210.0	150.0	0.0	210.0	150.0	0.0
歪度	-.028	-.033	-.026	.046	-.168	-.076	.053	-.147	.032	.079
N	356	352	364	327	194	213	183	185	198	166

注：回答形式のラベルは表4－1と同様。収入満足度は得点が高いほど満足度が高い。SLD 以外の
　　回答形式の得点は SLD と比較可能な得点に変換。† の分析対象者は表4－3の VLD。

していた。また，最頻値については，SLD の最頻値は全て 0（尺度右端の「不満」）であった。その割合は，2017 年が 12.2 ％（左端 1.8 ％，中央 3.7 ％），2018 年 1 回目が 11.5 ％（左端 2.7 ％，中央 7.1 ％），2018 年 2 回目（VLD 群）が 12.7 ％（左端 0.0 ％，中央 4.8 ％）と安定して突出していた。これに対し，RB11 の最頻値は全て中央の「どちらともいえない」で，2017 年が 27.2 ％，2018 年 1 回目が 31.5 ％，2018 年 2 回目が 24.7 ％と安定して突出していた。

　なお，RB5V と SLD の回答分布について，RB5V を基準とした比較が可能となるよう，SLD を範囲均等分割によって 5 段階化した。その結果が表 4-5 であるが，結果を見ると，RB5V と SLD の間には上述の歪度の違いがあることが明らかであり，RB5V の「まあ満足」に相当する SLD の回答割合は，RB5V に比べ少なくなっていた。また，そうした傾向は，2018 年の 2 回の調査において顕著であった。

　項目間相関　　収入満足度と他の項目との相関（r）を回答形式間で比較した結果が表 4-6 である（注 11）。まず，2017 年調査では，年齢について RB11 のみで有意な相関が認められなかった。また，カテゴリー数の多い 7 項目については，相関係数の有意性に，回答形式間に大きな違いは見られなかった（注 12）。なお，カテゴリー数の少ない性別と教育水準については，RB11 と SLD を範囲均等分割に最も近くなるように 5 段階化し，連関係数（Cramér's V）を比較した。その結果，性別との関連については回答形式間

表 4-5　収入満足度の回答分布（5 段階化）

調査時点	2017 年		2018 年 1 回目		2018 年 2 回目	
回答形式	RB5V	SLD	RB5V	SLD	RB5V	SLD
満足	5.6	9.2	5.2	9.3	7.6	9.0
まあ満足	26.1	19.3	29.4	13.1	28.6	12.0
どちらともいえない	27.0	25.4	27.8	32.2	27.0	32.5
やや不満	22.2	23.5	13.9	21.9	15.7	24.1
不満	19.1	22.6	23.7	23.5	21.1	22.3
N	356	357	194	183	185	166

注：回答形式のラベルは表 4-1 と同様。SLD は範囲均等分割によって
　　5 段階化し，RB5V の選択肢内容と対応させて表示。

に違いが見られ，RB11 と SLD で連関係数が有意な値を示していた。次に，2018 年 1 回目調査では，各回答形式とも収入満足度と年齢の間に有意な相関が認められなかったが，それ以外は 2017 年調査とほぼ同様の結果であった。

6．両極型スライダー尺度の有効利用

（1）両極型スライダー尺度の有効性

　本研究では収入満足度の測定を事例として取り上げ，両極型ラジオボタン（両極型リッカート尺度）との比較を通して，両極型スライダー尺度の有効性について検討した。

　検討の結果，まず，スライダー尺度の回答時間はラジオボタンと比べ若干増加することが示された。こうした時間増は，回答操作による時間増だけでなく，スライダー尺度が回答者に熟慮を促すことを示唆しているが，そうした時間増と熟慮は調査に悪影響を及ぼすほどのものとは考えにくい結果で

表 4-6　収入満足度と他の項目との相関

調査時点	2017 年				2018 年 1 回目		
回答形式	RB5V	RB5H	RB11	SLD	RB5V	RB11	SLD
年齢（連続量）	.12*	.11*	.08	.16**	-.02	.07	.13
世帯年収（10）[†]	.36***	.41***	.43***	.37***	.46***	.42***	.48***
自由裁量所得（10）[†]	.30***	.39***	.29***	.38***	.36***	.46***	.28***
平日自由時間（9）	.08	-.05	.00	.00	-.02	.04	.01
休日自由時間（9）	.08	-.04	-.06	.00	.00	.06	-.06
ネット利用時間（9）	-.11*	-.11*	-.14**	-.14*			
テレビ視聴時間（9）	.03	-.01	.04	.08			
Web 調査回答数（9）	.00	-.07	-.08	-.02	.02	-.07	-.04
性別（2）	.15	.10	.20**	.18*	.14	.12	.30**
教育水準（3）[†]	.13	.14	.10	.12	.16	.19	.08
N	356	352	364	327	194	213	183

注：回答形式のラベルは表 4-1 と同様。（　）内はカテゴリー数。[†] は DK・NA 除外。相関は r。ただし，性別と教育水準は Cramér's V（RB11 と SLD は 5 段階化）。* $p < .05$，** $p < .01$，*** $p < .001$

あった。そのため，時間増はスライダー尺度のデメリットではないと判断された。

　次に，スライダー尺度の回答形式満足度はラジオボタンよりも有意に高いことが示された。こうした結果は山田・江利川（2014）でも報告されており，スライダー尺度の大きなメリットを示す頑健性の高い結果であると判断された。一般にサーベイにおいては，リッカート尺度の連続などによる回答者の倦怠感の高まりが懸念されるが，スライダー尺度の回答形式満足度の高さには，そうした状況を改善する可能性があると考えられる。

　なお，スライダー尺度の再検査信頼性については，再検査信頼性係数の値は.80 前後と十分高く，回答形式間に有意な差は認められなかった。また，こうした結果は，パネル調査期間中のライフイベントの有無を考慮してもほぼ同様であった。

　以上の結果から，両極型スライダー尺度は，上記の3指標に関しては，日本の公募型ウェブ調査において十分な有効性を有すると判断された。ただし，以上の結果は収入満足度に関するものであり，質問内容に関わらず一般化できるとは限らない。また，本研究で行った調査は質問数があまり多くないため，質問数の多い調査や，そのなかの質問の位置によって結果が異なる可能性も考えられる。更に，本研究の公募型ウェブ調査では，脱落や無回答，および，携帯・スマホからの回答を許容していないため，そうした点については，今後更に一般化に関する検討が必要とされる。特に，回答デバイスの影響に関しては，スマホの画面はPCよりも小さいため，スライダー尺度がスマホにおいてもPCと同程度の有効性を示すとは限らない。この点は今後の重要な検討課題であると考えられる。

　なお，本研究では，両極型スライダー尺度の回答分布や他の項目との相関についても検討された。その結果，平均値については，スライダー尺度で若干低めの値となる傾向がうかがわれたが，回答形式間に有意差は認められなかった。また，分散については，スライダー尺度でラジオボタンより有意に大きいのは3回の調査のうち1回だけであった。ただし，歪度と最頻値については，上述のとおり回答形式間に顕著な違いが見られた。なお，他の項目との相関については，相関係数の方向と有意水準を見る限り，回答形式間の差はほとんど認められなかった。ただし，性別と収入満足度の関連について

は，スライダー尺度でラジオボタンよりも強く表れることも示された。

　以下では，こうした結果の含意について，主にスライダー尺度とラジオボタンの互換性という視点から検討する（注13）。

(2) 両極型スライダー尺度の互換性

　まず，ラジオボタン5件法とスライダー尺度との間で，平均値，分散，他の項目との相関に大きな違いが見られなかったため，両回答形式には一定の互換性があるようにも思われた。しかし，回答の分布形については両者の間に顕著な違いがあった。

　まず，スライダー尺度では，最頻値が尺度右端の「不満」であった。こうした回答は，回答位置に言語ラベルがあることによるとも考えられるが，左端の「満足」と中央の「どちらともいえない」の割合は突出していなかった。また，スライダーが反応バイアス（極端回答傾向）を助長した可能性もあるが，左端の「満足」の割合は突出していなかった。そのため，不満という否定的な回答内容にも原因があると考えざるを得ない。プロスペクト理論（Kahneman & Tversky, 1979; Tversky & Kahneman, 1981）の価値関数における「利得と損失の非対称性」が感情の強度（intensity）にも関わることを念頭に置くと，収入への満足と不満では，不満の表明のほうが感情の強度が高い可能性があるが，そうした感情の強さがスライダー操作の媒介によって評定値を極端な方向へシフトさせているのかもしれない。本研究で観察されたこうした傾向については，それが頑健な尺度特性なのかどうか，今後更なる検証が必要である。

　次に，回答の分布形については歪度の符号が示すように，ラジオボタン5件法を基準にすると，スライダー尺度では不満度を高める方向に反応バイアスが働き，スライダー尺度を基準にすると，ラジオボタン5件法では満足度を高める方向に反応バイアスが働くことが示唆された。原因として考えられるのは，ラジオボタン5件法の「まあ満足」への回答の集中（表4-5），および，スライダー尺度における上述の極端回答傾向である（注14）。こうした結果は両尺度の互換可能性を支持するとは言えない結果であり，特定選択肢の割合や，肯定的（または否定的）選択肢の割合に注目する研究においては，看過できない点になるものと思われる。

なお，本研究では，性別と収入満足度との関連がスライダー尺度で強く表れており，その原因として，上述の「不満」という極端回答の性差が疑われた。しかし，そうした回答に性別との有意な関連は認められなかった。したがって，各条件の回答者が等質であると仮定できるなら，スライダー尺度は，「不満」という極端回答に限らず，男性に不満を強く回答させ，女性に満足を強く回答させる傾向があると考えざるを得ない。こうした点についても，それが頑健な尺度特性なのかどうか，今後更なる検証が必要である。

　ウェブ調査の急速な普及に伴い，今後スライダー尺度の利用が検討される機会も増えてゆくと予想されるが，本研究で取り上げた連続型の両極型スライダー尺度は，十分な再検査信頼性を有し，回答者の調査への倦怠感を緩和することも期待できるように思われる。ただし，両極型スライダー尺度は常に両極型ラジオボタンより分散が大きいわけではないようである。また，両極型スライダー尺度の回答分布は両極型ラジオボタンのそれとは類似しておらず，測定内容によっては特殊な反応バイアスの影響を受けることも懸念される。そのため，両極型スライダー尺度の利用にあたっては，利用目的に応じ，十分な事前検討を行うことが推奨される（注15）。

注

注1　本章は山田（2020）に大幅な加筆修正を加えたものである。なお，本研究は平成28〜30年度日本学術振興会科学研究費補助金・基盤研究（A）「多肢選択肢における回答行動の統合的研究：質問紙・ウェブ調査法の設計と妥当性の検討」（研究代表者：坂上貴之，課題番号16H02050）の助成を受けて行われた。

注2　スライダー尺度がVASに劣ることを示した研究としてFunke（2016）が頻繁に引用されるが，この研究のVASとスライダー尺度が離散型である点には注意が必要である。

注3　回答者の公募は各調査ごとに独立に行われた。また，両調査とも調査名は一般的なものであり，分析に用いる変数への影響はないと判断された。なお，両調査とも東洋大学大学院社会学研究科研究倫理委員会の承認を受けた。

注4　2017 年調査：一都三県在住の男女 20 ～ 69 歳が対象。割当法（平成 27 年
　　　度国勢調査に基づく一都三県全体の性年代別人口構成比への割当，総数
　　　1,400 人目処）。事前調査（スクリーニング調査）は 2017 年 1 月 17 日（火）
　　　～ 18 日（水）に実施し，69,810 人に配信して 5,000 人から回答を得た。こ
　　　こから，無効回答，回答に利害の影響が懸念される特定業種の従事者（家
　　　族に従事者がいる者を含む），および，ダイヤルアップ接続者を除外して
　　　4,137 人を抽出。そこから 2,325 人をランダムに抽出した後，本調査を 2017
　　　年 1 月 20 日（金）～ 1 月 22 日（日）に配信し，割当人数分の回答回収時
　　　点で調査を終了して，1,444 人の有効回答を得た（携帯・スマホからの回答
　　　者を除いた分析対象者は 1,401 人）。なお，調査では 1 画面に 1 質問を表示
　　　し，未回答存在時の警告表示により無回答を許容しない仕様とした。

注5　2018 年調査（パネル調査）：［1 回目調査］一都三県在住の男女 20 ～ 69 歳
　　　が対象。割当法（総数 600 人目処）。事前調査は 2018 年 1 月 17 日（水）～
　　　19 日（金）に実施し，89,253 人に配信して 5,000 人から回答を得た。ここ
　　　から，2017 年調査と同様の手続きで 4,118 人を抽出。そこから 1,149 人を
　　　ランダムに抽出した後，本調査を 2018 年 1 月 19 日（金）～ 1 月 21 日（日）
　　　に配信し，622 人の有効回答を得た（携帯・スマホからの回答者を除いた
　　　分析対象者は 594 人）。［2 回目調査］1 回目調査の有効回答者 622 名に調査
　　　を依頼し，2018 年 2 月 16 日（水）～ 19 日（金）に 568 名（91.3 ％）から
　　　回答を得た（2 回目調査における携帯・スマホからの回答者を除いた分析
　　　対象者は 553 人）。なお，両回とも，上記以外の主な仕様は 2017 年調査と
　　　同様。

注6　調査会社の仕様により，RB11 では個々のラジオボタンの上に 0 ～ 5 の数
　　　値が付記されている。そのため本研究では主に RB5V と SLD の差異に注目
　　　する（RB11 についての結果は参考情報である）。

注7　公募型ウェブ調査の分析においては，リッカート・グリッドのような回答
　　　負荷の高い回答画面で発生しやすい不正回答の除去を目的として，当該回
　　　答画面の超短時間回答者を除外することがある。しかし，本研究の主な従
　　　属変数である収入満足度や回答形式満足度は，1 画面 1 質問で質問文も短
　　　く，1 ジャッジ・1 クリックで回答可能であった。また，実際に，回答時間
　　　の最小値は小さく，短時間方向の外れ値も識別不能であった。そのため，
　　　回答画面ごとの超短時間回答者の除外は行わないこととした。

注8　個別強制選択回答形式については江利川・山田（2018）を参照。

注9　回答者が公募型ウェブ調査の回答時に使用している PC への主観的ストレ

ス度7項目（5件法）について因子分析（最尤法，プロマックス回転）を
行ったところ，全ての調査で，速度ストレス度と操作ストレス度による2
因子構造が認められた。そこで，各因子の因子得点を各PCストレス度の
尺度得点とした。

注10　自分の気持ちを「表せた」という肯定的回答をしなかった層は，ラジオボ
　　　タンでは約4割にも及んでおり（表4-2），サーベイに対する回答者の否
　　　定的な意識が懸念される。

注11　相関の検討に使用した項目は以下のとおり。「世帯年収」は昨年の税込み世
　　　帯年収で，分析時にはDK・NAを除外。「自由裁量所得」は1カ月間に自
　　　分の自由に使える金額（生活費や預貯金を除く）。「平日自由時間」と「休
　　　日自由時間」は仕事・家事・睡眠などを除く1日の自由時間。「ネット利用
　　　時間」は平日1日のインターネット利用時間（仕事や授業での利用を除
　　　く，全デバイスによる利用）。「テレビ視聴時間」は平日1日の視聴時間
　　　（録画番組を含む番組視聴）。「ウェブ調査回答数」は登録モニターとして回
　　　答した直近1カ月間の調査件数。「教育水準」は「高卒以下」「専門・専修・
　　　短大・高専卒」「大卒以上」にカテゴリー併合し，分析時には「答えたくな
　　　い」と「その他」を除外。

注12　世帯年収と自由裁量所得については，回答形式間で相関係数の値に多少の
　　　違いが見られたが，各相関係数の間に有意な差が認められたのは，2018年
　　　1回目調査の自由裁量所得のRB11とSLDの間のみ（$p < .05$）であった。

注13　本研究の結果では，RB5HはRB5Vとほぼ同様の傾向を示した。また，
　　　RB11はRB5Vと比べて，回答形式満足度が低く，分散も増えず，回答が
　　　中央に集中しがちであり，他の項目との関係も独自の傾向を示していた。
　　　そのため，RB5Vの代わりにRB5HやRB11を使用するメリットはないと
　　　判断された。

注14　スライダーの操作が右方向に成されやすいのであれば，両尺度形式の間で
　　　回答分布が類似していないことが整合的に説明できるかもしれない。本研
　　　究の調査の回答者には右利きが多かったと予想されるが，そうした回答者
　　　の場合，マウスなどによるスライダーの移動は左方向よりも右方向のほう
　　　が容易である可能性が高い。そして，そうであれば，スライダー尺度の回
　　　答分布は，測定内容によらず，ラジオボタンよりも右側にシフトした分布
　　　を示すと予想される。したがって，今後は，スライダー尺度における「満
　　　足／不満」の配置方向が回答分布に影響するかどうか，検証する必要があ
　　　ると考えられる。

注 15 スライダー尺度は連続量を測定できるため，リッカート尺度に比べ，適用
できる分析手法が増える点がメリットであると考えられることも多い。ま
た，そうした場合，スライダー尺度の測定値を離散量に変換することが考
慮されていることも少なくない。しかし，そうした変換は作業としては可
能であっても，変換の是非や変換方法の適不適については，研究目的に照
らした十分な議論が不可欠となる。また，時系列調査においては，リッ
カート尺度をスライダー尺度に変更すると，測定値の比較可能性が失われ
ることが危惧されるため，スライダー尺度の導入については慎重な検討が
必要である。

引用文献

Bosch, O. J., Revilla, M., DeCastellarnau, A., & Weber, W. (2019). Measurement reliability, validity, and quality of slider versus radio button scales in an online probability-based panel in Norway. *Social Science Computer Review*, **37**, 119-132.

Chyung, S. Y. Y., Swanson, I., Roberts, K., & Hankinson, A. (2018). Evidence-based survey design: The use of continuous rating scales in surveys. *Performance Improvement*, **57**, 38-48.

Cook, C., Heath, F., Thompson, R. L., & Thompson, B. (2001). Score reliability in Web- or internet-based surveys: Unnumbered graphic rating scales versus Likert-type scales. *Educational and Psychological Measurement*, **61**, 697-706.

Couper, M. P., Tourangeau, R., & Conrad, F. G. (2006). Evaluating the effectiveness of visual analog scales: A web experiment. *Social Science Computer Review*, **24**, 227-245.

江利川滋・山田一成 (2018). 公募型 Web 調査における複数回答形式の有効性評価 心理学研究, **89**, 139-149.

Funke, F. (2016). A web experiment showing negative effects of slider scales compared to visual analogue scales and radio button scales. *Social Science Computer Review*, **34**, 244-254.

Funke, F., Reips, U-D., & Thomas, R.K. (2011). Sliders for the smart: Type of rating scale on the web interacts with educational level. *Social Science Computer Review*, **29**, 221-231.

Kahneman, D. & Tversky, A. (1979). Prospect theory: An analysis of decision under risk. *Econometrica*, **47**, 263-291.

Liu, M. & Conrad, F. G. (2019). Where should I start? On default values for slider questions in web surveys. *Social Science Computer Review*, **37**, 248-269.

Maloshonok, N. & Terentev, E. (2016). The impact of visual design and response formats on data quality in a web survey of MOOC students. *Computers in Human Behavior*, **62**,

506-515.

Roster, C. A., Lucianetti, L., & Albaum, G.（2015）. Exploring slider vs. categorical response formats in web-based surveys. *Journal of Research Practice*, **11**, 1-19.

Sikkel, D., Steenbergen, R., & Gras, S.（2014）. Clicking vs. dragging: Different uses of the mouse and their implications for online surveys. *Public Opinion Quarterly*, **78**, 177-190.

Tversky, A. & Kahneman, D.（1981）. The framing of decisions and the psychology of choice. *Science*, **211**, 453-458.

山田一成（2020）．公募型 Web 調査におけるスライダー尺度の有効性評価（1）：両極型スライダー尺度による収入満足度の測定　東洋大学社会学部紀要，**58**(1)，35-50.

山田一成・江利川滋（2014）．Web 調査における Visual Analogue Scale の有効性評価　東洋大学社会学部紀要，**52**(1)，57-70.

5章　単極型スライダー尺度の有効性評価

山田一成

1.　単極型スライダー尺度の特性

（1）単極尺度と両極尺度

　本章では4章に引き続き，社会科学領域の公募型ウェブ調査における連続型スライダー尺度の有効性について検討する（注1）。なお，4章では両極型スライダー尺度を取り上げたが，本章では単極型スライダー尺度を取り上げる。

　単極型スライダー尺度とは，文字どおりスライダーを使って回答する単極尺度（unipolar scale）のことを指すが，その単極尺度としての特性については，両極尺度（bipolar scale）との対比において次のように説明される。

　まず，単極尺度は測定対象に対する程度について回答する尺度形式であり，尺度の一方の端には程度がゼロとなる点が配置され，そこからもう一方

の端に向かって程度が強くなるように構成されている。たとえば，何らかの対象への「興味の程度」を測定するリッカート尺度であれば，両極尺度では，選択肢の言語ラベルは「非常に退屈である」から中央の「どちらともいえない」を経て「非常に興味がある」まで配置されるのに対し，単極尺度では，「まったく興味がない」から「非常に興味がある」まで配置され，「退屈」のような否定的な言語ラベルは配置されないことになる。

　また，こうした単極尺度と両極尺度のどちらを使用するかは，測定対象となる構成概念の特性に依存すると考えられている（Dillman et al., 2014）。たとえば，行動の頻度を測定する場合であれば，頻度について「負の頻度」を設定することは不可能でありナンセンスであるため，単極尺度が利用されることになる。しかし，測定内容によっては単極尺度と両極尺度の両方を構成することも不可能ではない。たとえば，何らかの対象に対する満足度を測定する場合，単極尺度であれば，選択肢の言語ラベルを「まったく満足していない」から「たいへん満足している」まで配置することになるが，同時に，両極尺度として，言語ラベルを「非常に不満」から「どちらともいえない」を経て「非常に満足」まで配置することも可能である。そして，そのような場合，どちらの形式で質問を構成するかについては，事前に複数の論点について検討することになる（注2）。

　こうした単極尺度は医療・看護領域の調査研究においては一般的に使用されており，その具体例としては，主観的ストレスを測定するリッカート尺度のような離散型の尺度に加え，主観的な痛みの測定に使用されるVAS（visual analogue scale）や，怒りやストレスの測定に使用される感情温度計（feeling thermometer）など，連続型の尺度形式を複数挙げることができる。

　本研究で注目するのもそうした連続型の単極尺度であるが，本研究ではそのなかから，尺度形式の汎用性と研究結果の一般化可能性が相対的に高いと考えられる単極型スライダー尺度を取り上げる（注3）。また，その測定内容としては，これまで医療・看護領域においてVASによって測定されてきた心理状態のなかから，主観的ストレス（例：鈴木ほか, 1997; 小磯ほか, 2020）を取り上げる。

　ただし，本研究における主観的ストレス（対人ストレス）の測定は，臨床場面を想定したものではなく，社会調査や広義の世論調査を想定したもので

あり，その測定内容も主観に過ぎないと言わざるを得ない面もある。しかし，社会調査や広義の世論調査において，そのような主観的ストレスが測定されることは決して希ではない（注4）。また，これまでは，そうした調査において使用される尺度のほとんどがリッカート尺度であったが，今後はウェブ調査の利用が増加するにつれて，主観的な心理状態の測定を目的として，スライダー尺度の利用が検討される機会も増えてゆくものと予想される。というのも，4章でも述べたとおり，スライダー尺度には連続量を測定できるという大きなメリットがあり，調査に対する回答者の倦怠感を低下させることも期待できるからである。

(2) 問題視される互換性

ただし，同時に，リッカート尺度の代わりにスライダー尺度を使用すると，回答形式の変化によって，回答者の判断の方法と内容が変化することや，それに伴い他の項目との相関が変化することも予想されるため，使用に際してはリッカート尺度との互換性について十分な事前検討が必要となる。しかし，現状では，社会科学領域の公募型ウェブ調査において，単極型スライダー尺度の有効性を検討した実証研究はほとんど行われていないようである。

そうしたなか，日本における先行研究として，山田・江利川（2014）を挙げることができる。この研究では主観的ストレス（対人ストレス）の測定において，単極型スライダー尺度と単極型リッカート尺度（ラジオボタン）との間でパラデータが比較され，その結果，回答時間はスライダー尺度のほうが中央値で1〜2秒長いこと，および，回答形式満足度はスライダー尺度のほうで顕著に高いことなどが明らかにされている。

ただし，有効性の参考情報となる回答分布については，両尺度形式間に著しい違いがあり，単極型リッカート尺度では5件法で2番目に低度の「やや感じている」という選択肢に回答が著しく集中し，この選択肢までの累積相対度数には，単極型スライダー尺度との間に50ポイントもの差があったことが報告されている。また，その原因については，選択肢の言語ラベル（程度差表現の不十分さ），および，選択肢の配置方向（垂直／水平）という2つの要因が考えられるとされているが，具体的な検証はなされておらず，推

論に留まっている。

　もしも，こうした結果が常に生じるようであれば，単極型スライダー尺度は，少なくとも回答分布に関しては，単極型リッカート尺度とはまったく互換性がないことになる。また，そうであれば，その原因を特定する必要も生じる。公募型ウェブ調査の利用が一般化するなか，この問題の検討は，再現性の確認も含め，ウェブ調査の方法論的基礎研究における急務となっているように思われる（注5）。

　そこで本研究では公募型ウェブ調査を実施し，単極型スライダー尺度と単極型リッカート尺度（ラジオボタン）の違いについて，まず，山田・江利川（2014）で報告された結果が再現されるかどうか確認し，回答分布に著しい違いがあれば，その原因を明らかにすることを試みる。また，単極型スライダー尺度の有効性についても検討するが，その際には，先行研究ではほとんど検討されていない再検査信頼性や他の項目との相関についても検討を加える。

2.　回答形式の比較方法

　以下では単極型スライダー尺度に関する調査研究の結果を報告するが，その前に実証研究の方法について解説しておきたい。

　まず，本研究で分析の対象とする主な調査データは，4章で使用したものと同一で，「2017年調査」と「2018年調査（パネル調査）」という2つの公募型ウェブ調査のデータである。また，分析に使用した尺度形式は，ラジオボタン5件法・垂直配置（RB5V），同・水平配置（RB5H），ラジオボタン11件法（RB11），スライダー尺度（SLD）の4種類で（図5-1〜図5-4），それらの異同を明らかにするためにスプリット法による分析を行った。これらの調査の概要とスプリット法の詳細については4章の該当箇所（注3〜注5）を参照されたい。また，本研究でも4章と同様の理由により，超短時間回答者の除外は行っていないが，この点については4章の注7を参照されたい。

　次に，各尺度の測定内容は主観的ストレス（対人ストレス）で，質問文は「あなたは毎日の生活の中で，人間関係や人づきあいで，どれくらいストレ

○まったく感じていない
○やや感じている
○かなり感じている
○非常に感じている
○きわめて強く感じている

図 5 - 1 　ラジオボタン 5 件法・垂直配置（RB5V）

まったく 感じていない ○	やや 感じている ○	かなり 感じている ○	非常に 感じている ○	きわめて強く 感じている ○

図 5 - 2 　ラジオボタン 5 件法・水平配置（RB5H）

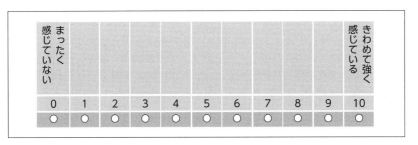

図 5 - 3 　ラジオボタン 11 件法（RB11）

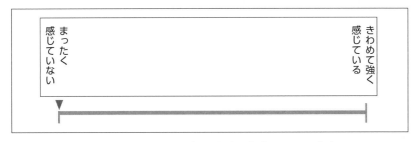

図 5 - 4 　単極型スライダー尺度（SLD）（▼：スライダー）

スを感じていますか」とし，その後に，RB5V・RB5H では「次の中から，
あなたのお気持ちに最も近いものを選んでお知らせください」と依頼した。
また，SLD では「あなたのお気持ちに最も近いところに，スライドバー
（▼）をマウスなどで動かして，お知らせください」と依頼した。なお，
RB11 では「『まったく感じていない』を 0，『きわめて強く感じている』を
10 とした場合に，あなたのお気持ちに最も近いものを選んでお知らせくだ
さい」と依頼した（注 6）。調査票における質問項目の位置は，2017 年調査
ではどの尺度形式でも 18 問中の 9 問目であり，2018 年 1 回目調査ではどの
尺度形式でも 17 問中の 7 問目，2018 年 2 回目調査ではどの尺度形式でも 11
問中の 6 問目であった。

　ラジオボタンの言語ラベルについては，2017 年調査の RB5V と RB5H で
は，山田・江利川（2014）で報告された結果の再現性を確認するために，山
田・江利川（2014）と同一のものを採用した（「まったく感じていない」「や
や感じている」「かなり感じている」「非常に感じている」「きわめて強く感
じている」の 5 段階）。ただし，2018 年調査では両回とも，山田・江利川
（2014）とは異なる言語ラベルを採用した（「まったく感じていない」「あま
り感じていない」「どちらともいえない」「やや感じている」「きわめて強く
感じている」の 5 段階）。

　なお，本研究におけるスライダーの初期位置は左端（「まったく感じてい
ない」）であった。また，各尺度の有効性評価の指標については，4 章と同
様に，回答時間，回答形式満足度，再検査信頼性を設定した（選定理由につ
いては 4 章 3 節を参照）。

3．有効性評価指標の検討

　以上のような方法に依拠し，単極型スライダー尺度の有効性について，単
極型ラジオボタン（単極型リッカート尺度）との比較を通して検討したとこ
ろ，本研究では以下のような知見が得られた。まず，単極型スライダー尺度
の回答時間は単極型ラジオボタンと比べ若干増加することが示された。ま
た，単極型スライダー尺度の回答形式満足度は単極型ラジオボタンよりも有
意に高かった。なお，再検査信頼性については回答形式間に有意な差は認め

られなかった。以下では，そうした結果について詳しく解説する。

　回答時間　　　回答形式の違いによって回答時間に差があるかどうか調べるために，自然対数化された回答時間について，以下のとおり一元配置分散分析を行った。

　まず，2017 年調査について，回答時間の外れ値（長時間方向：RB5V で 3 名，RB5H で 1 名，SLD で 3 名）を除外して分散分析を行ったところ，条件間に有意な差が認められた（F (3, 1390) ＝11.48, p ＜ .001, η^2 ＝.02）。また，各条件の等分散性が棄却されなかったため，Tukey の HSD 法（5 %水準）による多重比較を行ったところ，条件間に有意な差が認められた（SLD ＞ RB5V, RB5H, RB11）。次に，2018 年 1 回目調査について，回答時間の外れ値（長時間方向：RB11 で 5 名，SLD で 2 名）を除外して分散分析を行ったところ，条件間に有意な差が認められた（F (2, 584) ＝15.09, p ＜ .001, η^2 ＝.05）。また，各条件の等分散性が棄却されなかったため，Tukey の HSD 法（5 %水準）による多重比較を行ったところ，条件間に有意な差が認められた（SLD ＞ RB11, RB5V）。なお，2018 年 2 回目調査について，回答時間の外れ値（RB5V で 1 名，RB11 で 6 名，SLD で 1 名）を除外して分散分析を行ったところ，条件間に有意な差が認められた（F (2, 542) ＝16.30, p ＜ .001, η^2 ＝.06）。また，各条件の等分散性が棄却されなかったため，Tukey の HSD 法（5 %水準）による多重比較を行ったところ，条件間に有意な差が認められた（SLD ＞ RB11, RB5V）。

　以上のように，スライダー尺度ではラジオボタンよりも回答時間が長くなることが示された。また，回答時間の中央値（第 2 四分位）は，RB5V よりも SLD のほうが 0.8 ～ 1.6 秒長くなっていた（表 5−1）。なお，RB5V と RB5H の間に回答時間の差は認められなかった。

　回答形式満足度　　　回答形式満足度は 2017 年調査と 2018 年 1 回目調査で測定され，それぞれの回答分布は表 5−2 に示すとおりであった（上述の回答時間の分析で外れ値を示した回答者は除外された）。この回答形式満足度に回答形式間で差があるかどうか調べるために，以下のとおり一元配置分散分析を行った。

　まず，2017 年調査について分散分析を行ったところ，条件間に有意な得点差が認められた（F (3, 1390) ＝12.45, p ＜ .001, η^2 ＝.03）。また，各条

表 5 - 1　主観的ストレスの回答時間（秒）

| 調査時点 | 2017 年 | | | | 2018 年 1 回目 | | | 2018 年 2 回目 | | |
回答形式	RB5V	RB5H	RB11	SLD	RB5V	RB11	SLD	RB5V	RB11	SLD
最小値	1.8	1.5	1.7	2.5	1.5	1.4	2.7	1.2	1.4	2.4
最大値	42.3	43.2	48.0	47.3	27.4	34.0	29.3	25.5	19.2	26.9
第 1 四分位	5.2	5.2	4.9	6.2	4.3	4.7	5.6	3.8	4.5	5.3
第 2 四分位	7.4	6.9	6.8	8.2	5.8	6.4	7.4	5.2	6.2	6.8
第 3 四分位	9.6	10.0	9.4	10.8	7.6	9.1	10.1	7.3	7.7	9.3
平均値	8.4	8.1	8.1	9.7	6.5	7.4	8.7	6.0	6.7	7.9
SD	5.3	5.2	5.4	5.9	3.5	4.7	4.7	3.3	3.4	4.2
歪度	2.7	3.4	2.8	2.9	2.2	2.5	1.9	2.2	1.3	2.0
N	355	351	364	324	195	209	183	184	193	168

注：RB5V はラジオボタン 5 件法・垂直配置，RB5H はラジオボタン 5 件法・水平配置，RB11 は
　　ラジオボタン 11 件法，SLD はスライダー尺度。

表 5 - 2　主観的ストレスの回答形式満足度（列%）

| 調査時点 | 2017 年 | | | | 2018 年 1 回目 | | |
回答形式	RB5V	RB5H	RB11	SLD	RB5V	RB11	SLD
十分表せた	13.2	12.5	12.9	21.9	11.3	13.4	23.5
まあ表せた	53.2	50.1	47.8	58.3	55.4	41.6	53.6
どちらともいえない	24.5	29.3	31.6	16.4	26.2	37.8	20.8
あまり表せなかった	7.0	5.1	6.0	2.5	5.6	4.8	2.2
まったく表せなかった	2.0	2.8	1.6	0.9	1.5	2.4	0.0
N	355	351	364	324	195	209	183

注：回答形式のラベルは表 5 - 1 と同様。

件の等分散性が棄却されたため（Levene 統計量 $L_{(3, 1390)}$ = 14.13, p < .001），Games-Howell 法（5 ％水準）による多重比較を行ったところ，条件間に有意な得点差が認められた（SLD > RB11, RB5H, RB5V）。次に，2018 年 1 回目調査について分散分析を行ったところ，条件間に有意な得点差が認められた（$F_{(2, 584)}$ = 12.38, p < .001, η^2 = .04）。また，各条件の等分散性が棄却されたため（$L_{(2, 584)}$ = 9.98, p < .001），Games-Howell 法（5 ％水準）による多重比較を行ったところ，条件間に有意な得点差が認められた（SLD > RB11, RB5V）。

表 5-3　主観的ストレスの再検査信頼性（r）

分析対象	回答形式	r	[95 % CI]	N
VLD	RB5V	.68***	.59 – .75	175
	RB11	.69***	.61 – .76	186
	SLD	.69***	.59 – .76	163
NLE	RB5V	.68***	.58 – .76	137
	RB11	.72***	.63 – .79	156
	SLD	.71***	.61 – .78	137

注：回答形式のラベルは表 5-1 と同様。*** $p < .001$
　　VLD は有効回答者（回答時間が外れ値の回答者を除外）。
　　NLE は VLD からライフイベントがあった者を除外。

　以上のように，両調査とも，RB5V・RB5H や RB11 よりも SLD のほうが回答形式満足度が有意に高かった。また，回答形式満足度の肯定的回答の割合は，SLD では RB5V・RB5H より 10 ～ 18 ポイント，RB11 より約 20 ポイントほど高かった（注7）。

　再検査信頼性　　2018 年調査（パネル調査・4 週間間隔）の 1 回目調査と 2 回目調査の主観的ストレスについて相関係数を算出し，再検査信頼性を回答形式ごとに調べた（表 5-3）。まず，パネル調査の有効回答者（携帯・スマートフォン（スマホ）から回答していない 536 人）から，回答時間が外れ値の回答者を除外した群（VLD 群）については，全ての回答形式で再検査信頼性係数（r）が約 .70 で，各回答形式の r の 95 % 信頼区間（95 % CI）は相互に重なっており，有意な差は認められなかった。なお，再検査信頼性係数の値の高低については明確な基準があるわけではないが，心理学領域では .70 という数値が直ちに不十分と判断されることはないようである（小塩，2016）。

　次に，パネル調査の 2 回目調査で，1 回目調査の後にライフイベントがあった者を VLD 群から除き，除去後の群（NLE 群）について r を算出したが，結果は VLD 群の場合と同様であった（4 章 4 節（3）の再検査信頼性の説明を参照）。また，こうした NLE 群についての結果は，既未婚を考慮しても同様であった。以上の結果から，SLD の再検査信頼性は RB5V・RV11 とほぼ同等であると判断された。

4．回答形式と回答分布

　前節において示されたように，回答時間，回答形式満足度，再検査信頼性のそれぞれについては，単極型スライダー尺度は単極型ラジオボタンと比較して同等か，または，それ以上の良好さを有することが明らかとなった。しかし，そうした結果によって，直ちに単極型スライダー尺度の有効利用が保証されるわけではない。というのも，本章の冒頭で述べたように，単極型スライダー尺度は両極型スライダー尺度とは異なり，得られる回答分布がラジオボタンとは著しく異なる可能性があるからである。また，そうした回答分布の違いは，当然のことながら，当該尺度と他の変数との相関にも大きな影響を与える可能性がある。そこで，本節では，単極型スライダー尺度の回答分布について詳しい検討を行うことにする。

　まず，主観的ストレスの回答分布を回答形式間で比較するために，RB5V，RB5H，RB11の回答値の範囲をSLDと同一の0〜300となるように変換した。変換は，回答値の範囲（0〜300）を各尺度の件数で均等分割し，各分割範囲の中央を階級値とする方法で行った（回答値が大きいほど主観的ストレスが高くなるように得点化した）。そのうえで，各調査ごとに主観的ストレスの記述統計量を算出し（表5−4），一元配置分散分析を行った（上述の回答時間の分析で外れ値を示した回答者は除外された）。

　その結果，平均値については，まず，2017年調査について分散分析を行ったところ，条件間に有意な得点差が認められた（F（3, 1390）= 39.96，p < .001，η^2 = .08）。また，各条件の等分散性が棄却されたため（L（3, 1390）= 41.22，p < .001），Games-Howell法（5％水準）による多重比較を行ったところ，条件間に有意な得点差が認められた（RB11, SLD ＞ RB5H, RB5V）。

　なお，こうした結果について，ラジオボタンによる回答の単純集計を示したのが表5−5である。表中のSLD5は，スライダー尺度の回答を範囲均等分割により5段階化したものであるが，回答形式間で回答分布を比較するとRB5V・RB5HとSLD5との間に著しい違いがあることがわかる。こうした結果は山田・江利川（2014）によって報告された結果とまったく同様であ

表 5 - 4　主観的ストレスの回答分布

調査時点	2017 年				2018 年 1 回目			2018 年 2 回目		
回答形式	RB5V	RB5H	RB11	SLD	RB5V	RB11	SLD	RB5V	RB11	SLD
平均値	101.7	108.5	148.4	139.3	154.6	150.9	140.1	152.0	146.7	136.1
SD	58.6	60.1	65.5	86.1	62.7	64.3	89.5	63.0	66.6	90.4
第 1 四分位	90.0	90.0	95.5	65.3	90.0	95.5	64.0	90.0	95.5	58.5
第 2 四分位	90.0	90.0	150.0	140.0	150.0	150.0	148.0	150.0	150.0	135.0
第 3 四分位	90.0	90.0	204.5	211.0	210.0	204.5	217.0	210.0	204.5	205.0
最頻値	90.0	90.0	150.0	300.0	90.0	150.0	300.0	150.0	150.0	300.0
歪度	1.54	1.35	0.18	0.22	0.15	-0.05	0.09	0.11	-0.02	0.24
N	355	351	364	324	195	209	183	184	193	168

注：回答形式のラベルは表 5 - 1 と同様。主観的ストレスは得点が高いほどストレスが高い。
　　SLD 以外の回答形式の得点は SLD と比較可能な得点に変換。

表 5 - 5　主観的ストレスの回答分布（2017 年，列%）

調査時点	2017 年		
回答形式	RB5V	RB5H	SLD5
まったく感じていない	16.3	13.1	22.5
やや感じている	64.8	62.4	21.6
かなり感じている	8.5	12.0	24.1
非常に感じている	3.9	5.7	15.4
きわめて強く感じている	6.5	6.8	16.4
N	355	351	324

注：回答形式のラベルは表 5 - 1 と同様。選択肢の言語ラ
　　ベルはラジオボタンのもの。SLD5 は SLD の範囲均
　　等分割による 5 段階化。

り，回答分布の著しい違いは再現性の高い頑健なものであると判断された。
　また，こうした結果が生じる原因について，山田・江利川（2014）は，選
択肢の言語ラベル（程度差表現の不十分さ），および，選択肢の配置方向
（垂直／水平）という 2 つの要因が考えられると述べているが，RB5V と
RB5H の間にはまったく違いが認められなかったため，RB5V と SLD5 の著

表5−6　主観的ストレスの回答分布（2018 年，列%）

| 調査時点 | 2018 年 1 回目 | | | 2018 年 2 回目 | | |
回答形式	RB5V	SLD5	SLD5E	RB5V	SLD5	SLD5E
まったく感じていない	3.6	23.0	4.9	5.4	26.2	3.6
あまり感じていない	30.8	19.1	30.6	28.3	19.0	36.9
どちらともいえない	29.2	26.2	37.2	32.6	24.4	32.7
やや感じている	27.2	14.2	21.3	25.0	13.1	20.8
きわめて強く感じている	9.2	17.5	6.0	8.7	17.3	6.0
N	195	183	183	184	168	168

注：回答形式のラベルは表5−1 と同様。選択肢の言語ラベルはラジオボタンの
　　もの。SLD5 は SLD の範囲均等分割による 5 段階化。SLD5E は SLD の両
　　端を除いた範囲均等 3 分割による 5 段階化。

しい回答分布の差は，ラジオボタンの配列方向に起因するものではないと判
断された。

　そこで，2018 年調査では，言語ラベルの影響について検討するために，
RB5V の言語ラベルを変更し，2017 年調査の RB5V と回答分布に違いが見
られるかどうか検証を行った。その結果，まず，平均値については，一元配
置分散分析を行ったところ，2018 年 1 回目調査でも 2 回目調査でも，条件
間に有意な得点差は認められなかった。なお，こうした結果について，ラジ
オボタンによる回答の単純集計を示したのが表5−6 である。表中の SLD5
は SLD の範囲均等分割による 5 段階化であるが，回答形式間で回答分布を
比較すると，1 回目調査でも 2 回目調査でも，表5−5 で見られた回答分布
の著しい違いは生じていなかった。ただし，RB5V と SLD5 を比較すると，
両回とも，SLD5 で両端の選択肢の回答割合が多くなる傾向がうかがわれ，
その程度は「まったく感じていない」という程度ゼロの選択肢でより顕著で
あった。

　また，各尺度の最頻値（表5−4）については，SLD は全ての調査で 300
（尺度右端の「きわめて強く感じている」）であった。その割合は，2017 年
が 5.6 %（左端 1.9 %），2018 年 1 回目が 6.0 %（左端 4.9 %），2018 年 2 回
目が 6.0 %（左端 3.6 %）と安定していた。これに対し，RB11 の最頻値は全
ての調査で 150（図5−3 の「5」）であり，2017 年が 22.8 %，2018 年 1 回目

が 23.0 %, 2018 年 2 回目が 23.3 % と安定して突出していた。

　以上のような結果は，スライダー尺度の両端が，回答者にとって他の回答位置とは異なる意味を持つことを示唆していると考えられる。具体的に言えば，まず，「300」という値は最大値であるが，それは，回答者にとっては測定値のひとつであるに留まらず，「それ以上の値を回答することができない値」と認識されうるものである。また，そうした回答は，自己の対人ストレスの程度については，可能な限り最も強い度合いをもって表明したいという，回答者の強い感情や欲求に基づくものであると考えることも不可能ではない。他方，「0」という値は最小値であるが，それは全体の中で相対的に最も低い部類，すなわち「1」や「2, 3」といった小さな値の 1 つであるに留まらず，「1」や「2, 3」とは決定的に異なる「無」として，すなわち，「1 〜 300」までの「有」に対し，唯一「0」だけは他の値とは絶対的に異なる値として認識されていると考えることも不可能ではない。

　そして，こうした推論を押し進めていくと，実はラジオボタンについても，「まったく感じていない」と「きわめて強く感じている」は，そうした「両端」の選択肢として，中間の 3 つの選択肢とは異なる意味を持ちうる可能性が浮上する。また，そうであれば，スライダー尺度とラジオボタンの比較においても，SLD5 という範囲均等分割による 5 段階化だけが比較のための変換方法ではないことになる。

　そこで，本研究では試験的に，SLD を，「0」「300」および，「1 〜 299」を範囲均等 3 分割した 3 段階から成る 5 段階へと変換し（SLD5E），RB5V の分布との比較を行った。結果は表 5-6 に示すとおりで，両回とも，SLD5E のほうが SLD5 よりも RB5V に近い分布を示していた。もちろん，厳密に言えば，SLD5E のほうが RB5V よりも高度方向の頻度が低めになる傾向はうかがえる。しかし，両端の選択肢の回答割合は，SLD5E のほうが SLD5 よりも RB5V に近いことは明らかである。なお，こうした結果は，スライダー尺度やラジオボタンへの回答がどのようになされているかを考えるうえで極めて重要な示唆を含んでいるため，本章の最終節において，改めて検討を加えることにしたい。

5. 回答形式と項目間相関

　次に，回答形式間で主観的ストレスと他の項目との相関を比較した。その結果が表5-7である（注8）。まず，2017年調査においては，RB11を除く3つの回答形式に共通して有意な相関が示される項目は認められなかった。また，RB5VとSLDに限定してみても，両形式とも相関が有意な項目は年齢だけであり，それ以外の項目については，相関の有意性が示されたのはいずれか一方の形式においてのみであった。

　このような結果は，回答形式間に著しい回答分布の違いがあったことを考慮すると，それほど意外なことではない。特に，ラジオボタンでは「やや感じている」に全体の3分の2近くの回答が集中しており，それが相関の違いの原因であった可能性は十分あると考えられる。

表5-7　主観的ストレスと他の項目との相関

| 調査時点 | 2017年 | | | | 2018年1回目 | | |
回答形式	RB5V	RB5H	RB11	SLD	RB5V	RB11	SLD
年齢（連続量）	-.16**	-.09	-.20***	-.22***	-.23**	-.18**	-.14
世帯年収（10）†	-.05	.00	-.05	.01	-.05	-.11	.01
自由裁量所得（10）†	-.07	-.12*	-.07	.03	-.08	-.25**	.00
平日自由時間（9）	.00	-.05	-.17**	-.13*	-.18*	-.20**	-.18*
休日自由時間（9）	-.02	-.01	-.09	-.08	-.07	-.16*	-.07
ネット利用時間（9）	.18**	.06	-.01	.03			
テレビ視聴時間（9）	.04	-.08	-.05	-.12*			
Web調査回答数（9）	-.03	.01	.00	-.01	.02	-.03	.06
友人数WS（5）	-.13**	-.08	-.05	-.01	-.13	-.08	-.04
友人数NWS（5）	-.12*	-.19**	-.15**	-.04	-.08	-.14	-.13
性別（2）	.16	.07	.05	.07	.12	.17	.08
教育水準（3）†	.10	.08	.07	.15	.11	.24**	.11
N	355	351	364	324	195	209	183

注：回答形式のラベルは表5-1と同様。（　）内はカテゴリー数。†はDK・NAを除外。相関は r。ただし，性別と教育水準はCramér's V（RB11とSLDは5段階化）。* p < .05，** p < .01，*** p < .001

ただし，そうした結果のなかで，友人数（注9）と主観的ストレス（対人ストレス）との相関の有意性がRB5VとSLDで異なる点は，尺度形式の違いが異なる研究結果を導きうることを示唆している点で重要であるように思われる。たとえば，ポジティブ心理学やジェロントロジーなど，対人関係に関わる社会科学においては友人数が独立変数とされることも少なくない。また，社会関係資本に関する研究においては，友人数が社会関係資本の多寡の指標として重視されることも少なくない。そうした研究において，尺度形式の違いによって他の変数との相関の有無が異なりうるのだとしたら，具体的な実証研究に先立ち，尺度形式の特性把握が不可欠となることは言うまでもない。

　次に，2018年調査については，主観的ストレスとの相関の有意性がRB5VとSLDで異なる項目は年齢のみであった。また，その年齢と主観的ストレスの相関は，両形式とも方向は負であり，RB5Vでは有意な関連が，また，SLDでは有意傾向が示された（$p = .06$）。このように，2018年調査では2017年調査よりも，他の項目との相関が回答形式間で一致する傾向がうかがわれた。また，こうした結果には，2018年調査のRB5VとSLDの回答分布の違いが2017年調査よりも著しく小さかったことが影響している可能性が高いと考えられた。

　ただし，友人数と主観的ストレスとの相関をみると，RB5Vでは友人数WSでのみ有意傾向（$p = .07$）が示され，SLDでは友人数NWSでのみ有意傾向（$p = .09$）が示されており，友人数との相関については，回答形式間での一致を積極的に主張できる結果となってはいなかった。

　なお，こうした2018年調査の結果については，上述の2017年調査の結果とともに，今後更なる検討が必要であるように思われる。もちろん，発見された問題点は，他の変数の統制によって解消される可能性もある。しかし，仮にそうなるとしても，実証研究における結果の頑健性が，測定に使用された尺度形式の影響を受ける可能性があるという点については，十分な注意が必要であるように思われる。

6. 単極型スライダー尺度は有効か

　以上が本研究において得られた主な知見であるが，そうした結果に基づいた場合，単極型スライダー尺度は，単極型ラジオボタン（単極型リッカート尺度）と比較した場合に，公募型ウェブ調査における有効な尺度形式だと言えるのだろうか。以下では，この問いについて総合的な検討を加えるが，その前に今一度，主要な結果について，その概要を確認しておきたい。

　まず，単極型スライダー尺度の回答時間は単極型ラジオボタンと比べ若干増加することが示された。ただし，そうした時間増はわずかであり，調査に悪影響を及ぼすほどのものではなく，時間増はスライダー尺度のデメリットではないと判断された。なお，こうした結果は4章における両極尺度についての結果と同様であるが，増加時間は両極尺度よりも単極尺度でやや短くなる傾向もうかがわれた。その原因としては測定内容，尺度形式，提示順序などが考えられるが，本研究では全ての調査で収入満足度（両極尺度）の質問の後で主観的ストレス（単極尺度）の質問を行っているため，提示順序を変えた場合にも同様の結果が得られるかどうかについては今後の検討課題と言わざるを得ない。

　次に，単極型スライダー尺度の回答形式満足度は単極型ラジオボタンよりも有意に高いことが示された。こうした結果も4章における両極尺度についての結果と同様であり，スライダー尺度の大きなメリットを示す頑健性の高い結果であると判断された。

　なお，単極型スライダー尺度の再検査信頼性（r）については，rの値は.70前後で，回答形式間に有意な差は認められなかった。また，こうした結果はパネル調査期間中のライフイベントの有無を考慮しても同様であった。ただし，両極型スライダー尺度のrが約.80であったことに比べると，単極型スライダー尺度のrは若干低くなっていた。その原因としては，増加時間についてと同様に，測定内容，尺度形式，提示順序などが考えられるが，この点についての検討も今後の課題である。

　以上の結果から，単極型スライダー尺度は上記の3指標に関しては，公募型ウェブ調査において十分な有効性を有すると判断された。ただし，以上の

結果は主観的ストレス（対人ストレス）に関するものであり，結果の一般化については4章の両極尺度と同様の制約のもとにあると言わねばならない。

　なお，本研究では，単極型スライダー尺度の有効性検討の参考情報として，回答分布についても検討された。この検討の目的は，まず，山田・江利川（2014）によって報告された「単極型スライダー尺度と単極型ラジオボタンの間に見られた回答分布の著しい違い」の頑健性を確認することであったが，本研究においても先行研究と同様の著しい違いが確認された。また，本研究ではその原因についても検討されたが，ラジオボタンの配置方向が回答分布に影響していないことが示されたため，ラジオボタンの言語ラベルを変更したところ，特定選択肢への回答の集中は消失した。また，2017年調査と2018年調査の結果を比較すると，スライダー尺度でもラジオボタン11件法でも，回答分布に2時点間の差は認められなかった（表5-4）。そのため，2時点間に対人ストレスに関する社会状況の差があるとは言えず，上述の「著しい違い」は単極型ラジオボタンの言語ラベルの程度表現に起因する可能性が高いと判断された。

　なお，本研究では有効性検討の参考情報として，単極型スライダー尺度と他の項目との相関についても検討されたが，相関係数の方向と有意性を基準にすると，2017年調査では，どの回答形式でも同じ傾向が示されるとは言いがたい結果であった。ただし，そうした結果は，ラジオボタンの言語ラベルが変更された2018年調査においては，かなり緩和される結果となった。以下では，このような結果に基づき，単極型スライダー尺度と単極型ラジオボタンの互換性について検討する。

7．単極尺度の両極化

　まず，互換性の問題については，スライダー尺度の回答分布を基準にすると，単極型ラジオボタンの言語ラベルは2017年調査よりも2018年調査のほうが単極型スライダー尺度との互換性が高い，ということになる。また，その原因は，中央に「どちらともいえない」が配置され，低度の選択肢が増えたことによる，と考えることになる。

　ただし，2018年調査の単極型ラジオボタンとその言語ラベルは以下のよ

うな問題を抱えている。まず挙げられるのは，依然としてスライダー尺度とラジオボタンとの間には回答分布のズレが認められる，という点である。具体的に言えば，表5-6に示されているように，スライダー尺度（SLD5）では低度の回答が多くなる傾向があるのに対し，ラジオボタンでは両端の回答割合が少なくなっており，特に程度がゼロの回答（「まったく感じていない」）が少なくなる傾向が顕著である。このように，単極型ラジオボタンでは言語ラベルが回答分布に与える影響が非常に大きいため，スライダー尺度の回答分布を基準にした場合には，単極型ラジオボタンでは中央に「どちらともいえない」を配置したほうがよいが，配置してもラジオボタンとスライダー尺度の間には回答分布に違いが生じる，と判断することになる。そして，それを根拠に，両回答形式の間には，回答分布については，必ずしも十分な互換性があるわけではない，との結論を得ることになる（注10）。

　これに対し，ラジオボタンの回答分布を基準にすると，以下のような議論も可能となる。まず，「ストレス」という言葉は日常的な常套句（cliché）であるため，低度の対人ストレス感の表明なら多くの人々が頻繁に行うと考えられる。そして，そうした前提が妥当なら，対人ストレス感を問う質問では低度の選択肢に回答が集中するはずであり，そうした傾向を示した2017年調査の単極型ラジオボタンの言語ラベルには大きな問題はなかった（表5-5），ということになる。と同時に，そうした回答分布を基準にすると，むしろ2018年調査の単極型ラジオボタンの言語ラベルは，「どちらともいえない」という中央選択肢によって，回答分布を両極尺度の分布に近くなるように歪める効果を持っていた（表5-6），と考えることも可能となる。

　そして，ここに浮上するのが，中央に「どちらともいえない」が配置された尺度を単極尺度と言うことができるか，という問題である。2018年調査のラジオボタンの言語ラベルは，尺度の一端を程度がゼロの点とし，もう一方の端に向かって一方向に程度が強くなるように選択肢が配置されており，その点においては，この尺度は「単極尺度」だということになる。しかし，中央の「どちらともいえない」という選択肢に注目すると，上方向に「感じていない」という否定的な言語ラベル，下方向に「感じている」という肯定的な言語ラベルが配置されており，2つの正反対の方向性を有するという点では，この尺度は両極尺度の特性も有しており，その点においては両極尺

度，あるいは，「準単極尺度」と見なすべきであると考えられる（注11）。

　そして，そう考えるなら，単極尺度よりも準単極尺度の回答分布のほうが単極型スライダー尺度の回答分布に近いという本研究の結果は，単極型スライダー尺度を両極尺度と見なして回答する回答者が多いことを示唆しているとも考えられる。このように，ラジオボタンの回答分布を基準にすると，尺度の互換性に関する議論は，回答者の回答ヒューリスティックによる「単極尺度の両極化」という新しい問題にたどり着くことになる（注12）。

　もっとも，単極型ラジオボタンに「どちらともいえない」を配置せず，中間の３つの言語ラベルを「わずかに感じている，わりと感じている，かなり感じている」などとすれば，ラジオボタンでもスライダー尺度でも，低度の回答がやや多い回答分布が共通して示され，両尺度の間には十分な互換性があるという結論が得られる可能性も残る（注13）。そこで，2022年３月に公募型ウェブ調査を実施し，スプリット法によって，上記の言語ラベルによるラジオボタンとスライダー尺度との比較を行った（注14）。その結果が表5-8である。

　結果を見ると，RB5Vで最も頻度が高いのは「わずかに感じている」で，４割を超える回答がそこに集中していた。それに比べると，スライダー尺度の範囲均等分割による５段階化（SLD5）は，最高度以外の４範囲がそれぞ

表5-8　主観的ストレスの回答分布（2022年，列％）

調査時点	2022年		
回答形式	RB5V	SLD5	SLD5E
まったく感じていない	22.5	23.7	4.9
わずかに感じている	42.4	21.4	34.2
わりと感じている	17.7	20.7	34.2
かなり感じている	7.4	20.7	23.3
きわめて強く感じている	10.0	13.5	3.4
N	231	266	266

注：回答形式のラベルは表5-1と同様。選択肢の言語ラ
　　ベルはラジオボタンのもの。SLD5はSLDの範囲均等
　　分割による５段階化。SLD5EはSLDの両端を除いた
　　範囲均等３分割による５段階化。

れ2割程度であり，特定の範囲への回答集中は起こっていなかった。また，そうしたスライダー尺度の分布は，2017年調査（表5-5）や2018年調査（表5-6）と非常によく似た分布となっていた。

　もちろん，2022年3月は既にコロナ渦のなかにあり，それ以前の調査とは社会状況に著しい違いがあるため，調査時点間の比較には慎重でなければならない。しかし，各調査の調査方法とスライダー尺度の測定結果がほぼ同様であることに基づいて，調査時点間の比較が可能であると仮定するなら，2022年調査のラジオボタンの回答分布は，低度の選択肢が増えたことにより，低度の選択肢への回答集中が若干緩和されたことを示唆していると考えられる。しかし，そうした緩和も，RB5VがSLD5やSLD5Eと同等の回答分布を示すほどのものではなく，単極型ラジオボタンでは言語ラベルの調整を行っても特定選択肢への回答集中が起こると判断せざるを得ない結果となった（注15）。

8. 尺度の互換性について

　以上のように，単極型スライダー尺度においては，回答ヒューリスティックによる「単極尺度の両極化」が起こっている可能性があると考えられる。また，同時に，単極型ラジオボタンにおいては，程度が2番目に低い選択肢への回答の集中が起こる可能性が高いと考えられるため，主観的ストレス以外の測定内容についても同様の現象が観察されるかどうか，今後更なる検証が必要であると考えられる（注16）。

　なお，以上のような議論に対し，「測定方法によって構成概念を定義する」という操作主義的な立場から，「測定方法が異なる構成概念の回答分布が相互に異なることは，何ら問題ではない」との批判的な指摘があるかもしれない。しかし，本論では，そうした議論の意義を認めつつも，過度に科学哲学的な議論には立ち入らず，調査研究や調査実務における現実的な要請を重視し，「測定形式の違いによる回答分布の差が，実際に，どの方向に，どの程度生じうるかを経験的に把握しておくことが必要である」という立場を取る（注17）。なお，このような立場は，具体的な尺度の特性を経験的に明らかにし，使用する尺度形式の適不適を使用目的に応じて判断するための情報を

提供するという点で，単なる「操作主義的な相対主義」とは異なると考えられる。また，そのような意味では，本研究の知見のなかで最も重視すべきことは，単極型スライダー尺度との対比において，単極型ラジオボタン（単極型リッカート尺度）では，言語ラベルが回答分布に大きな影響を及ぼしうることが経験的に示されたことであるとも言える。

　ウェブ調査の急速な普及に伴い，今後スライダー尺度の利用が検討される機会も増えてゆくと予想される。また，新型コロナウイルスへの感染拡大に伴い，各種調査において主観的ストレスの測定が増加する可能性もあるが，そうした調査がウェブ調査として実施されれば，その測定にスライダー尺度が利用される機会も増えてゆくと予想される。

　そのような視点から見ると，本研究で取り上げた単極型スライダー尺度は，連続量の測定が可能であり，十分な再検査信頼性を有し，回答者の調査への倦怠感を緩和することも期待でき，主観的ストレスの測定に大変有益であると考えられる。ただし，単極型ラジオボタンと単極型スライダー尺度の間には，回答分布や他の項目との相関という点では，十分な互換性があるとは言えないため，その点には十分注意する必要がある。

　なお，単極型ラジオボタン（単極型リッカート尺度）は，言語ラベルが回答分布に大きな影響を及ぼす尺度形式であり，言語ラベルの程度表現や段階数にも言語的な制約があると言わざるを得ない（織田，1970）。そのような意味では，単極型スライダー尺度の利用に際しては，まず，単極尺度という形式自体の特性と是非について議論されるべきであり，また，単極尺度を利用するとしても，単極型ラジオボタンとの回答分布の一致のみに注目するのではなく，スライダー尺度のメリットとデメリットを十分把握したうえで，目的に応じた利用が可能かどうか，事前に十分な検討を行うことが必要となる。

注

注1　本章は山田（2021）に大幅な加筆修正を加えたものである。なお，本研究
　　　は平成 28 〜 30 年度日本学術振興会科学研究費補助金・基盤研究（A）「多

肢選択肢における回答行動の統合的研究：質問紙・ウェブ調査法の設計と妥当性の検討」（研究代表者：坂上貴之，課題番号 16H02050）の助成を受けて行われた。また，本研究の調査は東洋大学大学院社会学研究科研究倫理委員会の承認を受けた。

注2 そうした論点として，以下のようなものが挙げられる。両極尺度の両端が互いに反対の意味かどうか（Green & Goldfried, 1965），両極尺度における中央選択肢の意味（続, 1974; Schaeffer & Presser, 2003; 増田・坂上, 2014），単極尺度の「まったく～ない」というカテゴリーに両極尺度の「非常に～である」から「どちらともいえない」までが含まれるかどうか（Schaeffer & Presser, 2003），選択肢が数値の場合のポジティビティ・バイアス（Schwarz et al., 1991），尺度極性による信頼性の違い（Alwin, 2007; Menold, 2021）。なお，満足度の測定に関しては，Herzberg の二要因理論のように，満足と不満を別次元と捉える場合もある（Herzberg et al., 1959）。

注3 感情温度計はグラフ評定尺度の一種であり，広く知られてはいるが，測定内容が感情に特化されがちであり，使用に際しては説明文や温度計イラストなどが必要とされることも多く，特殊な測定方法であると言わざるを得ない。

注4 内閣府の「体力・スポーツに関する世論調査」（2004 年 2 月）では「精神的な疲労，ストレス」の程度を尋ねる 4 件法の質問が設けられている。また，NHK 放送文化研究所の「健康に関する世論調査」（2009 年 2 月）でも「イライラやストレス」を感じる頻度を尋ねる 4 件法の質問が設けられている（山田・酒井, 2009）。なお，近年では，厚生労働省の「国民生活基礎調査」で大規模調査時に「日常生活での悩みやストレス」の有無を尋ねる質問が設けられている（例：2016 年 6 月）。また，NHK 放送文化研究所が加盟する国際比較調査グループ ISSP の調査「仕事と生活（職業意識）」（2015 年）でも「仕事にストレスを感じる頻度」を尋ねる質問が設けられている（村田, 2018）。

注5 ただし，4 章において議論したように，スライダー尺度とリッカート尺度（ラジオボタン）との間で，回答分布や他の項目との相関が異なることは，直ちに，いずれかの回答形式が不適切であることを意味しない。そのため，本章でも 4 章と同様，回答分布や他の項目との相関を有効性評価の指標とはせず，尺度特性に関する参考情報として報告・検討する。

注6 調査会社の仕様により，RB11 では個々のラジオボタンの上に 0 ～ 10 の数

値が付記されている。そのため本研究では主に RB5V と SLD の差異に注目する（RB11 についての結果は参考情報である）。

注7　自分の気持ちを「表せた」という肯定的回答をしなかった層は，ラジオボタンでは 3 割強〜4 割強にも及んでおり（表 5-2），単極尺度についても，回答者の否定的な意識が懸念される結果となった。

注8　相関の検討に使用した項目については 4 章の注 11 を参照。

注9　友人数 WS は，今の仕事・学校との関係で「一緒に飲食や買い物などに行くような間柄」の人の数であり，友人数 NWS は，今の仕事・学校との関係以外で同様の間柄の人の数である（どちらも家族・親戚を除く人数）。なお，両変数とも分析時のカテゴリーは「0」「1」「2」「3-4」「5 以上」の 5 段階。

注10　Funke & Reips（2006）は VAS の範囲分割において両端の範囲を狭くする方法があることを指摘している。そうした方法を参考にすると，スライダー尺度の範囲分割においても，両端の各分割範囲を中間の各分割範囲の 2 分 1 にすることが可能であると考えられたため，SLD の範囲をそのように 5 分割した場合の回答分布（SLD5ER: %）を算出した。その結果，SLD5ER は，2018 年 1 回目では，主観的ストレスの低度から高度に向かって［18.6, 20.2, 30.1, 21.3, 9.8］，2018 年 2 回目では，同方向に［17.9, 24.4, 28.0, 17.3, 12.5］であった。こうした分布と比較しても，RB5V には程度ゼロの回答割合が少なくなる傾向がうかがえる。

注11　こうした 2 方向性は「どちらともいえない」を「中間」という表現にしても，また，「どちらともいえない」を配置せずに選択肢数を偶数にしても解消されない。なお，こうした概念と尺度の極性の組み合わせについては，Saris & Gallhofer（2007）が，共に両極，共に単極，単極尺度を伴う両極概念の 3 形態があることを指摘しているが，DeCastellarnau（2018）は両極尺度を伴う単極概念もありうること，および，極性の組み合わせが尺度の解釈に及ぼす影響についての研究が行われていないことなどを指摘している。

注12　ここではサーベイの回答者が質問に回答する際に用いる認知的簡便法のことを回答ヒューリスティックと呼んでいる。なお，「heuristic」は最小限化（satisficing）について用いられることも少なくないが，ここでは，熟慮時の回答も含め，回答のために用いられる判断基準のことを指している。

注13　ただし，Höhne & Krebs（2021）は，2019 年にドイツで行われた公募型
　　　ウェブ調査に基づき，単極尺度における尺度の極性（polarity）と中央選択
　　　肢の言語ラベルのマッチ／ミスマッチは回答分布にほとんど影響を与えな
　　　いことを報告している。もっとも，そこで検討の対象とされたのは，主観
　　　の程度を問う質問ではなく，賛否を問う質問である点には注意が必要であ
　　　る。

注14　公募型ウェブ調査（調査会社委託，ポイント報酬制）。一都三県在住の男女
　　　20 〜 69 歳が対象。割当法（令和 2 年国勢調査に基づく一都三県全体の性
　　　年代別人口構成比への割当，総数 500 人目処）。事前調査（スクリーニング
　　　調査）は 2022 年 3 月 2 日（水）〜 4 日（金）に実施し，89,909 人に配信し
　　　て 4,177 人から回答を得た。ここから，無効回答，回答に利害の影響が懸
　　　念される特定業種の従事者（家族に従業者がいる者を含む），および，ダ
　　　イヤルアップ接続者を除外して 3,228 人を抽出。そこから 1,036 人をランダム
　　　に抽出した後，本調査を 2022 年 3 月 4 日（金）〜 3 月 5 日（土）に配信
　　　し，割当人数分の回答回収を目処に調査を終了し，最終的に 520 人の有効
　　　回答を得た。ただし，スマホからの回答者 23 人は分析から除外した（分析
　　　対象者は 497 人）。調査では 1 画面に 1 質問を表示し，警告表示により無回
　　　答を許容しない仕様とした。なお，この調査は東洋大学大学院社会学研究
　　　科研究倫理委員会の承認を受けた。また，分析においてはスプリット法に
　　　よって RB5V 群と SLD 群の 2 群が設定されたが，両群の間に，性別，年
　　　代，既未婚，子供の有無，教育水準，世帯年収，自由裁量所得，回答デバ
　　　イスの有意な差は認められず，両群は等質であると判断された。

注15　表 5-5 の SLD5 を SLD5E に変換しても，表 5-8 の SLD5E とほぼ同じ分
　　　布が得られただけであった。なお，住本（2008）では，単極尺度のひとつ
　　　として「両端にのみ言語ラベルがある形式」が採用されているが，そうし
　　　た単極尺度であれば言語ラベルの影響を受けにくいため，スライダー尺度
　　　と同様の回答分布が得られるかもしれない。

注16　そうした回答集中の原因となりうるものとして，これまで日本人の回答傾
　　　向として指摘されてきた「弱い肯定」の選好を挙げることができる。これ
　　　について吉田（1980）は次のように述べている。「5 段階尺度の両極端を選
　　　ぶ人が少ないことからも言えるように，日本人は一般的に断定的な回答を
　　　避ける傾向がある。そのため，3 段階になると中間が増え，5 段階にする
　　　と，弱いプラス（あるいは弱いマイナス）がふえるという減少がおこると
　　　考えられる。」ただし，ここで言う「中間」とは「どちらともいえない」の
　　　ことであり，弱いプラスや弱いマイナスとは「まあ，楽しい」や「少し，
　　　苦しくなった」のことである。

注17 継続調査の調査主体が，回答の質の向上を目的として，回答形式の変更について検討する場合には，こうした要請が生じると予想される。

引用文献

Alwin, D. F.（2007）. *Margins of error: A study of reliability in survey measurement*（Vol. 547）. Hoboken, NJ: John Wiley & Sons.

DeCastellarnau, A.（2018）. A classification of response scale characteristics that affect data quality: A literature review. *Quality & Quantity*, **52**, 1523-1559.

Dillman, D.A., Smyth,J.D., & Christian,L.M.（2014）. *Internet, phone, mail, and mixed mode surveys: The tailored design method*（4th ed.）. Hoboken, NJ: John Wiley & Sons.

Funke, F. & Reips, U. -D.（2006）. Visual analogue scales in online surveys: Non-linear data categorization by transformation with reduced extremes. In Poster presented at the General Online Research（GOR）conference, Bielefeld, Germany.

Green, R. E. & Goldfried, M. R.（1965）. On the bipolarity of semantic space. *Psychological Monographs: General and Applied*, **79**, 1-31.

Herzberg, F. I., Mausner, B., & Snyderman, B.（1959）. *The motivation to work*（2nd ed.）. New York: John Wiley.

Höhne, J. K. & Krebs, D.（2021）. Mismatching middle options: Consequences for attitude measurement in smartphone surveys. *International Journal of Social Research Methodology*, **24**, 381-386.

小磯京子・木下直彦・本間美知子・度會裕子・淡島正浩・瀧口　徹（2020）．福島原発事故による県外避難者の重大ライフイベントが主観的ストレス度に及ぼした相加的影響　日本放射線看護学会誌，**8**，11-21.

増田真也・坂上貴之（2014）．調査の回答における中間選択：原因，影響とその対策　心理学評論，**57**，472-494.

Menold, N.（2021）. Response bias and reliability in verbal agreement rating scales: Does polarity and verbalization of the middle category matter?. *Social Science Computer Review*, **39**, 130-147.

村田ひろ子（2018）．何が仕事のストレスをもたらすのか：ISSP 国際比較調査「仕事と生活（職業意識）」から　放送研究と調査，**68**(3)，38-50.

織田揮準（1970）．日本語の程度量表現用語に関する研究　教育心理学研究，**18**，166-176.

小塩真司（2016）．心理尺度構成における再検査信頼性係数の評価：「心理学研究」に掲載された文献のメタ分析から　心理学評論，**59**，68-83.

Saris, W. E. & Gallhofer, I. N.（2007）. *Design, evaluation, and analysis of questionnaires for survey research*. Hoboken, NJ: John Wiley & Sons.

Schaeffer, N. C. & Presser, S.（2003）. The science of asking questions. *Annual Review of Sociology*, **29**, 65-88.

Schwarz, N., Knäuper, B., Hippler, H. -J., Noelle-Neumann, E., & Clark, L.（1991）. Rating scales: Numeric values may change the meaning of scale labels. *Public Opinion Quarterly*, **55**, 570-582.

住本　隆（2008）．調査票の質問項目選択肢の表示方式が回答行動に及ぼす影響：インターネットによる実験調査からみた事例紹介　行動計量学, **35**, 161-176.

鈴木伸一・嶋田洋徳・三浦正江・片柳弘司・右馬埜力也・坂野雄二（1997）．新しい心理的ストレス反応尺度（SRS-18）の開発と信頼性・妥当性の検討　行動医学研究, **4**, 22-29.

続　有恒（1974）．調査：心理学実験演習Ⅱ　金子書房

山田亜樹・酒井芳文（2009）．現代日本人の健康意識：「健康に関する世論調査」から　放送研究と調査, **59**(8), 2-21.

山田一成（2021）．公募型 Web 調査におけるスライダー尺度の有効性評価（2）：単極型スライダー尺度による主観的ストレスの測定　東洋大学社会学部紀要, **58**(2), 19-33.

山田一成・江利川滋（2014）．Web 調査における Visual Analogue Scale の有効性評価　東洋大学社会学部紀要, **52**(1), 57-70.

吉田　潤（1980）．世論調査の質問文の検討（1）：質問の尋ね方や形式の問題　文研月報, **30**(9), 16-26.

6章　調査回答における中間選択

増田真也・坂上貴之

1. 中間選択の何が問題か
2. 中間選択を増加させる要因と対策
3. 複数の項目への回答と中間選択
4. 回答行動研究におけるウェブ調査のメリット

1. 中間選択の何が問題か

　調査では，項目内容に該当する程度が段階的に変化する選択肢を，3つ以上含む多肢選択肢から，1つを選ぶような質問項目がよく用いられる。特にリッカート型の尺度では，複数の多肢選択肢項目の合計点で，ある心理的特性を捉えようとする。このような項目で，「どちらともいえない（neither agree or disagree）」や，「中立（neutral, indifferent）」といった言語ラベルが付与された選択肢が過度に選ばれることがある。本章では，こうした中間選択（midpoint response）について取り上げる。

（1）中間選択とは

　多肢選択肢項目での中間選択について整理しておこう。「どちらともいえない」のような選択肢は本来，項目文で問われている内容に対して「肯定・否定のどちらでもない」といった中立であることを意味しており，複数の選択肢の中央の位置に置かれることが多い（賛成，どちらともいえない，反対，の順など）。このような選択肢が選ばれることを，通常，中間選択とい

う。

　しかし，選択肢数が少ないときなどでは，中立な選択肢が最後に置かれることもある（賛成，反対，どちらともいえない，の順など）。また，正反対の特性を回答カテゴリの両端に配置して（たとえば，賛成－反対），どちらにより近いかを尋ねる両極尺度（bipolar scale）ではなく，一つの特性に関して，どのくらいあてはまるのかを一方向で尋ねる単極尺度（unipolar scale，たとえば，賛成する－賛成しない）では，当てはまる程度が中程度であることを示す言語ラベルが中央に付与されることがある（例，強く賛成する－やや賛成する－賛成しない）。このような場合があることに鑑み，ここでは意味における中間を指すときには「中立」，5件法の3番目の回答カテゴリのように，視覚上の位置や提示順序において中間にあることを指すときには"中央"と呼んで区別する。

　ただし，単極尺度であっても中立的な意味の選択肢が用いられることがよくある（例，賛成する－どちらともいえない－賛成しない）。また，位置的な中央という点についても，選択肢を縦に並べたときと横に並べたときや，横並びであっても，共通の選択肢群での回答を求める複数の項目を，表形式で並べて示すグリッド（grid）型のときとそうでないときなどの，回答形式の違いがあることに注意しなければならない。更に，中間選択肢を1つにするとは限らず，1－6点でなる6件法の3，4の選択肢が選ばれたときや，0－100までのどれかをヴィジュアルアナログスケール（visual analogue scale）やスライダー尺度（slider scale）でチェックしたり，空欄に数値を自由に記入したりするような場合の，中央の値である50付近の選択を中間選択と呼ぶこともある。

（2）中間選択によって生じる問題

　さて，多肢選択項目の選択肢は，当てはまる程度に応じて段階的に，1－5などで数値化されることが多い。中立的な選択肢が中央にあるとき，両端の選択肢から等距離にあることが想定されているので，中間点である3などが割り当てられることは妥当であるように思われる。しかしながらSturgis et al.（2014）で，中間選択をした人に選択理由を尋ねると，論点に関して中立であるという回答者よりも，全く意見が無いためと答えた回答者のほうが

るかに多かった。また「わからない（Don't know: DK）」という選択肢を含めないで回答を得た後で、同じ回答者に今度はDK選択肢を含めて同じ項目への回答を求めたところ、DKを選択した人の約半数が最初は中間選択をしていた（Graeff & Tennessee, 1999）。すなわち中間選択は、問われている内容に対して回答者が中立の態度や意見を有していることを必ずしも表しているわけではなく、わからない、答えられない、答えたくない、考えたことがない、ケースバイケースといったさまざまな理由で生じる（増田・坂上, 2014；山田, 2010）。また後述するように、Masuda et al. (2017) は、項目文をきちんと読まない回答者が、中間選択肢をよく選ぶことを示している。

　このような、回答不能、拒否、怠慢な回答といった、設問に回答すること自体に対する回答者の態度を表明している場合に中間点が付与されると、特に回答分布の偏りが見られるような場合に、本来と異なる平均値が算出されることになる。たとえば、喫煙によるがんのリスクについて尋ねると、「50％」や「100人中50人」といった中央の値の回答が極端に多いために、平均値が不当に高くなることが指摘されている（Viscusi, 1990; Weinstein, 1998）。このときの「50」の回答は、数値というよりは、答えがわからないときに用いられるフィフティ・フィフティ（fifty-fifty）という言語表現として用いられたというのである（Fischhoff & Bruine De Bruin, 1999）。

　Fischhoff & Bruine de Bruin (1999) は、こうした言語表現としての50の回答が生じるのは、0から100までのいずれかの値を空欄に自由に記すよう求めるという、ブランク（blank）型の回答形式のためであると考えた。そしてブランク条件と、確率値を示した定規状の目盛りにチェックをするよう求めるスケール（scale）条件を設けて、がんに罹ったり強盗にあったりするといった出来事の確率の回答を求めた。すると、数値的思考を導くと思われるスケール条件よりも、言語的な回答を導きやすいブランク条件のほうが、50の回答率が約2倍高かった。更にMasuda et al. (2008) では、複数のリスク事象の生起確率についてブランク条件で尋ねるときに、具体的な回答例が調査票に示されていると、そのような例がないときよりも、最初の項目での「50」が有意に減った。このことは、回答に不慣れなことが、「わからない」という意味での「50」の回答を導きやすいことを示唆している。

　またMasuda et al. (2017) は、日本人の幸福感が低いという調査結果が

得られるのが，中間選択のためであるという可能性を示している。幸福感は，キャントリルラダー（Cantril ladder; Cantril, 1965）と呼ばれる，今の自分が幸福かどうかを「とても不幸せ」を 0，「とても幸せ」を 10 とする 11件法で尋ねられることが多い。そして，平均値や 7 点以上の回答者の割合で，幸福度の国際比較がなされるが，我が国では幸福感の高い人が，経済水準の高さを考えると少ないとされる（OECD, 2010）。

　図 6-1 の左上図は，Masuda et al.（2017）による 2,100 名を対象としたウェブ調査の結果である。日本人を対象とした幸福感や生活満足度に関する調査では，このような中央の 5 と 7（もしくは 8）の選択率が高いという双山型の回答分布が繰り返し得られている（内閣府，2019）（注 1）。

　しかし，Masuda et al.（2017）で特定の回答を指示する（たとえば，「ここでは 1 を選んでください」）項目を設け，回答者がそれに従うかどうかで，項目文をきちんと読んで回答しているかどうかを検証した（このような指示項目については，8 章を参照）ところ，指示に従わなかったことのある非遵守者は 858 名（40.9 %）おり，そうした非遵守者で 5 の選択が多かった

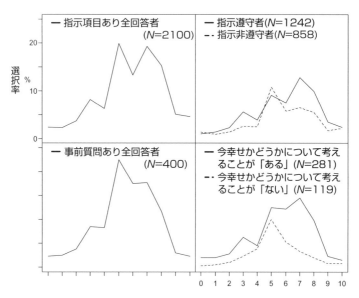

図 6-1　指示項目，事前質問の有無別にみた幸福感の回答分布（上図は Masuda et al., 2017, 下図は増田ほか，2018 のデータから作成）

（図6-1右上図点線）。そして，真面目に回答していると思われる遵守者
（図6-1右上図実線）では，5の回答の突出が見られなくなり，幸福感の高
い人の割合が高くなった。指示に従わない回答者に中間選択が多いという結
果は，増田ほか（2016）や増田ほか（2019）でも見られている。

　更に増田ほか（2018）では，幸福感について回答してもらう前に，「自分
が今幸福かどうか考えることがあるか」どうかを「ある」か「ない」で尋ね
た。全回答者の回答分布である図6-1左下図は，明確な双山型を示してい
ないが，やはり5が突出していた。これを，考えることが「ある」と答えた
人（70.2％）と，「ない」と答えた人（29.8％）で分けたのが右下図である。
ここでは，考えることが「ない」という回答者で5の選択率が高かった。

　以上は，我が国でのキャントリルラダーを用いた調査で，幸福感の高い人
が少ないという結果が得られる理由の1つが，項目文をきちんと読んでいな
かったり，自分が幸福かどうかについて考えていなかったりすると思われる
回答者が，中間選択肢を選ぶためであることを示している。通常，調査者
は，自らが設けた項目内容に対して，回答者が何らかの意見や態度を有して
いて，かつそれを正確に回答するものと考えているだろう。しかしながら，
回答者は"ゴミ捨て場（dumping ground）"として中間選択肢を選ぶこと
があり（Kulas et al., 2008），分析結果に影響を及ぼすことがある。

（3）中央を選ぶ

　前項の幸福感について尋ねる項目では，両端の選択肢にだけ，「0. とても
不幸せ」と「10. とても幸せ」という言語ラベルが付されていて，他の選択
肢がどのようなものであるかについて，具体的な説明がなされていなかっ
た。しかし，そのような場合でも，中央の5は中立を意味するとみなされて
いるだろう。またZigerell（2011）によると，1-10の選択肢からなる10件
法の項目で，ちょうど中央に位置する選択肢が無い場合にも，中央と誤解し
て5の選択肢が選ばれることがあるという。では回答者は，中立の選択肢で
あるためにそれを選ぶのだろうか。それとも単に中央にあるから選ぶのだろ
うか。

　多肢選択項目に関して，ここでは選択肢間に一定の順序的関係がある場合
（たとえば「大変そう思う」−「全くそう思わない」までの5段階評価）から

話を始めたが，まったく選択肢間が独立している場合（たとえば旅行したい場所を選ぶ場合において，「北海道」「東北」などの選択肢が並ぶ）もある。そのような場合の，最も単純な場面の1つは，同一物間選択（identical options）と言われるものである。この場面では，選択肢はすべて同じものが用意され，それらから選択がなされる。たとえば，スーパーの棚に何列かにわたって，全く同じ缶詰が並んでいる状況を想像してほしい。どれをとっても同じ缶詰なのだから，ランダムな選択を仮定すれば，どの列も同じように選択されるはずである。しかしこれまでの研究では，複数の列の中で中央がより選択され，両端はそれに比べて選択されない場合が多いことが示されてきた（Christenfeld, 1995）。

　スーパーの缶詰だけでなく，実にさまざまな場面で中央部分からの選択が見出されている（坂上，2009を参照）。その中には，海辺に設置された公衆トイレにおける個室の位置（たとえばトイレの入口から何番目）とトイレットペーパーのフォルダーの（個室のドアからの）位置の選択，行列上に配置されたくじでの選択，選択肢だけが与えられた場面からの選択などがある。これらはすべて，提示された選択肢は同一のものであった。更に，知識を問われる問題であって，しかも難易度が高い問題では，同一の選択肢ではないものの，回答者にとっては，ほぼ同一の選択肢とみなされるので，国家的規模で出題される難しい試験問題や，初めて見る知らない複数の国旗から特定の国のものを選択する課題などでの回答位置においても，中央がよく選ばれていた。

　またTourangeau et al.（2004）では，「来年中に，あなたが丸1日以上寝込むような病気に罹る可能性はどれくらいあると思いますか？」という質問に対して，横並びで左から「必ずある（certain）」「非常にある（very likely）」「かなりある（probable）」「五分五分（even chance）」「可能性がある（possible）」「可能性は低い（unlikely）」「まったくない（impossible）」の計7つの選択肢を設けた。そしてこれらを等間隔に並べて提示した均等（even spacing）条件と，左側の選択肢の間隔が狭く，右側の選択肢が中央に寄っている不均等（uneven spacing）条件とを比較した。すると不均等条件では，「可能性がある」や「可能性は低い」の選択率が高くなった。すなわち視覚上の位置として，選択肢が中央に近くなると選ばれやすくなった。

Tourangeau et al.（2004）は次に，選択肢を程度の強さの順に，「強くあてはまる（strongly agree）」「あてはまる（agree）」「場合による（it depends）」「あてはまらない（disagree）」「全くあてはまらない（strongly disagree）」を縦に並べた一貫（consistent）条件と，「場合による」だけを最も下に配置した弱非一貫（mildly inconsistent）条件，まったくばらばらに並べた強非一貫（strongly inconsistent）条件とを比べた。すると「場合による」が下よりも，中央にあるときのほうが選ぶ人が多かった。

これらの結果は，内容的に中立であろうとなかろうと，中央にある選択肢が選ばれやすいことを示している。Tourangeau et al.（2004）によると，回答を選ぶ際には「中央は典型（middle means typical）」というヒューリスティックが働くという。そのため，自分が平均的であるとみなす回答者は，ラベルの意味に関わらず中央の選択肢を選ぶというのである。ただこうしたヒューリスティック以外にも，極端な選択肢やさまざまな選択肢間の比較をする認知的負荷を嫌ったなど，中央を選択する別の理由も考えられるかもしれない。

ところで，ウェブ調査で画面の小さいスマートフォンなどを用いて回答すると，選択肢の一部しか表示されず，全部を見るために画面をスクロールしなければならなくなることがある。そのため，最初からすべての選択肢が大画面に表示されているときと，異なる選択がなされるかもしれない。しかしながら Keusch & Yan（2017）が，PC での回答と iPhone での回答を比較したところ，5 件法 21 項目での合計での中間選択数に有意差は見られなかった。

そもそも，選択肢数が少なければ画面の大きさの違いよる差は生じにくいと思われるし，PC で回答する場合でも，ディスプレイの全画面ではなく，小さなウィンドウで回答画面を表示していることもあるだろう。したがって，この点については，回答画面や選択肢数などを系統的に操作して検証する必要がある。

2. 中間選択を増加させる要因と対策

中間選択が問題になるならば，5 件法や 7 件法のように選択肢数を奇数に

するのではなく，ちょうど中央に位置する選択肢のない，偶数の4件法や6件法を用いればよいと思うかもしれない。しかしながら，中立の意見や態度がありうるような質問であるならば，それに該当する選択肢が無いと，回答者は肯定側か否定側のどちらかを無理に選ばなければならなくなって，一方の選択率が増加したり（Garland, 1991），項目非回答（item nonresponse）が増えたりすることがある（Guy & Norvell, 1977）。また Wang & Krosnick（2020）では，中間選択肢を除いてもデータの質は向上しなかった。ただし，中間選択肢の有無で結果が変わるかどうかについて，一貫した結果は得られていない（Krosnick & Fabrigar, 1997）。そのため，中間選択肢を設けるほうがよいかどうかに関して，一般的な合意は得られていない（Choi & Pak, 2005）。

　そこでここでは，どのような要因が中間選択を導くのかを明らかにして，その対策を講じることを考える。

（1）項目文

　中間選択は回答不能の理由で生じうることから，項目文が難しかったり，曖昧であったりすると増加するだろう。Kulas & Stachowski（2009）は，不明確であったり，私事に立ち入っていたり（intrusiveness），内省的な（introspective）項目内容だと，中間選択肢をより選ぶようになるという仮説を立てて，5件法の評定尺度の回答を分析した。その結果，項目が不明確だと中間選択が多くなる傾向が見られた。また Velez & Ashworth（2007）では，仕事の諸側面に関する115の項目に関して，1文あたりの語数，1語あたりの文字数，1語あたりの音節数などから，項目の読みやすさを査定した。すると，項目文が読みやすく明確であると，中間選択が少なかった。

　更に Krosnick（1991）は，項目文の難しさに関する要因として，ダブルバーレル質問，日常での使用頻度の低い語の使用，語の抽象度，過去に関する質問なども挙げている。したがって，このような要因が含まれるような項目文では，中間選択が生起しやすいだろう。ただし日本人を対象とした増田ほか（2017）では，日本語の項目文の難しさと関係すると思われる項目文の語数，漢字数，語数に占める漢字の割合と，その項目における中間選択率との間に関係は見られなかった。

Iwata et al.（1995）は，日本人はポジティブな感情表現を抑えがちなことから，抑うつ尺度での逆転項目のような，ポジティブな内容からなる項目文への回答の際に，非抑うつ的な人であっても高得点をつけず，中間選択肢をよく選ぶと述べている。そしてそのために，得点を逆転して合計した値が高くなり，抑うつ傾向にあるとみなされる人の割合が多くなるという。同様の結果は，大谷・佐藤（1999）でも見られる。

この点について増田ほか（2012）は，ポジティブな感情はネガティブな感情に比べて，語彙に乏しく弁別が難しい（Fredrickson, 2003）ために，中間選択が増える可能性があると述べている。すなわち，ポジティブな内容からなる項目文のほうが，ネガティブな項目文よりも理解や回答が困難であるというのである。そして脇田（2004）は，項目反応理論から回答カテゴリの間隔を推定し，自尊感情尺度における，ポジティブ項目の中間カテゴリの間隔が非常に広いことを示している。すなわち，自尊感情の高低に関わらず，ポジティブ項目では多くの回答者が中間選択をしがちであるため，自尊感情というポジティブな特性を，ポジティブな項目で捉えることは難しいものと考えられる。

更に日本人に限らず，同一尺度を構成するネガティブ項目とポジティブ項目（どちらかが逆転項目になる）が，同じ概念を測定しておらず，それぞれが異なる特性を反映しているものとみなされることがある（Schaufeli & Salanova, 2007; Shafer, 2006）。このような問題があるため，ポジティブな項目を用いず，ネガティブな項目だけで尺度を構成するほうがよいという主張もなされている（岩田, 2009; Schaufeli & Salanova, 2007）。

以上のように，項目文の特性が中間選択を増加させることがある。しかしKrosnick（1991）によって回答が難しいとされる，過去に関する質問などは，研究目的によっては外せないだろう。また測定対象とする概念や項目内容によっては，ポジティブな表現のほうが自然であったり，わかりやすかったりする。したがって，単に項目文を工夫することで，中間選択の生起を抑制するのは難しい場合がある。

（2）DK 選択肢の利用

項目への回答が「わからない」ときに中間選択が生じるのであれば，その

ことを明示する DK 選択肢があるときには，中間選択をしないで，DK 選択肢を選ぶようになることが期待される。増田ほか（2018）は，幸福感について尋ねる際に，0-10 の 11 件法で回答を求める場合（DK なし条件）と，それらに DK 選択肢を加えた場合（DK あり条件）とを比較した（それぞれ N =400）。すると DK あり条件で，DK 選択肢を選んだのは 11 名（2.8 %）だけであった。図 6-2 に，DK なし条件と DK あり条件（DK 選択者 11 名を除いて回答率を算出した）の回答分布を示す。すると，DK 選択肢が無いときよりも，あるときのほうが，中間選択率がわずかに減少したが，双山型の回答分布は維持された。同様に，増田ほか（2010）での，「今の生活を楽しむことと将来に備えて準備することのどちらが大事か」という質問では，DK 選択肢があっても中間選択は減らなかった。

　次に，Kalton et al.（1980）や Schuman & Presser（1981）で，中間選択肢があるときと無いときとを比べたところ，後者で DK 選択率が高くなった。つまり回答者は，DK 選択肢よりも中間選択肢を好み，両方が示されていれば中間選択肢を選ぶが，それが無いときには DK を選んでいた。

　DK 選択肢は準フィルター質問（quasi filter question）などと呼ばれることがあり，後続する質問の回答に適さない人を見つけ出して除外するために設けられることがある（Olson et al., 2018）。しかしながら，中間選択肢があるときには，その役目を果たせないようである。Bagozzi & Mukherjee（2012）によると，DK 選択肢があっても中間選択肢が選ばれるのは，回答者が自分を無知であると見なしたり，調査者にさらけ出したりしないですみ，面目を保つことができるためだという。

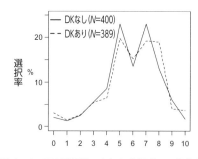

図 6-2　DK 選択肢の有無と幸福感の回答分布

(3) 不注意回答者の除外

　中間選択への対処が難しいのは，真面目にそれを選んでいるのか，そうでないのかの判別がつきにくいことにある。しかしながら，図6-1にあるように，指示項目での非遵守という基準で不注意回答者を除去すれば，真面目に中間を選んだ人が残るだろう。また回答時間は認知的努力を反映するとされ，特定の回答の指示を遵守する人よりも，しない人のほうが回答時間が短い（増田ほか，2019）。したがって，短時間回答者を除くことも有効であると思われる。

　一方で，不注意回答者を見つけだして取り除こうとすると，誤って真面目に選んでいる回答者を除いてしまったり，有効データ数が減少したりして分析データが偏るかもしれないというリスクがある（Curran, 2016）。特に回答時間に関しては，平均から2標準偏差の範囲外となった回答者が除かれることが多いが，その基準に明確な根拠があるわけではない（West & Sinibaldi, 2013）。

　不注意回答の検出法や対策については，8章で詳しく述べるが，以下に述べる複数項目への回答での中間選択の増加傾向という問題に関しては，不注意回答者を除いても効果が無いかもしれない。

3. 複数の項目への回答と中間選択

　社会調査では通常，研究協力者に多くの項目への回答を求める。そのために，項目の置かれた位置や前後の項目内容によって回答が変わるという，項目順序効果（item order effect）や文脈効果（context effect）が生じることがある。また心理尺度においては，項目の回答順によって，結果に違いが生じるかどうかが検討されてきた。たとえば，McFarland et al.（2002）は，パーソナリティの特性5因子の測定尺度（NEO-FFI）で，5つの特性に関する各12項目をランダムに配置する通常の場合と，同じ特性について尋ねる項目に続けて答えるよう，グループ化して配置する場合とで，多集団同時確認的因子分析を実施した。すると，項目配置の仕方の違いで異なった因子構造が得られ，同じ構成概念が捉えられているとはいえなかった。多次元尺度

に関しては，同じ概念を反映するとされる項目がグループ化されると，ランダムに配置されたときよりも，下位尺度の内的一貫性が高くなることも報告されている（Lam et al., 2002; Melnick, 1993）。

こうした結果が得られるのは，ある項目に回答した経験が，後続する項目に関連する情報の想起に影響を与えるためとされている。特に心理尺度の場合，同じ概念に関する項目が続くと，記憶情報へのアクセスが容易になり，正確な回答ができるようになるという（Knowles, 1988）。

いずれにせよ，以上は項目内容の関連性が，回答に影響を及ぼすことを示している。しかしながら，このような内容の関連性とは別に，多数の項目に回答することで，回答が変化することがある。たとえば，同じ選択肢群からなる複数の項目に回答するときに，同一の選択肢ばかりが選ばれるというストレートライニング（straightlining）や非識別化（non-differential response）がしばしば生じる（Tourangeau et al., 2004）が，Bowling et al.（2020）や Neuert（2021）では，特に調査の後半で同じ選択肢がよく選ばれていた。また多数の項目があると，疲労効果（fatigue effect）のために回答が不正確になると考えられ（Choi & Pak, 2005; Krosnick & Presser, 2010），心理尺度の後半で項目非回答（item nonresponse）が増えたり（Dickinson & Kirzner, 1985），調査票の後半の項目で「意見なし（no opinions）」の選択が増えたりする（Krosnick et al., 2002）。更に Galesic & Bosnjak（2009）では，後半に配置される項目ほど，回答時間が短く，非回答が多かった他，回答の分散が小さかったり，自由回答の文字数が少なくなったりした。

（1）回答していくうちに中間選択は増加する

上のような回答傾向のほかにも，以下に述べるような現象がみられる。増田ほか（2017）では，30–40 代の会社員にウェブ調査で，職務について尋ねる 50 の項目に答えてもらった後に，50 項目 5 因子性格検査（FFPQ-50）という心理尺度（藤島ほか，2005）で，回答者ごとに項目順をランダムに並び替えて回答を求めた。この尺度は，「1. 全くちがう」から「5. 全くそうだ」の 5 件法で答えるものであったが，どの順番にどの項目が配置されるのかが，回答者ごとにばらばらになっているので，もし項目順に関係なく回答が

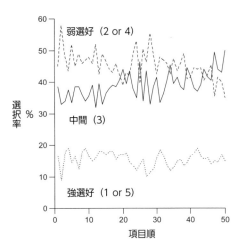

図6-3　FFPQ-50における選択率の変化（増田ほか，2017のデータから作成）

なされるのであれば，各選択肢の選択率はどの順番であってもほぼ同じになるはずである。しかしながら後半になるほど，「2. ちがう」「4. そうだ」が減少し，「3. どちらともいえない」の選択率が高くなった（図6-3）。

　増田ほか（2017）は更に，FFPQ-50を25項目ずつの2つのパートに分割したり，分割した一方のパートの回答ラベルを逆順（「1. 全くそうだ」-「5. 全くちがう」）にしたりした条件で，中間選択の増加傾向について調べた。すると，分割した最初のパートでの増加の傾きが大きくなるほか，後半のパートの最初のほうの項目での中間選択が一時的に減少した。回答ラベルの並び順が逆になっていると，2つの異なる尺度であると見なされやすくなると思われるが，単に2つのパートに分けただけの条件よりも，傾きが小さくなったり，分割後に中間選択が大きく減少したりするということはなかった。そして，最終的には分割されないときと同程度の中間選択の増加が見られた。すなわち，分割の効果は一時的で，中間選択の増加傾向を抑止しなかった。

(2) 中央の選択肢が中立でなくても
　本章では，中立的な選択肢が中央にある場合を，中間選択の典型と考えてきた。しかし肯定か否定のどちらかに回答が大きく偏るような場合には，回

答者が多い側の回答カテゴリを細分化して尋ねるほうが精確な結果が得られるように思われる。この点について林（1975）は，「中間的段階を挟むポジティブ側およびネガティブ側の段階数を同じにする必要はなく，たとえばネガティブな段階として「よくない」を1つだけとり，ポジティブな段階を4-5段階に細分してもよく，実際，そうしている場合も多い」と述べている。同様に山田（2010）も，質問内容によっては「極端な回答を好む人々」を集めてしまう危険性があるため注意が必要であるが，場合によっては選択肢を非対称にすることが有益であるという。Saris & Gallhofer（2014）も，通常は対称的な尺度が勧められるものの，ほとんどの回答者が一方の側を選ぶのであれば，非対称な尺度のほうがよいと述べている他，Streiner et al.（2015）は，回答が一方に偏るような場合は，回答分布の歪みが小さくなるよう，中間選択肢を中央以外に設けて尋ねることを勧めている。

　このように，中立的な選択肢が中央に置かれないほうが望ましいとされることもある。そこで増田（2022）では，そのような非対称な選択肢を持つ項目が複数ある場合にも，中間選択の増加傾向がみられるかどうかをウェブ調査で検証した。

　18〜79歳の1,200人のモニターが，回答形式の異なるA〜Dの4条件のいずれかにランダムに割り付けられた。この調査では，内閣府の「平成28年度国民生活に関する世論調査」で用いられた，所得・収入，資産・貯蓄，自動車・電気製品・家具などの耐久消費財，食生活，住生活，自己啓発・能力向上，レジャー・余暇生活の7つの満足度について尋ねる項目を，回答者ごとにランダムな順番で配置した。これらはもともと，「満足している」「まあ満足している」「やや不満だ」「不満だ」の4件で尋ねられているが，回答形式Aでは，「とても満足している」「満足している」「不満だ」，回答形式Bでは，「満足している」「不満だ」「とても不満だ」，回答形式Cでは「満足している」「どちらともいえない」「不満だ」，回答形式Dでは「満足している」「不満だ」という2選択肢で回答を求めた。このように回答形式A, B, Cはいずれも3件法であるが，中央に位置する選択肢が異なっていた。

　項目が配置された順番ごとの，中央に位置する選択肢の選択率を図6-4に示す。マルチレベル分析（尾崎ほか，2018など）の結果，回答形式B, Cの傾きは有意で，同じ項目が1番目に置かれたときよりも，7番目に置かれ

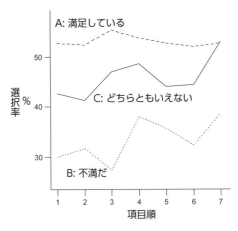

A: 満足している

C: どちらともいえない

B: 不満だ

選択率 %

50

40

30

1　2　3　4　5　6　7

項目順

図 6-4　中央の選択肢の選択率の変化（増田，2022 のデータから作成）

たときのほうが約 10 ％多く中間選択が生じた。ただし，中央の選択肢が「満足している」である回答形式 A のときには増加が見られなかった。こうした結果が得られたのが，項目内容や選択肢の性質のためか，もしくは最初から選択率が高いという天井効果のためなのかについては，更に検討が必要である。しかしながら少なくとも，中立の選択肢である「どちらともいえない」でなくても，中央の選択率が増加することが示された。またこの研究では，わずか 7 項目で，中間選択の有意な増加傾向が見られたことにも留意すべきであろう。

(3)　グリッド型のせいか，また不注意回答者のせいか

　ここまで見たように，中央の選択肢の増加傾向はかなり頑健である。しかし以上の調査では，項目文と選択欄が格子状に提示されるグリッド型の回答形式が用いられていた。グリッド型では，同じ選択肢で回答を求める項目が続くときに，各項目の選択肢をその都度確認しなくても回答できるため，回答者の負担は小さいと思われる。一方で，惰性的で安易な回答を導くことが危惧され，各項目を小問単位に分離して提示する個別（item by item）型よりも，グリッド型のほうが回答時間が短く，ストレートライニングが多いことが繰り返し示されている（Couper et al., 2013; Liu & Cernat, 2018; Tou-

6 章　調査回答における中間選択　　141

回答形式 A グリッド一括

回答形式 B グリッド分割

図 6-5　増田（2020）で用いられた回答形式①

rangeau et al., 2004)。したがって，個別型の回答形式では，中間選択の増加も見られなくなるかもしれない。

　次に，本章 1 節の（2）では，特定の回答を求める指示に従わず，したがって項目文をきちんと読んでいない可能性が高い非遵守者で，中間選択が

回答形式 C 大問内個別

回答形式 D 完全個別

図 6-5 つづき　増田（2020）で用いられた回答形式②

多いことが示されている。しかしながら，このような結果が得られるのも，回答していくうちに非遵守者が次第に中間選択をするようになるためかもしれない。そうであるならば，指示項目などを利用して不注意回答者を除外すれば，中間選択の増加という問題は生じなくなるであろう。

　増田（2020）では，18 ～ 79 歳の成人 1,200 人を，回答形式の異なる A ～ D の 4 条件のいずれかにランダムに割り振った（図 6-5，図 6-5 つづき）。この調査では，内閣府による「平成 21 年度国民生活選好度調査」の，社会

や生活に対する意識に関する項目が用いられ，たとえば「伝統にこだわらず，新しいことをとりいれるべきだ」などの回答者ごとにランダムに配置された10項目に，「全く賛成だ」-「全く反対だ」の5件法で回答が求められた。

　回答形式A（グリッド一括）は，10項目がグリッドで配置されていた。しかしこのように，上部にだけ，「全く賛成だ」のような言語ラベルが示されていると，画面をスクロールしたときにラベルがわからなくなって，中央が選ばれるのかもしれない。そこで，回答形式B（グリッド分割）では5項目めの後で再度カテゴリラベルが表示された。

　次に，グリッド型では表形式で複数の項目が提示されるが，そのために項目内容が類似しているとか，強い関連があるといった印象を回答者に与えてしまうかもしれない。すなわち，個別型でグリッド型と異なる回答がなされるのは，複数の項目が一連のものであると見なされにくいためかもしれない。

　そこで個別型の回答形式についても，以下の2種類を設けた。まず回答形式C（大問内個別）では，10項目のそれぞれで選択肢が用意され，縦に並べられているが，グリッド型と同じように，全項目が同じ大問中に含まれていた。すなわち各項目は，大問中の1つとして位置づけられていて，項目内容に関連があることが仄めかされていた。一方，回答形式D（完全個別）では，大問単位で項目番号がつけられていて，「次へ」のボタンをクリックすることで次の項目の回答に進むようになっていた。そのため，各項目は関係の無い，まったく別の設問であると見なされるだろう。

　この調査では，回答形式A～Dのどの回答者にも共通する，複数回答形式（2章を参照）を利用した指示項目も含めた。具体的には，「自分や身近な人が被害に遭うかもしれないと不安になる犯罪」としてあてはまるものを，いくつでもあげるよう求める設問で，「殺人，強盗などの凶悪な犯罪」「暴行，傷害などの粗暴な犯罪」などの15項目のリストの最後に，「この項目は必ずチェックしてください」という指示のある項目を加えた。

　複数回答形式では，十分な努力を伴わずに回答するという最小限化（satisficing, Krosnick, 1991）のために，後半に置かれた項目を検討しないことがあり，前半の項目よりも，選択率が低くなることが知られている（江利川・山田，2015）。そのため，リストの最後にある項目の指示に従わない非遵守

表6-1　回答形式の違いと平均中間選択数，回答時間（増田，2020 のデータから作成）

		A グリッド一括	B グリッド分割	C 大問内個別	D 完全個別	多重比較 (Benjamini & Hochberg 法)
遵守者 / 非遵守者の比		174/126	177/123	203/97	185/115	Ns
平均中間選択数 (SD)	全サンプル	4.68 (2.85)	4.50 (2.71)	4.20 (2.39)	4.25 (2.35)	Ns
	遵守者	4.80 (2.58)	4.32 (2.49)	4.15 (2.32)	4.22 (2.19)	Ns
	非遵守者	4.52 (3.19)	4.76 (2.98)	4.29 (2.55)	4.30 (2.60)	Ns
回答時間中央値	全サンプル	40.0	42.0	48.0	75.0	A,B<C<D
	遵守者	43.0	48.0	51.0	75.0	A<C<D　B<D
	非遵守者	34.5	29.0	41.0	74.0	A,B<C<D

者は，すべての項目を注意深く検討しないで回答しているものと思われる。

　表6-1にあるように，回答形式間で遵守者と非遵守者の比率の差は見られなかった。また，中間選択がなされた項目数の差もなかった。一方，回答時間は個別型よりもグリッド型のほうが短い傾向があった。

　図6-6に，回答形式別の中間選択率の変化を示す。先行研究と同様に，回答形式A（グリッド一括）では，後半に配置された項目のほうが中間選択が多い傾向が見られた。また回答形式B（グリッド分割）では，回答ラベルが再表示された後の6番目の項目で中間選択率が減少したが，全体的にはやはり増加傾向を示した。回答形式C（大問内個別）でも中間選択率は緩やかに増加していた。マルチモデル分析の結果，回答形式A，B，Cの増加の傾きは有意であった。すなわち，中間選択の増加傾向が見られなかったのは，回答形式D（完全個別）のときだけであった。このことは，グリッド型か個別型かではなく，複数の項目が大問単位でまとまっていることが，中間選択の増加を招く可能性があることを示唆している。ただし本研究の回答形式D（完全個別）では，他の回答形式と異なり，項目の回答ごとに"次へ"ボタンを押すことが求められていた。したがって，各項目への回答の間にそのような動作が挟まれたり，結果としてインターバルが生じたりしたことが，結果に影響を与えた可能性がある。

　次に，グリッド型の回答形式での中間選択の増加傾向は，むしろ真面目に回答していると思われる遵守者で強く見られた（図6-6，左上点線）。すな

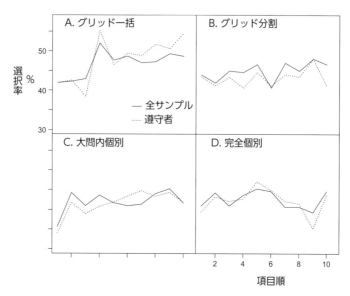

図6−6　回答形式の違いと中間選択の変化（増田，2020 のデータから作成）

わち，真面目な回答者であっても，中間選択はだんだん増えていくものと思われる。

（4）スライダー型回答形式での回答の変化

　前項の結果は，グリッド型以外の回答形式の採用の検討が望ましいことを示している。たとえばウェブ調査では，スライダー型回答形式がよく利用されている（4，5章参照）。

　Morii et al.（2017）は，性別・年齢が日本人の人口分布に近くなるように抽出された 1,042 名の各回答者に，ウェブ調査会社が管理するインターネットを介して，スライダー型回答形式で1試行に1刺激画像についての好ましさの評価をしてもらった（図6−7）。各 100 枚の画像よりなる3つの刺激シリーズ（風景写真，無意味矩形図形，無意味点対称図形）（図6−8）のうちの2つのシリーズが，前半，後半にランダムに割り当てられ，前半に割り当てられたシリーズの画像 100 枚がまずランダムな順で提示された。引き続いて，後半に割り当てられた，もう1つのシリーズの画像 100 枚が同様にランダムな順で提示された。このようなランダムな提示順では，出てくる評価は

図6-7　風景写真を刺激画像とした場合の評価場面例　左の図のように提示された刺激画像について,「大変好ましくない」から「大変好ましい」までの目盛上に自分の評価をマウスでクリックすると,右図のようにその場所にクリックしたポイントが小円で示され,次の試行に移ることができる（Morii et al., 2017）。

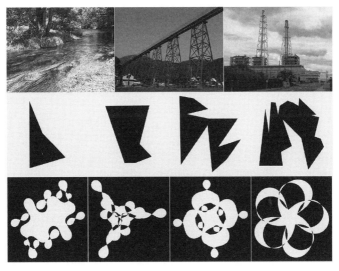

図6-8　3つの刺激シリーズ　上から風景写真,無意味矩形図形,無意味点対称図形（Morii et al., 2017）。

回答者全員を平均すれば100回の提示に亘って一定の値となるはずである。

　1,042名について,極端に総回答時間が長かったり短かったりしたケースやほとんどまったく中央部からスライダーを動かさなかった回答者をまず除外し（該当者75名）,更に刺激シリーズごとに,ほとんど回答値を変化させなかった回答者のデータを除いたうえで,各回答者についてその回答値を平

均0分散1に規準化して分析を行った。結果は，以下のようなものであった。

①規準化された回答値は提示開始から終了にかけて，開始直後に増加した後，0もしくは0以下へと減少するが，その変化のコースは刺激シリーズによって異なる。

②スライダー型回答形式上の中央（20％の）エリアへの反応は，提示順に従って増加する。すなわち中間選択が増加する。しかしその増加の程度は，刺激シリーズによって異なる。

③回答者間の回答値の（標準偏差で表した）変動が，提示順に従って増加，減少，変化しない刺激シリーズがある。

④直前の回答値との差の絶対値は，提示順に従って減少する。

⑤直前の評価値との相関は，提示順に従って増加する刺激シリーズと変化しないシリーズがある。

⑥刺激画像（質問項目）間の距離が長いほど回答値間の相関は減少し，その減少率は距離が短いところで大きい。

⑦ある刺激シリーズで，回答者がはじめにそのシリーズでの最大値もしくは最小値を付けたところの提示位置を求め，そこからn個離れた刺激画像の回答値を求めたところ，いずれもnが1，2のときに最大値もしくは最小値の値の影響を強く受け，その後0にもどる。

この実験の刺激画像の提示は個別の質問項目の提示に相当し，スライダー型回答形式での選好の程度についての回答はその項目への回答行動と読み替えることができる。そうした読み替えをしたうえで，得られた結果を吟味すると，いくつかの結果，たとえば⑥は過去の知見（Weijters et al., 2009）とも一致することが分かった。

しかし先行研究では，これほど多くの人数に対して，100試行2回分を行い，かつ3種類の刺激シリーズでの提示順をランダムに提示するという試みをした例はなかった。本研究からは提示順による回答値やその変動性の変化が刺激シリーズの性質に依存することや，直前の値の及ぼす強い効果が直後に続くいくつかの質問項目の提示にまで影響することなどの，新しい知見を

得ることができた。それだけではなく，質問紙調査での質問項目と対比可能な写真の継時的提示の結果からは，提示回数の増加によって確実に中間回答が増え，それによって，規準化された回答値は減少し，同時に変動値も減少することが確認された。また，各刺激シリーズの最初の提示区間では，短い期間であるが規準化された回答値の一時的増加が観察されたことから，単純な刺激の複数回の継時提示で観察される，反応の鋭敏化（sensitization）とその後に引き続く馴化（habituation）の過程が示唆された。

(5) リッカート型やスライダー型とは異なる回答形式

上述したように，グリッド型に代表される離散的なリッカート型回答形式においても，連続的なスライダー型回答形式においても，何らかの順序性を伴う尺度上での回答値は，中間選択のバイアスを免れにくい。しかしそうした中間選択が後半に多くなっていく傾向がみられることから，回答行動への疲労，回答対象となる刺激への馴化などが，いわゆる"不注意回答者"以外のごく一般の回答者にも存在することが予想される。それではそのような傾向を打ち消すことができるような手段はあるのだろうか。その1つの試みとして，最後にグリッド型，スライダー型以外の回答形式で回答を求めた研究を紹介しよう（坂上ほか，2018）。

この調査は，リスクに関連する複数の質問で構成されていた。これから説明する質問項目はその最後の部分に位置するもので，回答者ごとにランダムに提示された。質問項目としては，山下（2002）による不安全行動測定尺度24項目よりG-P分析で有意差がなかったり，日常的によくみられる行動であるという理由から，「道ばたで立ち話などをする」「数人の人と横並びに歩く」「走行中のバスや電車の中で歩いたりする」「自転車で二人乗りをする」の4項目を省いた20項目を採用した。また分析対象としたデータは，ウェブ調査会社より納品された1,600名であり（のちに示す4条件各400名を割り当てた），男女及び回答形式の違いでカウンターバランスされていた。回答は「1. 全く危険だと思う」から「5. 全く安全であると思う」の内から1つ数字を選ぶ5件法であった。回答者は調査会社のウェブサイトより，参加の同意を経たのちにウェブ上で回答するようになっていた。

図6-9に調査に用いた4つの回答形式のデザインパターンを示す。パ

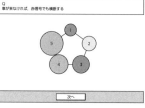

パターンA　リッカート型

パターンB　順ダイヤル型

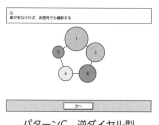

パターンC　逆ダイヤル型

パターンD　ルーレット型

注：1は「全く危険だと思う」5は「全く安全だと思う」

図6-9　回答形式の4パターン

ターンAはラジオボタンで回答するリッカート型（条件A），パターンB
とCは回答の数字に対して大きさ（と色）がそれぞれ昇順と降順となって
いる順ダイヤル型（条件B）と逆ダイヤル型（条件C），パターンDは異な
る色の三角形に数字が配置され（色と数字の対応はパターンBと同じ），五
角形にまとめられたルーレット型（条件D）である。パターンAを除き，
残りのパターンでは数字付きの図形が質問ごとにランダムに配置された。そ
の結果，以下の点が見出された。

①質問が不安全行動についてであったので，平均値が1.5から3までを
とるものが多く，中間選択やその増加を明確に観察することはできな
かった。それでも条件A（リッカート型）は他条件に比べ中央の3
を選択する頻度が回答順に関わりなく高かった（図6-10）。

②回答順にしたがって中間選択が増加する現象が観察されなかった代わ
りに，条件Aでは選択肢2，その他の条件では選択肢1で増加傾向

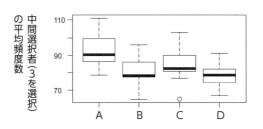

図6-10　回答形式別（各400人）に見た中間選択者の平均頻度数

が見られた。尺度値の平均も10番目まですべての条件で減少し，特
に条件B（順ダイヤル型）で顕著であった。10番目以降は大きな減
少は観察されなかった。

③各質問項目で比較すると，条件C（逆ダイヤル型）が最も尺度値が小
　さかった。条件Aから各条件の尺度値を引いてその差分を見ると，
　条件BとCでは逆となり，数値に応じた円の大きさの変化の効果が
　明確に表れた。条件D（ルーレット型）はその中間であった。各質問
　項目についてのリッカート型での尺度値との差は，ほぼ±0.1程度に
　はおさまっていた。

④条件A以外で，位置による回答のバイアスは見られなかった。尺度
　値についてのバイアスを直接知ることはできないが，条件Aとそれ
　以外の条件で尺度値の分布が異なっていた。

　これらの結果は，質問紙の内容に影響を受けるものの，リッカート型以外
の回答位置をランダムにする回答形式を用いることで，中間選択をある程度
抑制することが可能であることを示唆している。また，順ダイヤル型と逆ダイ
ヤル型間の系統的な差に代表されるような，微妙な形状的差異も回答行動
に影響を与える可能性も示している。

4. 回答行動研究におけるウェブ調査のメリット

　中間選択の問題は古くから指摘されてきたし（続，1954など），調査を手
掛けたことがある人ならば，誰もが過度な中間選択が見られるような回答結

果を見たことがあるだろう。しかしながら，これまではそのことが深く追求されてきたとはいえず，中間選択が分析結果に大きな影響を与えうることは見過ごされてきたものと思われる。これは，調査研究にかかる手間やコストが大きく，中間選択の影響を調べるため（だけ）に，貴重な研究協力者を，いわば浪費することができなかったことも理由の1つであろう。しかしながら公募型ウェブ調査では，比較的安価かつ迅速に，複数の条件間での回答の違いを検証するようなデータを得ることができる。

　次に，Google フォームや Microsoft Forms のような一般的にも使われるウェブアンケート作成ツールであっても，項目ランダム化の機能が搭載されている。このことは，項目配置が回答に影響を与えることが，広く認識されていることを反映していると思われる。しかしながら，項目配置の問題を検討した研究はこれまで極めて少なかった。言い換えれば，調査には多数の項目が含まれているにもかかわらず，回答者が複数の項目に回答することが及ぼす影響については，ほぼ無視されてきた。しかしながら，ウェブ調査のようなコンピュータを用いた調査では，回答者ごとに項目の配置を変えることが容易にできる。そのため，項目の配置や順番の影響についてもさまざまな検討をすることができる。

　残念ながら，Google フォームなどでは項目順についてのデータを容易に取得できないようであるが，調査会社を通じて項目をランダムに配置したウェブ調査を実施する際には，各回答者がどのような順番で項目に答えたのかのデータも納品してもらうよう依頼することで，単に項目の順番の影響を相殺するだけでなく，順番がどのような影響を及ぼしているかについての検討ができることがある。更に，前節のルーレット型のような，これまでに無かった新しい回答形式を試すことができるのも，ウェブ調査の強みである。

　このように，ウェブで調査ができるようになったおかげで，以前は実現が困難であったような調査回答行動の検討ができるようになり，回答行動に関する研究が急速に進展してきた。ウェブ調査にはさまざまな問題があることが指摘されているが，このようなメリットを活かした研究がなされることがますます望まれる。

注

注1 調査回答における中間選択は，日本を含めた東アジアで多いことが指摘されている（Chen et al., 1995; Harzing, 2006; 田崎・申, 2017）。しかしながらBrulé & Veenhoven（2017）は，キャントリルラダー（65カ国）や1-10の10件法（90カ国）で幸福感を尋ねた調査で，5や8の回答率が高い国が多いこと，一方，オーストリア，中南米，中東では"10. とても幸せ"の回答が突出していることを報告している。

引用文献

Bagozzi, B. E. & Mukherjee, B.（2012）. A mixture model for middle category inflation in ordered survey responses. *Political Analysis*, **20**, 369-386.

Bowling, N. A., Gibson, A. M., Houpt, J. W., & Brower, C. K.（2020）. Will the questions ever end? Person-level increases in careless responding during questionnaire completion. *Organizational Research Methods*, **24**, 718-738.

Brulé, G. & Veenhoven, R.（2017）. The '10 excess' phenomenon in responses to survey questions on happiness. *Social Indicators Research*, **131**, 853-870.

Cantril, H.（1965）. *The pattern of human concern.* NJ: Rutgers University Press.

Chen, C., Lee, S., & Stevenson, H. W.（1995）. Response style and cross-cultural comparisons of rating scales among East Asian and North American students. *Psychological Science*, **6**, 170-175.

Choi, B. C. K. & Pak, A. W. P.（2005）. A catalog of biases in questionnaires. *Preventing Chronic Disease*, **2**, 1-13.

Christenfeld, N.（1995）. Choice from identical options. *Psychological Science*, **6**, 50-55.

Curran, P. G.（2016）. Methods for the detection of carelessly invalid responses in survey data. *Journal of Experimental Social Psychology*, **66**, 4-19.

Couper, M. P., Tourangeau, R., Conrad, F. G., & Zhang, C.（2013）. The design of grids in web surveys. *Social Science Computer Review*, **31**, 322-345.

Dickinson, J. R. & Kirzner, E.（1985）. Questionnaire item omission as a function of within-group question position. *Journal of Business Research*, **13**, 71-75.

江利川滋・山田一成（2015）. Web調査の回答形式の違いが結果に及ぼす影響：複数回答形式と個別強制選択形式の比較　社会心理学研究, **31**, 112-119.

Fischhoff, B. & Bruine De Bruin, W.（1999）. Fifty-fifty=50%? *Journal of Behavioral Decision Making*, **12**, 149-163.

Fredrickson, B.（2003）. The value of positive emotions. *American Scientist*, **91**, 330-335.

藤島　寛・山田尚子・辻平治郎（2005）. 5因子性格検査短縮版（FFPQ-50）の作

成 パーソナリティ研究, **13**, 231-241.

Galesic, M. & Bosnjak, M.（2009）. Effects of questionnaire length on participation and in-
dicators of response quality in a web survey. *Public Opinion Quarterly*, **73**, 349-360.

Garland, R.（1991）. The mid-point on a rating scale: Is it desirable? *Marketing Bulletin*, **2**,
66-70.

Graeff, T. R. & Tennessee, M.（1999）. Uninformed response bias in measuring consumers'
brand attitudes. *Advances in Consumer Research*, **26**, 632-639.

Guy, R. F. & Norvell, M.（1977）. The neutral point on a Likert scale. *The Journal of Psy-
chology*, **95**, 199-204.

Harzing, A. W.（2006）. Response styles in cross-national survey research: A 26-country
study. *International Journal of Cross Cultural Management*, **6**, 243-266.

林 英夫（1975）. 質問紙の作成 続 有恒・村上英治（編）心理学研究法 9 質
問紙調査 東京大学出版会 pp.107-145.

岩田 昇（2009）. 心理測定と文化差: 日本人の評価尺度への回答は, 欧米人とど
んな風に異なるのか？ ストレス科学, **24**, 206-214.

Iwata, N., Roberts, C. R., & Kawakami, N.（1995）. Japan-U.S. comparison of responses to
depression scale items among adult workers. *Psychiatry Research*, **58**, 237-245.

Kalton, G., Roberts, J., & Holt, D.（1980）. The Effects of offering a middle response option
with opinion questions. *The Statistician*, **29**, 65-78.

Keusch, F. & Yan, T.（2017）. Web versus mobile web: An experimental study of device ef-
fects and self-selection effects. *Social Science Computer Review*, **35**, 751-769.

Knowles, E. S.（1988）. Item context effects on personality scales: Measuring changes the
measure. *Journal of Personality and Social Psychology*, **55**, 312-320.

Krosnick, J.（1991）. Response strategies for coping with the cognitive demands of attitude
measures in surveys. *Applied Cognitive Psychology*, **5**, 213-236.

Krosnick, J. A. & Fabrigar, L. R.（1997）. Designing rating scales for effective measurement
in surveys. In L. Lyberg, P. Biemer, M. Collins, E. De Leeuw, C. Dippo, N. Schwarz, D.
Trewin（Eds.）, *Survey measurement and process quality*. John Wiley & Sons. pp. 141-
164.

Krosnick, J. A., Holbrook, A. L., Berent, M. K., Carson, R. T., Hanemann, M. W., Kopp, R.
J., & Conaway, M.（2002）. The impact of "no opinion" response options on data quality:
Non-attitude reduction or an invitation to satisfice? *Public Opinion Quarterly*, **66**, 371-
403.

Krosnick, J. A. & Presser, S.（2010）. Question and questionnaire design. In P. V. Marsden
& J. D. Wright（Eds.）, *The Handbook of survey research*（2nd ed.）. Emerald Publishing
Group. pp. 263-313.

Kulas, J. T., Stachowski, A. A., & Haynes, B. A.（2008）. Middle response functioning in
Likert-responses to personality items. *Journal of Business and Psychology*, **22**, 251–259.

Kulas, J. T. & Stachowski, A. A.（2009）. Middle category endorsement in odd-numbered

Likert response scales: Associated item characteristics, cognitive demands, and preferred meanings. *Journal of Research in Personality*, **43**, 489-493.

Lam, T. C. M., Green, K. E., & Bordignon, C.（2002）. Effects of item grouping and position of the "don't know" option on questionnaire response. *Field Methods*, **14**, 418-432.

Liu, M. & Cernat, A.（2018）. Item-by-item versus matrix questions: A web survey experiment. *Social Science Computer Review*, **36**, 690-706.

Masuda, S., Sakagami, T., & Hirota, S.（2008）. How to control epistemic uncertainty fifty-fifty. *International Journal of Psychology*, **43**, 3-4, 504.

増田真也・坂上貴之・山田　歩（2010）．中間選択肢の意味と回答順序効果に関する研究　日本心理学会第 74 回大会発表論文集，994.

増田真也・北岡和代・荻野佳代子（2012）．心理尺度における項目の方向性とグループ化の影響　健康心理学研究，**25**，31-41.

増田真也・坂上貴之（2014）．調査の回答における中間選択　心理学評論，**57**，472-494.

増田真也・坂上貴之・北岡和代・佐々木恵（2016）．回答指示の非遵守と反応バイアスの関連　心理学研究，**87**，354-363.

Masuda, S., Sakagami, T., Kawabata, H., Kijima, N., & Hoshino, T.（2017）. Respondents with low motivation tend to choose middle category: Survey questions on happiness in Japan, *Behaviormetrika*. **44**, 593-605.

増田真也・坂上貴之・北岡和代（2017）．多くの項目に回答することによる中間選択の増加　行動計量学，**44**，117-128.

増田真也・坂上貴之・森井真広（2018）．日本人の幸福感は低いのか：フィルター質問と Don't Know 選択肢による分析　日本心理学会第 82 回大会発表論文集，5.

増田真也・坂上貴之・森井真広（2019）．調査回答の質の向上のための方法の比較　心理学研究，**90**，463-472.

増田真也（2020）．中間選択の増加傾向に対する回答形式の影響：グリッド型と個別型の違い　日本心理学会第 84 回大会発表論文集，1.

増田真也（2022）．項目の位置による中間選択率の違い：非対称な回答形式での検討　日本社会心理学会第 63 回大会抄録集，90.

McFarland, L. A., Ryan, A. M., & Ellis, A.（2002）. Item placement on a personality measure: Effects on faking behavior and test measurement properties. *Journal of Personality Assessment*, **78**, 348-369.

Melnick, S. A.（1993）. The effects of item grouping on the reliability and scale scores of an affective measure. *Educational and Psychological Measurement*, **53**, 211-216.

Morii, M., Sakagami, T., Masuda, S., Okubo, S., & Tamari, Y.（2017）. How does response bias emerge in lengthy sequential preference judgments? *Behaviormetrika*, **44**, 575-591.

内閣府（2019）．「満足度・生活の質に関する調査」に関する第 1 次報告書　https://www5.cao.go.jp/keizai2/wellbeing/manzoku/pdf/report01.pdf（2022 年 7 月 29 日）

Neuert, C. E.（2021）. The effect of question positioning on data quality in web surveys. *Sociological Methods & Research*, https://doi.org/10.1177/0049124120986207.

OECD（2010）. Subjective well-being. In *OECD Factbook 2010: Economic, environmental and social statistics*. OECD Publishing.

Olson, K., Watanabe, M., & Smyth, J. D.（2018）. A comparison of full and quasi filters for autobiographical questions. *Field Methods*, **30**, 371-385.

大谷　明・佐藤　学（1999）. SDS（Zung の自己評価式抑うつ尺度）の質問文の表現に関連した応答バイアスの検証　行動計量学, **26**, 34-45.

尾崎幸謙・川端一光・山田剛史（2018）. R で学ぶマルチレベルモデル入門編　朝倉書店

Saris, W. E. & Gallhofer, I. N.（2014）. *Design, evaluation, and analysis of questionnaires for survey research*. NJ: John Wiley & Sons.

坂上貴之（2009）. 意思決定以前の選択から考える　坂上貴之（編）意思決定と経済の心理学　朝倉書店　pp.189-208.

坂上貴之・森井真広・増田真也（2018）. リッカート型と異なるデザインの回答形式が持つ効果　日本基礎心理学会第 37 回大会（基礎心理学研究, 2019, **37**, 196.）

Schaufeli, W. B. & Salanova, M.（2007）. Efficacy or inefficacy, that's the question: Burnout and work engagement, and their relationships with efficacy beliefs. *Anxiety, Stress, and Coping*, **20**, 177-196.

Schuman, H. & Presser, S.（1981）. *Questions and answers in attitude surveys*. NY: Academic Press.

Shafer, A.（2006）. Meta-analysis of the factor structures of four depression questionnaires: Beck, CES-D, Hamilton, and Zung. *Journal of Clinical Psychology*, **62**, 123-146.

Streiner, D. L., Norman, G. R., & Cairney, J.（2015）. *Health measurement scales: A practical guide to their development and use*（5th ed.）. NY: Oxford University Press.

Sturgis, P., Roberts, C., & Smith, P.（2014）. Middle alternatives revisited: How the neither/nor response acts as a way of saying "I don't know"? *Sociological Methods & Research*, **43**, 15-38.

田崎勝也・申　知元（2017）. 日本人の回答バイアス：レスポンス・スタイルの種別間・文化間比較　心理学研究, **88**, 32-42.

Tourangeau, R., Couper, M. P., & Conrad, F.（2004）. Spacing, position, and order: Interpretive heuristics for visual features of survey questions. *Public Opinion Quarterly*, **68**, 368-393.

続　有恒（1954）. 質問紙調査法に関する研究（Ⅲ）：応答の意味　心理学研究, **24**, 299-309.

山田一成（2010）. 聞き方の技術：リサーチのための調査票作成ガイド　日本経済新聞出版社

山下富美代（2002）. 注意機能とヒューマンエラー　立正大学文学部論叢. **116**,

9A-27A.

Velez, P. & Ashworth, S. D.（2007）. The impact of item readability on the endorsement of the midpoint response in surveys. *Survey Research Methods*, **1**, 69-74.

Viscusi, W. K.（1990）. Do smokers underestimate risks? *Journal of Political Economy*, **98**, 1253-1269.

脇田貴文（2004）. 評定尺度法におけるカテゴリ間の間隔について：項目反応モデルを用いた評価方法　心理学研究, **75**, 331-338.

Wang, R. & Krosnick, J. A.（2020）. Middle alternatives and measurement validity: A recommendation for survey researchers. *International Journal of Social Research Methodology*, **23**, 169-184.

Weijters, B., Geuens, M., & Schillewaert, N.（2009）. The proximity effect: The role of inter-item distance on reverse-item bias. *International Journal of Research in Marketing*, **26**, 2-12.

Weinstein, N. D.（1998）. Accuracy of smokers' risk perceptions. *Annals of Behavioral Medicine: A Publication of the Society of Behavioral Medicine*, **20**, 135-140.

West, B. T. & Sinibaldi, J.（2013）. The quality of paradata: A literature review. In F. Kreuter（Ed.）, *Improving surveys with paradata*. Wiley Online Library. pp. 339-359.

Zigerell, L. J.（2011）. Midpoint misperceptions on 1 to 10 scales. *International Journal of Public Opinion Research*, **23**, 205-213.

7章　ストレートライニングの検出と評価

山田一成・江利川滋

1. 問題のある回答パターン

(1) 同一回答の連続

　サーベイリサーチにおいては同一回答形式の質問項目を一箇所にまとめて配置することが一般的であるが，そのような配置のなかでも格子状の配置（grid, matrix）においては，全項目で同一選択肢を選択した連続同一回答が発生することがあり，そうした回答はストレートライニング（straightlining：以下 SL）と呼ばれてきた（注1）。また，そうした SL は，質問の内容・形式によっては適正な回答と見なしうるものの，多くの場合は短時間回答終了だけを目的とした不正回答・不良回答の疑いが濃厚である。そのため，SL は最小限化（satisficing）による回答の典型のひとつとされ（Krosnick, 1991），検票において無効回答として除外されるとともに，調査データの質について検討する際には，DK 回答などとともに最小限化の指標として詳細に検討されてきた（Kaminska et al., 2010; Jones et al., 2015）。また，近年では，ウェブ調査の回答の質が問題視されるようになっており（注2），

それに伴ってSLへの関心や懸念も高まりつつあるように思われる。

　ただし，日本の調査会社のなかには，ウェブ調査の質問画面にSLが認められた場合には，誤回答でないかどうか注意を促す警告（プロンプト）を表示する仕様を採用している会社もあり，既に日本のウェブ調査環境はSLが発生しにくい環境であるとも考えられる（注3）。しかし同時に，そのことは，不正回答・不良回答としてのSLが，以下のような回答行動として生起しうることをも意味している。まず挙げられるのが，警告が出てもSLのまま回答を終える回答パターンである。警告は注意を促すだけであることが多いため，そうした場合には「検問突破」が可能となるのである。また，警告への対応による時間のロスを避けるために，あらかじめ，SL回答の1箇所だけ他の箇所とは異なる選択肢を選ぶことも可能である。こうした回答パターンはnear straightlining（以下NSL）と呼ばれてきたが（Couper et al., 2013），それが回答時間短縮を意図したものであれば，「検問回避」のための回答だということになる。

(2) 英語圏における先行研究

　こうしたSL（およびNSL）についての実証研究は，以下に示すとおり，海外では盛んに行われている。まず，ウェブ調査以外の従来型の調査については，SLの規定因に関し，Herzog & Bachman（1981）が高校生調査において，質問量の多い調査票の後半でSLが多くなることを報告している。また，Cole et al.（2012）も米国学生関与調査（NSSE）を用い，SLが男性や学力（SAT・ACT）の低い層，および，調査の後半で多くなることを報告している。更に，Vandenplas et al.（2018）は欧州社会調査（ESS）を用い，面接調査ではインタビューアーの違いによって調査速度が変わり，調査速度が速いほどSLが増加することを明らかにしている。また，回答デバイスの違いによるモード効果についてはFricker et al.（2005）が，全米のRDDサンプルにおいて電話回答層よりもウェブ回答層でSLが多いことを報告している。なお，Kleiner et al.（2015）はスイスにおける電話調査を用い，国内の文化的・言語的メインストリームから距離のある回答者ほどデータの質が低く，SLが多いことを報告している。同様にWenz et al.（2021）も，イギリス世帯縦断調査（UKHLS）の分析によって，非母語話者群で

データの質が低く質問グリッドにおける SL も多いことを報告している。

　一方，ウェブ調査における SL については以下の実証研究が挙げられる。まず，回答時間との関係については，Zhang & Conrad（2014）がオランダのパネル調査（LISS）の分析によって，超短時間回答（speeding）を行う層で SL が多いことを明らかにしている。また，Greszki et al.（2014）もドイツの選挙調査（GLES）と全米世論調査（ANES）を用いて同様の報告を行っており，Revilla & Ochoa（2015）も，スペイン・メキシコ・コロンビアで行われた公募型ウェブ調査について，同様の報告を行っている。

　次に，ウェブ調査における SL の規定因については，Zhang & Conrad（2014）が LISS の分析によって，短時間回答者群では教育水準が低いほど SL が増加することを報告している。また，Kim et al.（2019）はミックスモード調査（郵送とウェブ）において，連続同一回答の程度を 5 種類の測度によって算出し，それらを用いて学歴が低くなるほど SL が多くなることを明らかにしている。

　なお，ウェブ調査における SL と回答調査数との関係については結果が一貫しておらず，Schonlau & Toepoel（2015）は LISS において，パネル調査への回答回数が多いほど SL が増加することを報告しているが，Hillygus et al.（2014）は米国の選挙調査（CCES）において，調査参加回数が多いほど SL が少ないことを報告している。ただし，Gummer et al.（2021）はドイツのパネル調査（GESIS）を用い，パネル調査への参加期間が長い層では，調査協力傾向が低い群で無回答や SL が多いことを明らかにしている。

　一方，オンラインパネルを用いたウェブ調査については，Zhang et al.（2020）の研究が挙げられる。彼女たちは回答調査数を基準に，回答者を，プロ回答者群，平均群，初心者群の 3 群に分けて SL の頻度を比較しているが，その結果，4 調査中 2 調査で，回答数の最も少ない初心者群で SL が有意に多くなることを見出している。こうした結果はやや古いデータ（2008 ～ 2011 年）に基づくものではあるが，いわゆる「プロ回答者」の回答が低質でないことを示唆している点で重要な知見であると考えられる。

　なお，回答者特性以外の規定因については，Mavletova et al.（2018）によってグリッド形式が SL の原因であるとの報告がなされている。彼女たちはロシアのウェブ調査（オンラインパネル）を用いて，質問項目ごとに選択

肢を提示する item-by-item 形式よりもグリッド形式で SL が有意に多くなることを明らかにするとともに，そうした傾向が PC でもスマートフォンでも同様に認められることを報告している。

ただし，そうした回答デバイス（回答モード）の影響については，これまでの研究の結果は一貫しておらず，Struminskaya et al.（2015）は GESIS によって，PC よりもモバイルデバイスで SL が多くなることを報告しているが，Lugtig & Toepoel（2016）は LISS に基づき，モバイルデバイスよりも PC で SL が多いことを報告している。ただし，Kim et al.（2019）は，回答者属性を統制すると回答モードは SL に影響していないことを見いだしている。

なお，やや特殊な研究としては，Conrad et al.（2017）と Zhang & Conrad（2018）を挙げることができる。これらの研究では画面上で回答者に注意深い回答を呼びかけるプロンプトを提示する実験を行い，提示によって SL が減少することを報告している。また，Liu & Wronski（2018）は，データの質の指標としてトラップ質問を利用できるかどうかウェブ実験を行い，SL がトラップへの成否に関わらず一定数認められるケースが多いことを報告している。

（3）日本における先行研究

以上が海外での研究動向であるが，日本における SL の実証研究については以下のとおりである（注4）。まず，郵送調査については増田ほか（2012）が，心理尺度の項目配置を項目内容別にグループ化（肯定的／否定的）することで，同一回答（SL）の割合が増加しうることを報告している。次に，ウェブ調査については山田（2019）が，公募型ウェブ調査における心理尺度項目では，SL・NSL の割合が中央選択肢以外では希少であることや，SL・NSL 群の回答時間が非 SL・NSL 群よりも著しく短いことを報告している。また，増田ほか（2016）は，ウェブ調査の職務満足度質問において，回答指示の非遵守者では遵守者よりも同一回答（SL）が多くなることや，同一回答によって心理尺度の内部一貫性が低くなることを明らかにしており，同様の結果は増田ほか（2019）においても詳細に報告されている。なお，ウェブ調査における SL の規定因については，埴淵ほか（2015）が不良回答（SL）

の規定因について検討し，若年層，男性，回答経験の少なさ，回答時間の短さ，都市化の低さがそれぞれ不良回答の割合を高めることを報告している。

（4）本研究の目的

　以上のように，ウェブ調査における SL については，近年，急速に実証研究が進みつつある。ただし，海外での研究動向に比べると，日本における実証研究は未だ少なく，取り上げられる論題も限られていると言わざるを得ない。そこで本研究では，今後の実証研究の基礎となる知見を得ることを目的として，日本の公募型ウェブ調査における SL・NSL の頻度と規定因を明らかにすることを試みる（注5）。

　ただし，本研究では SL・NSL が生起しうる質問形式として SD 法に注目する。SD 法は両端に形容詞対が配置されている点が通常のリッカートグリッド（以下 LG）とは異なっているが，項目と選択肢は格子状に配列されており，SL・NSL が生起しうる回答形式となっている。また，SD 法は心理測定法として一般化しており，ウェブ調査の商業利用においても多用される方法であるにもかかわらず，SD 法における SL・NSL については，ほとんど実証研究がみあたらない（注6）。

　そこで本研究では，まず，SD 法の各選択肢ごとに SL・NSL の生起率を明らかにする。また，それらとの比較のために，LG 形式の質問についても SL・NSL の生起率を明らかにする。次に，SL・NSL とそれ以外の回答パターンとの間に回答時間の差があるかどうか検証し，SL・NSL が不正回答や不良回答と見なせるかどうか検討する。最後に，先行研究を踏まえ，SL・NSL の規定因として質問特性，回答者属性，モニター特性，回答傾向を取り上げ，SL・NSL の生起率を高める要因を明らかにすることを試みる。

2．SD 法による事例研究

　本研究ではストレートライニング（SL・NSL）の実態を明らかにするために，実務とも関わりの深い調査課題のなかから企業イメージ測定を取り上げ，公募型ウェブ調査を用いて今後の実証研究のための事例研究を行った。以下では，そうした調査研究の結果について詳しい報告を行うが，その前

に，そうした研究に使用された公募型ウェブ調査の方法について概説するとともに，調査研究によって得られた主な知見を列挙しておきたい。

（1）ウェブ調査とSD法

まず，本研究で分析の対象となった調査データは，2016年に一都三県の男女20～79歳を対象として実施された公募型ウェブ調査によって得られたもので，調査の有効回答者は1,200人であった（注7）。また，SD法によるイメージ測定の対象となる企業には，回答者から見て知名度が高く身近に存在する企業のなかから，コンビニエンス・ストア（以下CVS）上位3社を選定した。なお，CVS上位3社については，回答者が当該の企業を知っており，何らかのイメージを保有していると仮定できると考えられた。

CVSイメージの測定に用いるSD法は5件法で，形容詞対は評価性・力量性・活動性の各次元ごとに5対設定し（総計15対），次元，および，形容詞の肯定・否定の左右配置をランダム化した形式を固定して，3社共通・全回答者共通の回答形式とした（図7−1）（注8）。ただし，CVS3社の提示順序はプログラム管理により回答者ごとにランダム化した。

なお，質問形式間比較のためのLG形式質問には4つの心理尺度（5件法）が利用可能であった（A：買物意識尺度，B：衝動購買尺度，C：物質的価値観尺度，D：後悔・追求者尺度（磯部ほか，2008））。なお，以上のようなSD法質問とLG形式質問では，各質問への全項目同一回答に対し，画面上で警告プロンプトを表示した（調査会社の標準仕様であり，表示後に全項目同一回答をそのまま回答とすることも可能であった）。

（2）SL・NSLの頻度・特性・規定因

こうした方法によってCVS上位3社のイメージを測定した結果，SL・NSLの頻度と規定因について，以下のような知見が得られた。まず，SD法におけるSL・NSLは回答全体の1～2割にも及んでおり，そのほとんどが「どちらともいえない」という中央選択肢において生起していた。また，そうしたSL・NSLの回答時間はその他の回答パターンよりも著しく短く，SL・NSLには不正回答や不良回答が一定量含まれていることも示唆された。

次に，SD法におけるSL・NSLの規定因については，全体としては，回

【「※CVS 社名」のイメージ】

A	とてもA	ややA	どちらともいえない	ややB	とてもB	B
明るい	○	○	○	○	○	暗い
大きい	○	○	○	○	○	小さい
消極的な	○	○	○	○	○	積極的な
親しみやすい	○	○	○	○	○	親しみにくい
狭い	○	○	○	○	○	広い
強い	○	○	○	○	○	弱い
頼りない	○	○	○	○	○	頼もしい
柔らかい	○	○	○	○	○	固い
地味な	○	○	○	○	○	派手な
面白い	○	○	○	○	○	つまらない
軽い	○	○	○	○	○	重い
冷たい	○	○	○	○	○	暖かい
個性的な	○	○	○	○	○	平凡な
安定した	○	○	○	○	○	不安定な
嫌い	○	○	○	○	○	好き

注：※部分はCVS各社の社名（カナ表記の後に英字表記も併記）。

図7-1　SD 法による企業イメージの測定（質問画面）

答者属性やモニター特性との関連は認められず，回答者の回答環境・回答状況などが影響している可能性があることが示唆された。と同時に，回答者が他の質問で SL・NSL 回答を行っているかどうかが，SD 法における SL・NSL の生起と強く関連しており，複数の質問にわたって SL・NSL 回答を行いがちな回答者の存在がクローズアップされることとなった。ただし，そうした要因だけで SL・NSL の生起が説明できるわけではなく，その点には注意が必要である。

　以下では，こうした結果のそれぞれについて，更に詳しい報告と解説を行うことにしたい。

3. ストレートライニングの頻度と特性

(1) SL・NSL は中央選択肢で多発

　まず，ストレートライニングの生起頻度について報告する。CVS 上位 3 社の企業イメージ測定において，SD 法（形容詞 15 対・5 件法）への SL と NSL を合わせた頻度は表 7-1 に示すとおりで，A 社 10.3 ％，B 社 16.7 ％，C 社 18.7 ％であり，心理尺度 A ～ D（4.8 ～ 7.9 ％）よりも高率であった。また，SL・NSL の頻度を選択肢別に見ると，SL も NSL も，そのほとんどが中央選択肢（「3：どちらともいえない」）に集中していた（表 7-1 の「中央率」を参照）。

　なお，SL・NSL を合わせた頻度を質問提示順に見ていくと，順序が後になるほど頻度も中央率も上昇する傾向がうかがわれた。SD 法の 3 つの質問は提示順序をランダム化しているため同順位と考えるべきであるが，その点を考慮しても，表 7-1 全体としては NS・NSL の頻度は後方ほど高率となる傾向がうかがわれた。

　こうした傾向の原因としては，まず，今回使用した SD 法の認知的負荷が高かった可能性が考えられた。SD 法は抽象的な形容詞を用いた判断であるため，LG 形式質問が具体的な項目文についての判断であることに比べると，回答の認知的負荷が高くなることも予想された。しかし，SL・NSL 除外後の各質問の回答時間を見ると（表 7-2），SD 法質問の中央値（第 2 四分位）はすべて，どの心理尺度の第 1 四分位よりも小さくなっており，こうした結果は，SD 法質問の認知的負荷が心理尺度質問よりも小さいことを示唆していた（注 9）。そのため，一連の回答行動による回答者の疲労についても検討する必要が生じたが，今回の調査には疲労度の指標が含まれておらず，この点は今後の検討課題となった。

　なお，SD 法の 3 質問については，A 社，B 社，C 社の順に SL・NSL の頻度が上昇する傾向がうかがわれた（3 社の中央率には差がなく，中央選択肢での SL・NSL の頻度の上昇であった）。こうした傾向について各社ごとにクロス集計を行ったところ（表 7-3），提示順序による差は C 社にのみ認められ，第 2 順位（2nd）と第 3 順位（3rd）で SL・NSL が多かった（χ^2

表7-1 ストレートライニング（SL・NSL）の頻度（%：N=1,170）

| 質問（項目数） | 順序 | 型 | SL・NSL別 | | | | | | SL・NSL合計 |
| | | | 選択肢別 | | | | | 合計（中央率） | 合計（中央率） |
			1	2	3	4	5		
心理尺度A（13）	5	SL	0.5	0.3	1.9	0.3	1.1	4.0（46.8）	5.5（52.5）
		NSL	0.3	1.1	3.6	0.3	1.0	6.4（56.0）	
心理尺度B（16）	8	SL	0.0	0.0	1.5	0.2	0.4	2.1（70.8）	4.8（63.6）
		NSL	0.3	0.5	3.3	0.5	0.9	5.5（60.9）	
心理尺度C（18）	9	SL	0.0	0.1	2.1	0.0	0.3	2.5（86.2）	6.4（75.0）
		NSL	0.2	0.5	4.3	0.5	0.6	6.1（70.4）	
心理尺度D（16）	12	SL	0.1	0.0	2.0	0.2	0.1	2.3（85.2）	7.9（80.7）
		NSL	0.4	0.6	5.9	0.2	0.3	7.4（79.3）	
SD法・A社（15）	R	SL	0.0	0.1	3.4	0.0	0.0	3.5（97.6）	10.3（95.2）
		NSL	0.1	0.2	6.8	0.2	0.0	7.3（94.1）	
SD法・B社（15）	R	SL	0.0	0.0	6.2	0.0	0.0	6.2（100.0）	16.7（98.0）
		NSL	0.0	0.1	10.4	0.2	0.1	10.8（96.8）	
SD法・C社（15）	R	SL	0.0	0.1	6.9	0.1	0.0	7.1（97.6）	18.7（96.9）
		NSL	0.1	0.1	11.8	0.3	0.0	12.2（96.5）	

注：SL は straightlining, NSL は near straightlining。順序は質問提示順序。
　　R はランダマイズ（SD 法 3 質問の提示順序を 13 ～ 15 番目のなかでランダマイズ）。
　　中央率は合計頻度中に占める中央選択肢頻度の割合（SL・NSL 別に算出）。

表7-2 グリッド形式質問の回答時間（SL・NSL 除外後）

質問（項目数）	順序	第1四分位	第2四分位	第3四分位	N
心理尺度A（13）	5	39.4	55.2	76.9	1,048
心理尺度B（16）	8	36.8	54.2	76.8	1,082
心理尺度C（18）	9	45.9	71.8	106.0	1,070
心理尺度D（16）	12	39.5	64.0	94.5	1,056
SD法・A社（15）	R	24.4	33.7	46.2	1,044
SD法・B社（15）	R	23.8	32.7	45.5	971
SD法・C社（15）	R	23.1	31.9	46.1	944

注：回答時間の単位は秒。順序は質問提示順序。R はランダマイズ（SD 法 3 質問の提示順序を
　　13 ～ 15 番目のなかでランダマイズ）。

表7-3 CVS3社のSL・NSL率（行%）

CVS	提示順序	SL	NSL	Other	N
A社	1st	3.9	7.0	89.1	386
	2nd	3.3	7.4	89.3	393
	3rd	3.3	7.4	89.3	391
B社	1st	5.6	10.2	84.2	393
	2nd	6.4	8.7	84.8	389
	3rd	6.7	13.4	79.9	388
C社	1st	6.1	7.7	86.2	391
	2nd	8.2	14.2	77.6	388
	3rd	6.9	14.8	78.3	391

注：CVSはコンビニエンス・ストア。

(4) $= 13.5$，$p < .01$，Cramér's $V = .08$)。こうした結果から，C社における SL・NSL の頻度の高さは，C社に明確なイメージを持たない回答者の割合と，SD法への回答が複数回連続することの交互作用によって生じている可能性があると考えられた。

　次に，3社を見渡した場合，3社全てに SL で回答した回答者は全体（1,170人）の 2.1 %，3社全てに NSL で回答した回答者は全体の 2.8 %であった。また，SL と NSL をまとめた場合，3社全てに SL または NSL で回答した者は全体の 7.5 %であった。なお，少なくとも1社以上で SL か NSL が認められた者は全体の 25.6 %（299人）であったが，その内訳（$N = 299$）は，1社が 45.2 %，2社が 25.4 %，3社が 29.4 %で，2社以上で SL・NSL 回答があった者が多かった。こうした結果は，1社において SL・NSL で回答した者は，他の2社でも同様の回答を行う傾向があることを示唆している。

(2) SL・NSLで多い短時間回答

　SL・NSL が不正回答・不良回答かどうか検討するために，回答パターン（SL，NSL，その他）を独立変数，回答時間を従属変数とする分散分析を行った。分析にあたっては，まず，回答時間の外れ値（600秒超）を分析から除外した。その結果，分析対象者は A 社が 1,166人，B 社が 1,165人，C 社が 1,165人となった。次に，それらの回答者を対象に，会社ごとに，回答

時間を自然対数化して一元配置分散分析を実施した。その結果，3社とも同様の結果となり，多重比較の結果，「SL」「NSL」と「その他」の間に有意差が認められた（A社 $F_{(2,1163)}$ =56.1, $p<.001$, η^2 =.09; B社 $F_{(2,1162)}$ =42.4, $p<.001$, η^2 =.07; C社 $F_{(2,1162)}$ =55.0, $p<.001$, η^2 =.09）。

　次に，回答時間（実測値：秒）の中央値を比較した結果，SL群やNSL群では，その他群より11.3〜16.6秒短くなっていた（[SL, NSL, その他]の順で，A社 19.7, 17.0, 33.6; B社 19.4, 20.3, 32.6; C社 20.4, 19.6, 31.7）。こうした時間差はカーソル移動距離の差によってのみ生じるとは考えにくく，そのため，SL・NSL群には不正回答や不良回答が一定量含まれていると考えざるを得なかった。

4. ストレートライニングの規定因

（1）説明変数の設定
　次に，SL・NSLの規定因を明らかにするために，CVS3社のそれぞれについて二項ロジスティック回帰分析を行った。目的変数はSD法におけるSL・NSLの有無であり，説明変数については，質問特性，回答者属性，モニター特性，回答傾向の4領域を設定した。

　なお，質問特性としては，SD法3質問中の提示順序を取り上げた。また，回答者属性としては，性別，年代，教育水準，世帯年収を取り上げた。モニター特性としては，登録調査会社数と調査回答頻度を取り上げたが，ここで言う登録調査会社数とは回答者がモニター登録している調査会社の数であり，調査回答頻度とは過去1カ月間に回答者が登録モニターとして回答した公募型ウェブ調査の数（スクリーニング調査を含む）である。また，回答傾向としてはSL・NSL回答傾向を分析に投入したが，SL・NSL回答傾向とは，同一調査内の複数のLG形式質問においてSL・NSL回答を行う傾向のことであり，ここではその指標として，表7-1に示した心理尺度A〜Dの4質問におけるSL・NSL回答数を算出した。

（2）SL・NSLは質問横断的に生起
　分析の結果は表7-4に示すとおりである（注10）。まず，質問特性であ

表7-4　SD法におけるSL・NSLの規定因（二項ロジスティック回帰分析）

説明変数		A社 B (SE)	B社 B (SE)	C社 B (SE)
質問特性	提示順序［1番目］			
	2番目	-.24 (.29)	.07 (.23)	.75 (.22)**
	3番目	-.13 (.28)	.50 (.22)*	.66 (.22)**
回答者属性	性別［男性］			
	女性	-.55 (.26)*	-.48 (.20)*	-.43 (.19)*
	年代［20代］			
	30代	-.22 (.47)	.00 (.37)	.39 (.37)
	40代	.71 (.42)	.61 (.34)	.93 (.34)**
	50代	.68 (.43)	.80 (.34)*	1.17 (.34)**
	60代	.69 (.44)	.71 (.34)*	1.12 (.35)**
	70代	.96 (.43)*	1.18 (.34)**	1.48 (.35)***
	教育水準［中・高卒］			
	短大・専門卒	-.60 (.40)	-.17 (.29)	-.12 (.26)
	大学・院卒	.17 (.28)	.22 (.22)	-.09 (.21)
	在学中・その他	.78 (.61)	.28 (.54)	-.16 (.56)
	世帯年収［300万円未満］			
	300万〜500万円未満	-.39 (.38)	-1.00 (.30)**	-.56 (.28)*
	500万〜800万円未満	-.90 (.43)*	-.97 (.31)**	-.64 (.30)*
	800万円以上	-.59 (.40)	-1.05 (.31)**	-.45 (.29)
	DKNA	.00 (.37)	.19 (.27)	.13 (.27)
モニター特性	登録調査会社数［1社］			
	2社	-.18 (.34)	.15 (.26)	-.33 (.26)
	3社	.21 (.33)	.34 (.26)	-.14 (.25)
	4社	.38 (.44)	.30 (.35)	-.05 (.33)
	5社以上	-.31 (.43)	.16 (.31)	-.11 (.29)
	調査回答頻度［10件未満］			
	10〜30件未満	-.50 (.38)	.28 (.32)	-.01 (.30)
	30〜60件未満	-.16 (.36)	.17 (.32)	.14 (.30)
	60〜120件未満	-.71 (.39)	-.10 (.33)	-.21 (.31)
	120〜180件未満	-1.32 (.65)*	-.17 (.44)	-.62 (.44)
	180件以上	-.23 (.43)	.29 (.35)	.25 (.33)
SL・NSL回答傾向	SL・NSL回答数［0件］			
	1件	1.44 (.31)***	1.36 (.26)***	1.08 (.25)***
	2件	2.83 (.42)***	2.40 (.39)***	2.09 (.39)***
	3件	3.21 (.39)***	2.12 (.37)***	2.48 (.36)***
	4件	4.52 (.53)***	3.47 (.47)***	4.85 (.78)***
定数		-2.50 (.60)***	-2.55 (.48)***	-2.64 (.48)***
Hosmer-Lemeshow検定：χ^2 (df)		1.77 (8) ns	9.02 (8) ns	2.80 (8) ns
Nagelkerke R^2		.38	.28	.29
N		1170	1170	1170

注：Bは偏回帰係数。説明変数の［　］内は参照カテゴリー。* $p<.05$，** $p<.01$，*** $p<.001$.

る質問提示順序については，CVS3 社間で傾向が異なり，B 社では「3 番目」で，C 社では「2 番目」と「3 番目」で，SL・NSL が多くなる傾向が認められた。原因としては，まず，対象 CVS について明確なイメージを保有していない層が，A 社よりも B 社，B 社よりも C 社で多かった可能性が考えられる（注 11）。そして，それを前提にすると，明確なイメージを保有していない層では，SD 法の連続によって疲労感や飽きが高じた場合に，「どちらともいえない」という中央選択肢で最小限化による SL・NSL が生起しやすかったと考えられる。

　次に，回答者属性については，CVS3 社に共通する傾向として以下のような点を挙げることができる。まず，SL・NSL は女性よりも男性で多く，20 代よりも中高年層で多くなる傾向が認められた。しかし，SL・NSL と教育水準との関連はまったく認められなかった。

　こうした結果のうち，性別との関連は先行研究の知見とも一致していたが，先行研究で指摘されていた教育水準との関連は本研究では認められなかった。こうした結果を生じさせる具体的な機制については今後更に検討が必要であるが，後者の知見については，公募型ウェブ調査では高学歴者の割合が多くなることが知られており（埴淵ほか，2015），本研究でも，そうしたサンプル特性が影響した可能性が考えられる。

　また，年代については，全体としては中高年層で SL・NSL が多くなる傾向がうかがわれるものの，各年代ごとにみると，傾向が 3 社ごとに異なっていた。原因としては，明確な CVS イメージを保有していない中高年層が，A 社よりも B 社，B 社よりも C 社で多かった可能性が考えられるが，上述の質問提示順序の結果と同様に，そうした解釈の妥当性については更なる検討を必要とする。

　なお，世帯年収については，カテゴリーごとの結果は 3 社間で異なっていたが，全体としては，最低層である「300 万円未満」で他の層よりも SL・NSL が多くなる傾向がうかがわれた。こうした結果は経済水準の低い層で報酬目的の不正回答・不良回答が多いことを連想させるが，「800 万円以上」で有意な負の関連が認められないなど，必ずしもそうした解釈と整合的な結果ではなかった。そのため，この結果については，今後，自由裁量所得との関連なども含め，一定の傾向が認められるかどうか引き続き検討する必要が

ある。

　次に，モニター特性については，CVS3社に共通して，登録調査会社数と調査回答頻度はSL・NSLとほとんど関連していなかった。ただし，A社についてのみ，回答頻度の一部のカテゴリーでSL・NSLと有意な負の関連が認められたが，そうした関連も調査回答頻度全体として一貫した傾向を示す結果とは言いがたく，また，当該カテゴリーのみで関連が生じる原因も不明であった。そのため，今回の分析結果からは，上記のモニター2特性がSL・NSLの原因であると主張することは困難であると言わざるを得ない。

　最後に，本分析では，SD法におけるSL・NSLが，LG形式質問におけるSL・NSLと連動しているかどうか調べるために，回答者のSL・NSL回答傾向を説明変数として分析に投入した（各カテゴリーの頻度は0件81.6 %，1件9.2 %，2件3.1 %，3件3.4 %，4件2.6 %）。この指標はSD法におけるSL・NSLと高い正の関連を示すことが予測されたが，結果を見ると予測どおり，SL・NSL回答傾向は投入した説明変数のなかで最も強い正の関連を示しており，そうした結果は3社に共通して認められた。こうした結果から，SD法におけるSL・NSLは，イメージ量の問題を別にすれば，SD法質問の特性ではなく，回答者の回答傾向によって生じている可能性が高いと考えられた。

5. 除外は「プロクルステスの寝台」か？

(1) 本研究の知見と含意

　本研究ではSD法におけるストレートライニング（SL・NSL）の頻度，特性，規定因について検討した。その結果，まず，SL・NSLは希少ではなく，回答全体の1〜2割にも及んでおり，そのほとんどが中央選択肢（「どちらともいえない」）において生起していることが明らかとなった（中央選択肢上で多発する傾向は心理尺度4尺度においてもうかがわれた）。また，SL・NSLの回答時間はその他の回答パターンよりも著しく短いため，SL・NSLには不正回答や不良回答が一定量含まれていると考えられた。

　なお，こうした結果は，SL・NSLの機械的な除外には少なからず議論の余地があることを示唆している。SL・NSLは，逆転項目を複数含む項目群

の極端な選択肢上で生じているような場合には，不正回答や不良回答と見なせる場合が多い。また，そうした場合には，SL・NSL の除外が問題視されることはほとんどないと言ってよい。

　しかし，本研究のように，SL・NSL が中央選択肢において高率で生起している場合には，それらを機械的に除外すると「除外の恣意性」が問題視されることになる。なぜなら，そうした回答パターンには，熟慮の結果として生じた回答パターンが混在している可能性もあるからである。

　なお，中央選択肢上の SL・NSL を不正回答・不良回答として除外する場合には，回答時間の短さを根拠とする回答選定を行うか，あるいは，何らかの方法によって「不正回答者・不良回答者」を操作的に定義し，回答者ごとデータを除外する，という方法を用いることが可能である。ただし，前者の回答選定については，回答時間の基準値をどう設定するかについて議論が必要となるし，後者の回答者の特定については，不自然な質問や強い仮定の是非について議論が必要となる。そのため，SL・NSL については事後的にどう対処するかということだけでなく，事前の検討と工夫によって，SL・NSL が生起しないような調査設計を行うことが重要となるように思われる。

　次に，SL・NSL の規定因については，ロジスティック回帰分析の判別的中率と疑似決定係数の値から，SL・NSL は今回分析に投入した説明変数以外の要因にも規定されている可能性が高いと考えられた（例：回答者の健康状態や時間的余裕，同居人の有無や騒音などの回答環境・回答状況など）。また，こうした結果は，SL・NSL の生起自体を調査実施者が管理することが容易ではないことを示唆していると考えられた（注12）。

　なお，今回分析に投入した説明変数のなかでは，回答傾向が SL・NSL と強く関連していた。こうした結果は，SD 法という質問の特性が SL・NSL の主たる規定因ではないことを示唆するとともに，SL・NSL が，回答者属性やモニター特性とは別の個人差によって生起することを意味している。また，そのため，こうした結果の再現性が高ければ，SL・NSL は質問形式の違いに関わらず発生すると言わざるを得ないことになる（注13）。しかし同時に，そうした傾向は，回答指示やトラップ質問といった不自然な質問を用いなくても，一般的な質問への回答パターンをパラデータとして利用することで，不正回答・不良回答の除外が不可能ではないことを示唆しているとも

考えられる（注14）。

　なお，回答傾向以外では，性別，年代，世帯年収との弱い関連が認められ，SL・NSL は回答者の属性によっても規定されることが明らかとなった。ただし，先行研究で指摘されることの多かった教育水準は SL・NSL と関連していなかった。この結果には，サンプルに高学歴者が多かったことが影響している可能性もあるため，今後，代替指標の探索も含め，更なる検討が必要である。

　また，SL・NSL が，登録モニターのなかの特定層（「プロ」，初心者／ベテラン）による回答であることも危惧されたが，回答者の登録調査会社数や調査回答頻度は SL・NSL とは関連していなかった。こうした結果は Mavletova et al.（2018）の結果とも一致するものであり，登録モニターに対する誤ったイメージが一人歩きすることのないよう，ウェブ調査ユーザーの間で共有されるべきであるように思われる。

（2）今後の研究課題

　最後に，ストレートライニングに関する今後の重要な研究課題として，①ストレートライニングによるデータの毀損，および，②妥当なストレートライニングの識別，という2つの課題があることを指摘しておきたい。

　まず，研究課題①の具体例としては Aarø et al.（2022）が挙げられる。彼らは北欧4カ国の学生（15歳男女 5,928 人）を対象に，心理尺度2尺度について，ストレートライニングが α 係数のインフレを招き，尺度と他の変数の相関を低下させることなど，データの毀損に関する調査結果を報告している。もっとも，彼らの研究の対象者は15歳に限定されており，一部の調査は従来型であるなど，結果の一般化には一定の制限があると言わざるを得ない。しかし，彼らの研究では上述の毀損に加え，ストレートライニングの頻度には著しい男女差があることなど貴重な知見も報告されており，日本においても同様の研究が必要であることを示唆する内容となっている。

　ただし，そうした研究を行う際に注意すべきなのは上述の研究課題②，すなわち，尺度によってはストレートライニングを妥当な回答パターンだと見なすことも十分可能であるという点である。もしも，そうした点を十分考慮せず，機械的にストレートライニングを定義して「問題」視し，除外すると

したら，そうした研究には大いに議論の余地があると言わねばならない。

　なお，こうした論点を取り上げた研究としては，Reuning & Plutzer（2020）が示唆に富む。この研究では，質問の妥当性や信頼性の向上によってストレートライニングが増加しうることが指摘されるとともに，調査設計段階とデータ分析段階のそれぞれにおいて，ストレートライニングへの対処方法について具体的な検討が加えられている。

　そして，そうした研究方向に沿って研究課題①の内容を振り返ってみると，毀損と思われた事柄は本当に毀損なのか，という疑問もわいてくる。また，そうした思考実験の延長線上には，「適度に散らばった回答を行う不正回答者」の存在も浮上し，もしもそうした回答者がいたとしたら，本当に除外すべき回答は，ストレートライニングでない回答パターンの中に潜んでいる可能性が残っていることにも思い至る。

　このように考えてくると，妥当なストレートライニングを除外し，除外すべき不正回答を残してしまった場合には，除外は毀損の回避どころか「侵襲」となり，結果に悪影響を及ぼすことも危惧される。したがって，ストレートライニングの除外については，それが「プロクルステスの寝台」と批判されないかどうか，事前に十分な検討が必要であると言わざるを得ない。また，そのような意味では，今後の基礎研究においては，ストレートライニングの検出・検討を目的として長大な調査票を用意したために，かえってストレートライニングを誘発させていないかどうかについても，十分な注意と検討が必要であるように思われる。

　以上のように，本研究では公募型ウェブ調査における SD 法のストレートライニングについて検討し，今後の研究のための基礎となる知見が得られた。しかし，日本における公募型ウェブ調査のパラデータに関する実証研究は未だ少なく，本研究も企業イメージ測定についての事例研究に留まると言わざるを得ない。また，そのため，得られた知見も無前提に一般化できるわけではない（注 15）。今後も，公募型ウェブ調査の適切な利用が可能となるよう，さらなる基礎研究と情報の共有が必要である。

注

注 1　Herzog & Bachman（1981）はそうした回答を straight-line responding と呼んだが，現在では straightlining（straight-lining）と呼ばれることが多い。なお，ストレートライニングという用語は格子状の回答形式について使用されることが多く，それ以外の回答形式も含めた連続同一回答については，より広義の非識別化（non-differentiation）という用語が使用されることが多い（Krosnick & Alwin, 1988）。また，そのため，連続同一回答の質問形式間の差についての研究は，非識別化という視点から行われることになる（Stern et al., 2016; Revilla & Couper, 2018; Liu & Cernat, 2018; Roßmann et al., 2018）。なお，心理学領域では，パーソナリティ測定における心理尺度上の連続同一回答を指して longstring という言葉が用いられることがある（Johnson, 2005; Meade & Craig, 2012; DeSimone & Harms, 2018）。

注 2　提言「Web 調査の有効な学術的活用を目指して」（日本学術会議社会学委員会 Web 調査の課題に関する検討分科会，令和 2 年（2020 年）7 月 10 日）を参照。http://www.scj.go.jp/ja/info/kohyo/pdf/kohyo-24-t292-3.pdf（最終閲覧日：2022 年 12 月 21 日）

注 3　Sun et al.（2022）はウェブ調査においてストレートライニングが警告（プロンプト）によって有意に減少することを報告している。ただし，調査は全米の確率標本調査で，ウェブによる回答は回答者の選択による。

注 4　紙幅の都合により，学会大会発表論文も含めたレビューについては他日を期したい。

注 5　本章は山田・江利川（2021）に大幅な加筆修正を加えたものである。

注 6　SD 法における不正回答や不良回答への懸念は古くからあるが（例：岩下，1983, p.45），ウェブ調査の SD 法における「不良回答」の識別については，早川敬一らによる一連の研究（早川ほか, 2007; 2009; 2010）を挙げることができる。彼らの研究はストレートライニングに焦点を合わせたものではないが，彼らは大学生を対象とするウェブ調査を用いて，SD 法による企業イメージの測定を行っており，そのデータについて「不良回答」の識別を試みている（企業 15 社，形容詞対 10 対，回答者 197 人）。また，その具体的な分析手順は下記の①〜④のとおりである。①回答者ごとに形容詞対間の相関係数を算出（$_{10}C_2 = 45$ 個，$N = 15$）。②それら 45 個の相関係数に基づき，回答者間相関係数を算出（$_{197}C_2 = 19,306$ 個，$N = 45$，分析用の相関行列は 197×197）。③回答者ごとに回答者間相関係数が高い値（0.5 以上）を示

した数をカウントし，その多寡によって回答者を3群に分類し，高い回答者間相関係数を示す人数が最も少ない群を「不良回答者群」と見なす。④そうした3群間で「不良回答」指標を比較する（選択カテゴリ間の移動距離，回答時間，矛盾回答など）。こうした識別方法は「回答指示」のような不自然さを持たず，事後的な分析によって不良回答者の識別や除去を可能にするというメリットを有すると考えられる。ただし，個々の回答が不正回答・不良回答かどうかの識別ができるとは限らず，回答者間相関係数の程度や個数の設定基準についても議論の余地を残している。また，上記①〜④のような分析のためには，イメージの測定対象が一定数以上設定されている必要があると考えられるが，そのことは，SD法の質問数・回答数の増加を意味し，そうした回答「負荷」の増加自体が不正回答・不良回答の原因となることも危惧され，実際の適用には一定の制限があるように思われる。なお，こうした方法に関しては，その後，イメージがわからない対象の除外や形容詞カテゴリーの逆転といった手続きの影響（早川ほか，2011），ランダムに発生させた「不良回答」データの影響（早川ほか，2012），調査票構成における無作為化の影響（山田ほか，2012）について検討されるとともに，SD法以外の方法への拡張（山田ほか，2011）も試みられている。また，異なる調査環境の影響（山田ほか，2010）については，長大調査票により「不良性」が高まることなども示され，今後の公募型ウェブ調査のあり方を考えるうえで示唆に富む結果となっている。

注7　公募型ウェブ調査（調査会社委託，ポイント報酬制）。東京・埼玉・千葉・神奈川在住の男女20〜79歳が対象。調査会社の登録モニターから事前調査で回答者を抽出し，総数1,200人を目途に性年代人数を均等に本調査に割り当てた。事前調査は2016年3月22日（火）〜24日（木）に実施し，54,500人に配信して4,410人から回答を得た。ここから，無効回答，回答に利害の影響が懸念される特定業種の従事者（家族に従業者がいる者を含む），および，ダイヤルアップ接続者を除外して3,713人を抽出。そこから1,691人をランダムに抽出した後，本調査を2016年3月24日（木）〜3月26日（土）に配信し，割当人数分の回答回収を目処に調査を終了し，最終的に1,200人の有効回答を得た。ただし，スマートフォン・携帯電話からの回答者30人は分析から除外した（分析対象者は1,170人）。また，調査では1画面に1質問を表示し，警告表示により無回答を許容しない仕様とした。なお，調査は株式会社TBSテレビ・マーケティング部（現：総合マーケティング室）と本論文の著者を構成員とするアクティブメディア研究会が共同で実施した。データ利用を許可していただいた株式会社TBSテレビ・総合マーケティング室に感謝する。なお，調査は調査会社に委託されたが，回答者の個人情報は調査会社の個人情報保護ポリシーに従って管理されており，プライバシーに関する問題はないと判断された。また，本

176

研究で行うのはパラデータの分析であり，倫理的な問題はないと判断された。

注8　SD法の質問文は次のとおり。「あなたは，『（CVSの社名）』には次のAとBのどちらのほうがあてはまるとお感じでしょうか。あなたのイメージに一番近いところをそれぞれ1つずつお知らせください」。なお，形容詞対は岩下（1983）を参考に選定した。

注9　表7-2は各質問の回答時間をSL・NSLを除外して比較した結果である。SD法と心理尺度の判断回数は同程度（15項目前後）であるため，質問の認知的負荷や回答者の疲労に差がなければ，回答時間の分布に大きな差はないはずである。しかし，結果を見ると，SD法の回答時間は，心理尺度の後方に位置したにもかかわらず，心理尺度よりもかなり短くなっている。こうした結果は，SD法の認知的負荷が心理尺度よりも高かったことを支持しないと考えられる。

注10　説明変数間に多重共線性は認められなかった（VIFはA社で1.00〜1.24，B社で1.01〜1.24，C社で1.03〜1.24）。なお，判別的中率（%）［SL・NSL群／非SL・NSL群］は，A社が［36.5／98.2］，B社が［27.1／97.2］，C社が［29.6／97.6］。

注11　CVS各社の出店数や出店戦略の違いによって回答者のCVS利用・接触に偏向が生じ，その結果，回答者間にCVS各社のイメージ量の差が生じる可能性がある。なお，日本経済新聞社と日経広告研究所が首都圏で行った第27回日経企業イメージ調査の結果を見ると，CVS上位3社の間で，各種イメージ保有者の割合に差があることがうかがわれる（日経流通新聞2015年2月25日15頁）。

注12　検討可能なのは質問量の削減をはじめとする回答負荷の低減である。また，警告プロンプトの効果や無回答の許容などについても検討が必要であると考えられる。

注13　ここで注意が必要なのは，SL・NSL回答傾向という個人差が，状況を通じて一貫した特性的（dispositional）な個人差だとは限らないという点である。そのような傾向性が回答者の状況や環境によって生じていることも十分予想されるし，また，そうであれば，真に必要とされるのは「不正回答者捜し」ではなく，回答状況・回答環境の管理だということになる。

注14　ただし，回答の除外については慎重でなければならない（埴淵ほか，

2015)。

注15　本研究で実施したウェブ調査は首都圏調査であり，回答デバイスにはスマートフォンと携帯電話は含まれていない。また，この調査は，調査会社の意向により無回答を許容しない仕様を採用しているが，こうした仕様も結果に影響を与えている可能性がある。

引用文献

Aarø, L. E., Fismen, A. S., Wold, B., Skogen, J. C., Torsheim, T., Arnarsson, Á.M., Lyyra, N., Löfstedt, P., & Eriksson, C.（2022）. Nordic adolescents responding to demanding survey scales in boring contexts: Examining straightlining. *Journal of Adolescence*, **94**, 829-843.

Cole, J. S., McCormick, A. C., & Gonyea, R. M.（2012）. Respondent use of straight-lining as a response strategy in education survey research: Prevalence and implications. American Educational Research Association Annual Meeting.

Conrad, F. G., Couper, M. P., Tourangeau, R., & Zhang, C.（2017）. Reducing speeding in web surveys by providing immediate feedback. *Survey Research Methods*, **11**, 45-61.

Couper, M. P., Tourangeau, R., Conrad, F. G., & Zhang, C.（2013）. The design of grids in web surveys. *Social Science Computer Review*, **31**, 322-345.

DeSimone, J. A. & Harms, P. D.（2018）. Dirty data: The effects of screening respondents who provide low-quality data in survey research. *Journal of Business and Psychology*, **33**, 559-577.

Fricker, S., Galesic, M., Tourangeau, R., & Yan, T.（2005）. An experimental comparison of web and telephone surveys. *Public Opinion Quarterly*, **69**, 370-392.

Greszki, R., Meyer, M., & Schoen, H.（2014）. The impact of speeding on data quality in nonprobability and freshly recruited probability-based online panels. In M. Callegaro, R. Baker, J. Bethlehem, A. S. Göritz, J. A. Krosnick, & P.J.Lavrakas（Eds.）, *Online panel research: A data quality perspective*. Chichester, UK: Wiley. pp.238-262.

Gummer, T., Bach, R., Daikeler, J., & Eckman, S.（2021）. The relationship between response probabilities and data quality in grid questions. *Survey Research Methods*, **15**, 65-77.

埴淵知哉・村中亮夫・安藤雅登（2015）．インターネット調査によるデータ収集の課題：不良回答，回答時間，および地理的特性に注目した分析　*E-journal GEO*, **10**, 81-98.

早川敬一・高嶺一男・山田文康（2007）．回答の一貫性に着目した不良回答選別の試み：SD 法データを用いて　経営情報学会 2007 年秋季全国研究発表大会予稿

集，554-557.

早川敬一・山田文康・高嶺一男（2009）．質問間の関連に基づく新たな不良回答選別手法に関する研究：その妥当性と安定性の検証　日本社会情報学会全国大会研究発表論文集，**24**, 210-215.

早川敬一・山田文康・高嶺一男（2010）．SD 法形式の質問に対する不良回答を識別するための一提案　マーケティング・リサーチャー，**112**, 41-50.

早川敬一・山田文康・高嶺一男（2011）．SD データに対する「不良回答」識別のための新たな手順の提案　日本社会情報学会全国大会研究発表論文集，**26**, 423-426.

早川敬一・山田文康・高嶺一男（2012）．「不良回答」が SD データの分析結果に及ぼす影響について　2012 年社会情報学会（SSI）学会大会発表論文集，225-230.

Herzog, A. R. & Bachman, J. G.（1981）. Effects of questionnaire length on response quality. *Public Opinion Quarterly*, **45**, 549-559.

Hillygus, D. S., Jackson, N., & Young. M.（2014）. Professional respondents in nonprobability online panels. In M. Callegaro, R. Baker, J. Bethlehem, A. S. Göritz, J. A. Krosnick, & P. J. Lavrakas（Eds.）, *Online panel research: A data quality perspective*. Chichester, UK: Wiley, pp.219-237.

磯部綾美・久冨哲兵・松井　豊・宇井美代子・髙橋尚也・大庭剛司・竹村和久（2008）．意思決定における"日本版後悔・追求者尺度"作成の試み　心理学研究，**79**, 453-458.

岩下豊彦（1983）．SD 法によるイメージの測定　川島書店

Johnson,J.A.（2005）. Ascertaining the validity of individual protocols from Web-based personality inventories. *Journal of Research in Personality*, **39**, 103-129.

Jones, M. S., House, L. A., & Gao, Z.（2015）. Respondent screening and revealed preference axioms: Testing quarantining methods for enhanced data quality in web panel surveys. *Public Opinion Quarterly*, **79**, 687-709.

Kaminska, O., McCutcheon, A. L., & Billiet, J.（2010）. Satisficing among reluctant respondents in a cross-national context. *Public Opinion Quarterly*, **74**, 956-984.

Kim, Y., Dykema, J., Stevenson, J., Black, P., & Moberg, D. P.（2019）. Straightlining: Overview of measurement, comparison of indicators, and effects in mail-web mixed-mode surveys. *Social Science Computer Review*, **37**, 214-233.

Kleiner, B., Lipps, O., & Ferrez, E.（2015）. Language ability and motivation among foreigners in survey responding. *Journal of Survey Statistics and Methodology*, **3**, 339-360.

Krosnick, J. A.（1991）. Response strategies for coping with the cognitive demands of attitude measures in surveys. *Applied Cognitive Psychology*, **5**, 213-236.

Krosnick, J. A. & Alwin, D. F.（1988）. A test of the form-resistant correlation hypothesis: Ratings, rankings, and the measurement of values. *Public Opinion Quarterly*, **52**, 526-538.

Liu, M. & Cernat, A.（2018）. Item-by-item versus matrix questions: A web survey experiment. *Social Science Computer Review*, **36**, 690-706.

Liu, M. & Wronski, L.（2018）. Trap questions in online surveys: Results from three web survey experiments. *International Journal of Market Research*, **60**, 32-49.

Lugtig, P. & Toepoel, V.（2016）. The use of PCs, smartphones, and tablets in a probability-based panel survey: Effects on survey measurement error. *Social Science Computer Review*, **34**, 78-94.

増田真也・北岡和代・荻野佳代子（2012）．心理尺度における項目の方向性とグループ化の影響　健康心理学研究，**25**，31-41.

増田真也・坂上貴之・北岡和代・佐々木恵（2016）．回答指示の非遵守と反応バイアスの関連　心理学研究，**87**，354-363.

増田真也・坂上貴之・森井真広（2019）．調査回答の質の向上のための方法の比較　心理学研究，**90**，463-472.

Mavletova, A., Couper, M. P., & Lebedev, D.（2018）. Grid and item-by-item formats in PC and mobile web surveys. *Social Science Computer Review*, **36**, 647-668.

Meade, A. W. & Craig, S. B.（2012）. Identifying careless responses in survey data. *Psychological Methods*, **17**, 437-455.

Reuning, K. & Plutzer, E.（2020）. Valid vs. invalid straightlining: The complex relationship between straightlining and data quality. *Survey Research Methods*, **14**, 439-459.

Revilla, M. & Couper, M. P.（2018）. Comparing grids with vertical and horizontal item-by-item formats for PCs and smartphones. *Social Science Computer Review*, **36**, 349-368.

Revilla, M. & Ochoa, C.（2015）. What are the links in a web survey among response time, quality, and auto-evaluation of the efforts done? *Social Science Computer Review*, **33**, 97-114.

Roßmann, J., Gummer, T., & Silber, H.（2018）. Mitigating satisficing in cognitively demanding grid questions: Evidence from two web-based experiments. *Journal of Survey Statistics and Methodology*, **6**, 376-400.

Schonlau, M. & Toepoel, V.（2015）. Straightlining in Web survey panels over time. *Survey Research Methods*, **9**, 125-137.

Stern, M., Sterrett, D., & Bilgen, I.（2016）. The effects of grids on web surveys completed with mobile devices. *Social Currents*, **3**, 217-233.

Struminskaya, B., Weyandt, K., & Bosnjak, M.（2015）. The effects of questionnaire completion using mobile devices on data quality. Evidence from a probability-based general population panel. *methods, data, analyses*, **9**, 261-292.

Sun,H., Caporaso,A., Cantor, D., Davis, T., & Blake, K.（2022）. The effects of prompt interventions on web survey response rate and data quality measures. *Field Methods*, 1525822X211072358.

Vandenplas, C., Loosveldt, G., Beullens, K., & Denies, K.（2018）. Are interviewer effects on interview speed related to interviewer effects on straight-lining tendency in the European Social Survey? An interviewer-related analysis. *Journal of Survey Statistics and*

Methodology, **6**, 516-538.

Wenz, A., Al Baghal, T., & Gaia, A.（2021）. Language proficiency among respondents: Implications for data quality in a longitudinal face-to-face survey. *Journal of Survey Statistics and Methodology*, **9**, 73-93.

山田文康・早川敬一・高嶺一男（2010）．アンケートにおける「不良回答」の回答特性と分析結果に与える影響に関する研究　日本社会情報学会全国大会研究発表論文集，**25**，249-254.

山田文康・早川敬一・高嶺一男（2012）．SD 法調査における項目提示の無作為化による回答への影響　2012 年社会情報学会（SSI）学会大会発表論文集，231-236.

山田文康・杜　勝男・関口茉莉・早川敬一・高嶺一男（2011）．SD データに対する「不良回答」識別方法の一般的質問項目への拡張　日本社会情報学会全国大会研究発表論集，**26**，427-432.

山田一成（2019）．公募型 Web 調査における回答時間と回答中断行動　東洋大学社会学部紀要，**56**(2)，79-94.

山田一成・江利川滋（2021）．公募型 Web 調査におけるストレートライニングについて：SD 法を用いた企業イメージ測定に関する事例研究　東洋大学社会学部紀要，**59**(1)，5-17.

Zhang, C., Antoun, C., Yan, H. Y., & Conrad, F. G.（2020）. Professional respondents in opt-in online panels: what do we really know? *Social Science Computer Review*, **38**, 703-719.

Zhang, C. & Conrad, F. G.（2014）. Speeding in web surveys: The tendency to answer very fast and its association with straightlining. *Survey Research Methods*, **8**, 127-135.

Zhang, C. & Conrad, F. G.（2018）. Intervening to reduce satisficing behaviors in web surveys: Evidence from two experiments on how it works. *Social Science Computer Review*, **36**, 57-81.

8章　回答の指示と不注意回答

増田真也・坂上貴之

1.　ウェブ調査における不注意回答

　調査の回答者は，項目文を読み間違えて回答することもあるし，そもそも真面目に答えるとは限らない。Johnson（2005）は，そのような質の低い回答を，項目文が理解できないなどの 1）回答者の言語能力の欠如（linguistic incompetence）によるもの，成りすましなどの 2）虚偽回答（misrepresentation）によるもの，教示や項目文をきちんと読まなかったり，関連する情報や提示されている選択肢を十分に検討しなかったりする 3）不注意回答（careless or inattentive responding）（注 1）によるものに分類している。

　これらの中で，ウェブ調査では特に不注意回答がよく見られるとされ，Brühlmann et al.（2020）のクラウドソーシングサービスを利用したウェブ調査では，45.9 ％の回答者に何らかの不注意回答が生じていた。更に吉村（2020）は，公募型ウェブ調査のデータには，調査会社のモニタに登録するという自己選択による誤差（selection error）が含まれると述べており，三浦・小林（2016）では，大学生やクラウドソーシングサービスの回答者よりも，ネット調査会社のモニタのほうが不注意回答者が多かった。Arthur et al. (2021) は，産業・組織心理学，組織行動分野のいくつかの論文から，回答者にとって重要性が低い状況（low-stakes settings）では，不注意回答が10〜50％発生していると述べているが，公募型ウェブ調査の多くは，登録モニタにとって重要なものではないことが十分に推察される。

　一方，高橋・成田（2018）が，調査会社のモニタにウェブで回答を求める場合と，郵送した調査票に回答してもらう場合を比較したところ，郵送調査に割り当てられたモニタのほうが，不注意回答者がはるかに少なかった。この結果は，ウェブ上で調査に回答するということ自体が，不注意回答を導くことを示唆している。

（1）不注意回答の影響

　どのような理由で発生するにせよ，不注意回答を含むデータで分析をすると，結果に悪影響が及ぶおそれがある。たとえば，不注意回答として中間選択がよく見られることから，回答分布が変わったり（Masuda et al., 2017, 6章参照），更に同じ選択肢ばかりが選ばれるというストレートライニング（straightlining）や非識別化（non-differentiation）が生じて，分散が小さくなったり，合計得点尺度の平均得点が中間点に近づいたりする（Goldammer et al., 2020; 増田ほか，2016）。また，変数間の相関係数が変化することも報告されており（DeSimone & Harms, 2018; Maniaci & Rogge, 2014; Meade & Craig, 2012），Huang et al. (2015) のシミュレーションでは，全データ中に不注意回答が5％含まれると，無相関であるような変数間に疑似相関（spurious correlation）が見られるようになった。

　そして，不注意回答は心理尺度を用いた研究に多大な影響を与える。たとえば，ローゼンバーグの自尊感情尺度（self-esteem scale: Rosenberg, 1965）のような逆転項目を含む心理尺度では，本来は1次元であることが想定されているのにもかかわらず，因子分析で2因子解が得られることがあり（Motl & DiStefano, 2002），それぞれが異なる特性を反映しているものとみなされることがある（Baumeister et al., 2001; Colston, 1999）。

　しかし，不注意回答者だけで分析すると，心理尺度の逆転項目と逆転でない項目との相関が正や0に近くなったり，確認的因子分析において，逆転項目が想定されていたような因子負荷を示さなくなった（増田ほか，2016; 増田

ほか，2019；三浦・小林，2018）。また Arias et al.（2020）では，全サンプル
で確認的因子分析をすると，多因子モデルのほうが適合度が高かったが，不
注意回答者を除くと 1 因子モデルの適合度が改善し，多因子モデルと同程度
かむしろ高かった。更に Woods（2006）では，23 項目中 10 項目が逆転項目
であるような 1 次元尺度で，10 ％以上の不注意回答があると 2 因子解を見
出すようになった。すなわち，分析データに不注意回答がどのくらい含まれ
ているかで，心理尺度が捉えているとされる特性が，異なって解釈されるこ
とになる。

　したがって，ウェブ調査で得られたデータを分析する際には，不注意回答
を検出して除外する，もしくは不注意回答が生じないようにするといった対
策を取ることが必要である（注 2）。Arias et al.（2020）は，ウェブ調査を
実施する研究者にデータのスクリーニングを勧めるだけでなく，投稿論文で
適切なスクリーニングがなされているかどうかを，学術誌の編集者や査読者
がチェックするよう求めている。

（2）回答の努力の最小限化

　不注意回答が発生するメカニズムを説明する 1 つの考え方として，認知的
コストや努力を十分に払わないで回答するという「努力の最小限化（satisfic-
ing）」がある（Krosnick, 1991）（注 3）。調査項目に，調査者が望むような質
の高い回答をしてもらうためには，回答者が①項目内容を解釈・理解し，②
関連する情報を想起して，③複数の情報を統合して判断を下したうえで，④
調査者が設定した回答形式に合わせて，その判断を編集することが必要とさ
れる（Schwarz et al., 2008; Tourangeau et al., 2000）。しかしながら，この
プロセスはかなり複雑であり，特に回答者が考えたくないようなことや，そ
れまでに考えもしなかったことを質問されたときには困難を伴う。また，調
査では通常多数の項目が設けられているので，すべての項目にきちんと答え
ようとすると，大きな負担がかかる。そのため，各段階を適切に辿らないで
回答することがあるというのである。

　Krosnick（1991, 1999）は，最小限化を「弱い」と「強い」の 2 つに分類
している。「弱い最小限化」は，上記の 4 段階を経るものの不十分であるよ
うな場合で，初頭効果や新近効果のような選択肢順序効果（response order

effect），肯定的な回答をしがちな黙従傾向（acquiescence）などで顕現する。対して「強い最小限化」は，特に想起や判断の段階をスキップすることで生じ，中間選択や一部の選択肢ばかりが選ばれる非識別化，「わからない（Don't know: DK）」などの選択肢が選ばれる DK 選択，まったく適当に選択肢が選ばれるランダム回答の形をとる。この他に，複数回答形式（multiple answer question，2 章参照）で，後半に配置された項目が選ばれなくなることや（Rasinski et al., 1994; 江利川・山田，2015），自由回答項目（open-ended question）で記述される文字数が少なくなる（Roberts et al., 2019）ことも最小限化によるとされる。

　Galesic et al.（2008）は，眼球運動の測定から，調査回答場面でこのような省力化が実際に起こっていることを示した。具体的には，複数の選択肢があるときに，回答者は前半に配置された選択肢はよく凝視していたが，後半の選択肢はまったく見ないこともあったのである。

　Krosnick（1991, 1999）によると，課題が難しかったり，回答者の能力やモチベーションが低かったりするときに最小限化が生じやすい。これらの中で，学歴は回答者の能力を反映するとされ（Krosnick, 1991），Meisenberg & Williams（2008）では，低学歴者に黙従傾向のような反応バイアスがよく見られた。

　しかしながら調査者は，回答者の学歴はもちろん，その能力を高めることはできない。したがって，最小限化を減らそうとするならば，課題の困難度を低くしたり，回答者のモチベーションを高めたりするよう，調査をデザインしなければならない。たとえば，わかりやすい項目文を作ったり，適度な選択肢数を設けたりすることは困難度を低くするだろう。また，調査画面を見やすくしたり，項目数を少なくしたりすれば，回答者のモチベーションは維持されやすくなるものと思われる（注4）。

　Roberts et al.（2019）の最小限化についての論文レビューでは，ウェブ調査が興隆してきた 2012 年頃から最小限化に関する論文が急増しており，対象とされた 141 の論文の半分はウェブ調査によるものであった。最小限化はウェブ調査だけに見られるわけではないが，非言語的コミュニケーションによって適切な回答が促される対面での調査よりも，最小限化が生じやすいという指摘がある（Heerwegh & Loosveldt, 2008）。また三浦・小林（2015a,

2015b）によると，公募型ウェブ調査では報酬目当てでたくさんの調査に回答するモニタがいることから，最小限化が生じやすくなる可能性があるという。

2. 回答の指示による不注意回答者の検出

　では，最小限化が生起しているかどうかや，回答者が十分に注意を払って回答しているかどうかを，どのようにして判別すればよいだろうか。Oppenheimer et al.（2009）は，通常の選択肢ではなく，画面上の他の箇所をクリックするよう指示して，教示文を注意深く読んでいるかどうかを確かめた（instructional manipulation check: 以下，IMC）。すると，教示に従わない非遵守者は 14 ～ 46 ％いた。

　IMC が検出するのは，教示を読んでいるかどうかだけなので，正確に回答しているかどうかを判別することはできない（Maniaci & Rogge, 2014）。また教示は読んだものの，意図的に指示に従わない回答者もいるかもしれない。しかしながら，増田ほか（2019）では，IMC 型課題（図 8-1）の非遵守者を除くと，DK 選択率，ストレートライニング率，中間選択数が低くなった。すなわち，データの質を向上させる効果が見られた。

　IMC と異なり，複数の項目の中に「この項目では "まったくあてはまらない" を選んでください」などの，特定の回答の指示をする項目を含めることもよくある。そのような項目を，ここでは指示項目（instructed response

---

Q9. インターネットを用いた調査においては、うそをついたり、設問を読まないで、いい加減な回答をしたりする方がいることが問題となっています。つきましては大変失礼なお願いですが、あなたがこの文章をきちんと読んでいるかどうかを確認させてください。あなたがこの文章をお読みになったら、以下の質問には回答せずに（つまり、どの選択肢もクリックせずに）、次のページに進んでください。

☐ 1. そう思う
☐ 2. どちらかといえばそう思う
☐ 3. どちらともいえない
☐ 4. どちらかといえばそう思わない
☐ 5. そう思わない

図 8-1　増田ほか（2019）で用いられた IMC 型課題　このような質問では，通常ラジオボタンが使われるが，ラジオボタンでは，誤ってある選択肢をチェックすると，無記入状態に戻すことができない。そのため，ここではチェックボックスを用いている。

	1. 全くそう思わない	2. そう思わない	3. あまりそう思わない	4. どちらとも言えない	5. 少しそう思う	6. そう思う	7. 非常にそう思う
1.この病院の一員としての実感がある	○	○	○	○	○	○	○
2.自分にとってこの病院を辞めることは困難である	○	○	○	○	○	○	○
3.関わりが深すぎてこの病院を辞められない	○	○	○	○	○	○	○
4.ここでは一番右をチェックしてください	○	○	○	○	○	○	○

図8-2 増田ほか（2016）で用いられた指示項目（4項目め）の例

item; Edwards, 2019; directed question, Maniaci & Rogge, 2014）と呼ぶ（図8-2）。Abbey & Meloy（2017）は，指示項目を用いた30のデータセット（回答者の4分の3は学生）で，平均13.96％の不注意回答者が検出されていることを報告している。

　増田ほか（2016）の看護師を対象としたウェブ調査では，指示項目での非遵守者のほうが遵守者よりも中間選択数が多く，またストレートライニングとみなされる同じ回答の連続が長い人が多かった。また非遵守者データでは，尺度のα係数が低かったり，逆転項目と逆転でない項目の相関が正であったり，確認的因子分析モデルの適合度が悪かったりした。

（1）IMC型課題や指示項目をどのように設定するか

　ウェブ調査では，多数の回答者を条件別にランダムに配置したり，回答行動に影響を及ぼすと思われる要因の操作がしやすかったりするなど，実験的な検討がしやすい。そのためIMCや指示項目についても，さまざまな検証がなされている。

　三浦・小林（2015a）は，回答の仕方に関する教示のあるIMC型課題と指示項目の両方を含めた調査を行った。すると，回答者は長い教示文は読み飛ばすが，比較的短い項目文は読んでいることが多かった。また，Berinsky et al.（2021）は，2つの異なるタイプの指示の効果について検討している。

1つは独立（stand alone）型と呼ばれる，IMCと同様に個々の質問がそれぞれ別個であることが明示されているもので，たとえば「あなたの好きな色は？」という項目文の前に，教示文で「赤と緑」を選ぶようあらかじめ指示されていた。もう1つは，共通の選択肢からなる複数の質問項目が，表形式で示されているグリッド型の回答形式で，「どちらともいえない（neither agree nor disagree）」を選ぶよう指示する項目や，「2は1よりも大きい（two is greater than one）」など，「強く同意」が選ばれるはずであるボーガス項目（bogus item）が含まれていた。項目反応理論による分析の結果，独立型は遵守率が低く，困難度が高かった。すなわち，比較的注意深い回答者でも指示に従わないことがあることから，非常に注意深い回答者かどうかを識別することができた。逆にグリッド型では遵守率が高く，著しく不注意な回答者かどうかがわかるという。

　IMC型課題はかなりの長文であることが多く，読むのに負担がかかるために，むしろ最小限化が助長される可能性もある。この点についてLiu & Wronski（2018）が，文章の長さや選択肢の数を変えることで，難易度が異なる2種類のIMC型課題を作成して比較したところ，難易度が高い課題では80％以上が回答の指示に従わなかった。つまり，有効データがほとんど残らなくなるうえ，難易度の低い課題のほうが，回答の質の向上という点で良好な結果を得た。このように，IMC型課題の設定の仕方によっては，不注意回答者を過剰に検出したり，あるいは生み出してしまったりする。

　なお，特に指示項目で不注意回答を検出しようとする際には，調査票内にどのような指示項目を，どこに，いくつ設けるかが問題となる。まず，単純に考えれば，複数の指示項目を設けたほうが不注意回答者を確実に検出できるだろう。そして，不注意回答が少しでも含まれることで，分析結果に重大な影響を与える可能性をできるだけ排除したいのならば，複数の指示項目の中で1つでも非遵守があれば不注意回答者とみなすべきであろう。

　しかしそのような厳しい基準を適用すると，たまたまある項目でだけ不注意であった回答者のデータが除外されて，有効データが大きく減少してしまうという問題が生じる。たとえば増田ほか（2016）で，特定の回答を指示する項目を3つ設けたところ，3つの指示項目のすべてで遵守しなかった人は2.8％で，1つでも遵守しなかった人は12.0％いた。またMasuda et al.

（2017）では，4つの指示項目のすべてで遵守しなかった人は 17.9 ％であったが，1つでも遵守しなかった人は 40.9 ％いた。したがって，複数の指示項目で非遵守であった場合を不注意回答者とみなすほうがよいように思える。

　この点について検討した Masuda et al.（2017）では，4つの指示項目中で1つでも非遵守があると，すべて遵守した回答者よりも有意に中間選択数が多かった。また増田ほか（2016）では，1つでも非遵守があるような回答者は，すべて遵守していた回答者よりも，特に 10 項目以上で同じ選択肢の回答を続けるストレートライニングの割合がはるかに高かった。すなわち，複数の指示項目の1つでも遵守しなかった回答者と，すべて遵守した回答者との間には，明らかな回答の質の差が見られた。

　なお指示に従った回答であっても，その前の項目で指示と同じ回答が続いている場合には，項目文を読まずになされた惰性的な回答が，たまたま指示内容と一致する可能性がある（たとえば，「一番左を選択してください」という指示された選択肢が選ばれているが，それ以前の項目でも，続けて左の選択肢が選ばれているなど）。したがって指示項目が適切に機能するためには，複数かつ指示内容が異なるものが組み合わさるほうがよいと思われる。ただし，増田ほか（2016）ではストレートライニングを示した回答者のほとんどが中間選択を続けていた。そのため，「一番左」や「一番右」という指示を遵守した回答が，ストレートライニングによって生じたことが疑われる人はほとんどいなかった（注5）。

　指示項目は，回答者にとって煩わしかったり，不快であったりするので，多数かつ頻繁に設けるのは好ましくない。Meade & Craig（2012）は，指示項目やボーガス項目は，50 – 100 項目ごとに配置し，最大3つまでにするのがよいという。

（2）防止効果か順応か

　増田ほか（2016）では，全部で 94 項目からなる調査票の 26，51，76 問目に指示項目を設けたが，後半になるほど非遵守者は減っていた（7.7 → 6.9 → 5.6 ％）。また Liu & Wronski（2018）は，IMC 型課題が1つのときと2つのときを比較した。すると，1つのときには非遵守者が 27 ％いたが，2つのときに両方とも非遵守だったのは 20 ％だった。

Reyes（2022）は，古典的なホーソン実験で得られた，人は自分が観察されていると思うとパフォーマンスが向上するという知見から，一度指示項目を見つけると自分の回答がチェックされていると感じることになって，以後は不注意回答が減るようになると予想した。ただし，もはや観察されていないと思うようになるとパフォーマンスが低下することから，指示項目がどこにあるかが重要であると考え，指示項目を調査票の最初と最後の2カ所に配置する早期条件と，中間と最後の2カ所に配置する中期条件を設けて指示の遵守率を比べた。すると早期条件よりも中期条件のほうが，調査の最後に配置された指示項目の遵守率が高かった。こうした結果が得られたのは，指示項目が前のほうにあると，最後には観察されているという認識が弱まるためであるという。

これらの研究は，IMCや指示項目の存在を知ると，以後は慎重な回答をするようになることを示唆している。IMCや指示項目はもともと不注意回答のスクリーニングに用いられているが，更に防止効果もあるならば一石二鳥である。

しかしながら，非遵守回答率が減少するということだけでは，指示項目やIMCがあることを知って，他の項目でも注意深い回答をするようになったのか，単に「罠（trap）」を避けるようになっただけなのかはわからない。たとえば，IMC型課題だけを探し，その後いい加減な回答をするかもしれないし，そもそもIMCを発見すると調査への回答を忌避するかもしれない。したがって非遵守率が減少するだけでなく，指示項目の後に配置された他の項目の回答に変化があったかどうかが検討される必要がある。

Hauser & Schwarz（2015）は，認知的熟慮性テスト（cognitive reflection test: CRT, Frederick, 2005）に回答してもらう前か後のどちらかにIMC型課題を配置して，CRTの成績を比較した。すると，IMC型課題をクリアした回答者の割合に差は無かったが，IMCが前に設置された回答者のほうがCRTの成績が高く，回答時間も長かった。そのため，Hauser & Schwarz（2015）は，IMCがあることで回答者はシステマティックな思考をするようになると述べている。

一方，Kung et al.（2018）は，IMCのような「罠」があることが心理尺度の妥当性をむしろ損なうことを危惧し，指示項目とIMCの両方で，心理

尺度への回答に及ぼす影響を検証した。しかしながら，回答が変化するといった証拠はどちらも得られなかった。

　このように，指示項目などがあることで，特に以後の項目の回答に変化が生じるのかどうかについては，現時点でははっきりとした結論は下せない。しかし，いずれにせよ IMC や指示項目の回答を経験すると，次に同様の「罠」があるときに気が付きやすくなるものと思われる。

　同じことは，異なる複数の調査に参加した際にも生じるだろう。すなわち，調査に何度も参加している人は，「罠」を検知しやすくなって，次第に指示の非遵守が少なくなることが予想される。実際，Hauser & Schwarz（2016）では，多様な協力者を低コストで確保できるために，近年，心理学研究でよく用いられている，Amazon Mechanical Turk（MTurk）というクラウドソーシングサービスで募った回答者は，大学生のサンプルよりも IMC 型課題の指示を遵守していた。これは，MTurk の回答者は社会調査や心理学実験に繰り返し参加することが多く，IMC などを含む調査に回答した経験があるために注意深くなっているためだという。

　したがって何度も調査に参加すると，回答者は IMC 型課題や指示項目に次第に慣れてしまうものと思われる。そのため，特に同じ登録モニタが何度も調査に参加するような公募型ウェブ調査での，IMC や指示項目による不注意回答の検出力は次第に弱くなるかもしれない。

　Curran（2016）は，不注意回答者を検出しようとする際には，一つの方法に過度に依存しないよう注意を促している。実際に，たとえば尾崎・鈴木（2019）は，特定の回答を指示する 2 つの指示項目と，子どもがいないと答えたにもかかわらず，子どもに関する行事を 1 つでも「おこなった」と答えた場合のような，矛盾回答が生じうる 3 つの条件のうち，少なくとも 1 つで適切な回答を行わなかった回答者を不注意回答者としている（ただし，矛盾回答を示した回答者が少なかったため，不注意回答とされた 9 割以上は非遵守が 1 つでもあった場合であった）。また DeSimone & Harms（2018）でも，2 つの指示項目と 2 つのボーガス項目（例，「私は 2 月 30 日生まれである」）の中から，1 つでも不正確な回答があれば不良としている。更に，Greszki et al.（2015）は，回答者が表面的に「罠」を避けるようになった場合でも，回答時間によって不注意回答者を検出できる可能性があると述べて

いる。したがって IMC や指示項目と他の検出法との関連や，併用した結果について検討することも必要であろう。

　いずれにせよ，調査者は IMC 型課題や指示項目などでの不注意回答者の検出結果を鵜呑みにせず，遵守者と非遵守者の回答に差があるかどうかを比較したほうがよい。具体的には最小限化によって導かれるとされる，中間選択，DK 選択，ストレートライニングなどが，遵守者よりも非遵守者でよく生じているかや，非遵守者のほうが回答時間が短いかなどについて確認すべきである。

3．回答者の注意深さを捉えるその他の方法

　IMC 型課題や指示項目は，不注意回答者を検出するうえで有益であると思われるが，以上のようなさまざまな問題がある。またこのような，通常とは異なる回答を求める調査項目は，回答者を不快にするとして調査に含めることを認めない調査会社もある（三浦・小林，2015a; 三浦・小林，2016; 稲垣・前田, 2016）。したがって，指示を用いないで，回答者の注意深さを捉える方法があるなら，そちらを用いるほうが望ましい。

　ウェブ上で何らかのサービスを利用するときなどに，機械によってなされる不正を防ぐために，コンピュータと人間を区別するためのキャプチャ認証（completely automated public turing test to tell computers and humans apart: CAPTCHA）を求められることがある。これには，「私はロボットではありません」という文章にチェックしたり，条件に当てはまる絵を選んだり（たとえば，「花の写真をすべてチェックしなさい」），画面に表示されているのと同じ文字列をタイプしたりするなどの方法がある。

　Liu & Wronski（2018）は，こうしたキャプチャ認証がクリアされるかどうかで，回答者の注意深さを検出できると考えた。すると，文字でのキャプチャ認証の失敗者はほとんどいなかったために，回答の質への影響を検証することはできなかったが，絵による認証に失敗した人を除くことで，IMC 型課題を用いたときよりも回答の質の向上が見られた。

　また先述した，論理的には特定の選択肢が必ず選ばれることになるボーガス項目も，項目文をきちんと読んでいるかどうかをチェックするうえで有用

である（Berinsky et al., 2021; DeSimone & Harms, 2018 など）。しかしボーガス項目の内容は，自明なものにならざるを得ないので，回答者によっては不快に感じるかもしれない。そのため，IMC などと同様に，利用が難しくなる可能性がある。

　次に，年齢と勤務年数を尋ねたときに，勤務年数のほうが大きいというような矛盾回答が生じたときに，不注意回答者であることを疑うのは自然であると思われる。しかし増田ほか（2016）や尾崎・鈴木（2019）では，このような矛盾を示す回答者は非常に少なかった。つまり，どのような調査でも有効に機能するような，矛盾の起こりうる質問項目のペアはまだ知られていないものと思われる。そこで以降では，その他の不注意回答の対策について検討する。

（1）回答そのものから不注意回答者を発見する

　最小限化によって，DK 選択や中間選択が増えたり，ストレートライニングが見られたりするようになるのであれば，そのような回答が多い人は，不注意回答者であることが疑われる。たとえば埴淵ほか（2015）は，5つの評定尺度の2つ以上でストレートライニングが見られた場合を不注意回答者と見なして，ウェブ調査の回答を検討した。しかしながら埴淵ら自身が認めているように，この基準には根拠がない。Goldammer et al.（2020）は，いい加減な回答をするよう回答者に依頼したデータを用いて，不注意回答を判別する方法の比較をしたが，ストレートライニングや非識別化で不注意回答者を判別するのは不適切であるとしている。ストレートライニングや中間選択などは，真面目に回答しても起こりうるので，それだけで適否を判ずるのは難しい。

　尾崎・鈴木（2019）は，機械学習を用いて，IMC などを使わずに不注意回答者を検出する方法を探索した。不注意回答か否かは指示項目の非遵守や矛盾回答を基準とし，回答時間，連続同一回答数，異常検知の分野で外れ値を検出するのに用いられるマハラノビス距離，性別・年齢を説明変数とした，複数のモデルで検証した結果，同一回答数と回答時間が不注意回答者を検出するうえで有益であり，不注意回答者を 55.6 ％減らすことができた。しかしながら，実際に利用するにあたっては判別率をより高くすることが望

ましく，他の有効な変数を探す必要があると述べている。

(2) 自己申告

Huang et al.（2012）は，回答者が調査の全項目に回答を終えた後に，「質問が何を意味するのかについて，十分に注意を払わなかった」などの３項目で，回答の努力の程度の自己評価を求めた。すると３項目の合計得点と，回答時間などとに有意な相関が見られた。また Aust et al.（2013）が，選挙に関する調査で，真面目に回答したかどうかを尋ねた（seriousness check：以下，SC とする）ところ，回答者の3.2％が真面目に答えなかったと報告した。そして真面目に答えたと述べた人のほうが，矛盾のない回答をしていたほか，回答と実際の選挙結果の一致度が高かった。しかしこれらの方法では，真面目に回答したという自己申告が，どこまで本当なのかがわからない。

増田ほか（2019）で，SC を実施したところ，「真面目に回答しなかった」という非保証群は 250 名の回答者中 7 名（2.8％）であった。この 7 名は，「真面目に回答した」を選んだ保証群よりも，回答時間が短く，DK 選択率やストレートライニング率が高かった。したがって，非保証群を不注意回答者とみなすことは妥当であると思われるが，保証群とこのような質問がなされなかった統制群との間に，回答の質の差は見られず，「真面目に回答しなかった」と答えた回答者を除外することの効果は見られなかった。

一方，IMC 型課題（図 8-1）が用いられた回答者群では，250 名中 45 名（18.0％）が非遵守であったが，遵守者だけで分析すると，統制群や保証群よりも明らかに回答の質が高かった。すなわち，「真面目に回答した」という保証者の中に，実際にはそうではなかった人が相当数含まれていたことが推察された。

(3) パラデータ

項目に回答する際に付随する，回答時間（10 章）のようなパラデータ（paradata）を入手しやすいこともウェブ調査の特徴であり，大きなメリットである。回答時間は認知的努力を反映するとされることから，特に短時間回答者は不注意回答者であることが疑われ，短時間回答者でストレートライ

ニングが多かったり（埴淵ほか, 2015; Zhang & Conrad, 2013），前半に呈示された選択肢が後半よりもよく選ばれたりするという初頭効果が見られた（Malhotra, 2008）。

　また稲垣・前田（2016）が，回答時間などを利用して非遵守者の検出を試みたところ，回答時間が短いほど非遵守である可能性が高いことが分かった。増田ほか（2017）でも，回答時間の短いほうから 20％までの回答者に，IMC の非遵守者が多く，分析対象者を残りの 80％だけにすると，回答の質が高くなることが報告されている（注6）。したがって，回答時間を利用することで，不注意回答者を検出することがある程度できるものと思われる。

　また長時間回答者にも，問題のある回答者が含まれる可能性があり（大隅・前田，2008），West & Sinibaldi（2013）によると，ウェブ調査では回答時間の平均から 2 標準偏差の範囲内を有効データとしていることが多いという。しかしながら，回答時間に関しては，どの調査データにでも適用できるような，明快な基準を設けるのは難しいものと思われる。

4. 不注意回答の防止

　どのような方法であっても，不注意回答者を検出して除外しようとすると，誤って正確な回答も除いてしまう危険性がある。そしてその結果，有効データ数が減って検定力が低下することになる。また，最小限化と関連するとされる，能力やモチベーションが低い人たちは分析データから除外される。このことは一見，望ましいように思えるが，たとえば増田ほか（2019）では，IMC 型課題の非遵守者は男性や若年層に多かった。そのため，偏った回答者でデータ分析をすることになって，逆に分析結果の妥当性が損なわれるかもしれないというジレンマも生じる。Curran（2016）は，研究目的のために実施する統計分析の結果が，スクリーニング実施前の全サンプルのときと，不注意回答を除外したときとでどのように変わったかについて，論文で報告すべきであると述べている。

　こうしてみると，不注意回答者を除外するよりも，そのような回答自体が生じないよう，あらかじめ防止できるほうが望ましい。そうした試みとし

て，Huang et al.（2012）では，真面目に回答しないと報酬が得られないという警告を与えると不注意回答が減った。また Ward & Pond（2015）では，回答の質が低いと警告するという教示と，監視しているかのように画面上の動く人の画像（virtual presence）が組み合わさると不注意回答の防止効果があることを示した。

（1）宣誓を求める

増田ほか（2019）は，調査で回答を始める際に「私は真面目に回答します」という文言にチェックを求めるという冒頭宣誓（taking an oath to answer seriously：以下，TO とする）を求めた（図8-3）。そして IMC や SC によるスクリーニングの結果と比較した。すると，全体的には IMC の遵守者の回答の質が最も優れていたものの，TO でも中間選択数やストレートライニング率が低くなったり，心理尺度における通常項目と逆転項目の負の相関が高くなったりするなど，データの質の向上を示す結果が得られた。また宣誓を拒否する人は IMC の非遵守者（18.0 %）よりも少なく（6.8 %），有効データの保持という点では IMC よりも TO のほうが優れていた。

次に増田・大野（2019）の追試では，回答にあたって全員が冒頭宣誓を求められた宣誓群のほうが，何もなされなかった統制群よりも，DK 選択や中間選択が少なかった。またこの調査には2つの指示項目が含まれていたが，1つでも非遵守だった回答者の割合は，統制群の 22.8 %に対して，宣誓群は12.4 %と少なかった。また両方で非遵守であったのは，統制群が 13.5 %であったのに対し，宣誓群は 6.1 %と半分以下であった（図8-4左）。このことから，TO は有効データを減らさずに，回答の質を高めることができるものと思われる。

更に増田（2020）では，増田・大野（2019）の回答者に対して，2カ月後

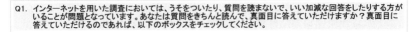

図8-3　増田ほか（2019）で用いられた冒頭宣誓

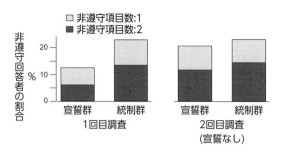

図8-4　宣誓の有無と非遵守回答率（増田・大野，2019；増田，2020のデータから作成）

に同じ内容の調査票への回答を求めるという縦断調査を行った。ただし2回目の調査では，1回目調査での宣誓群と統制群のどちらにも，「真面目に回答します」という宣誓を求めなかった。すると，2回目調査の回答率は宣誓群で81.5%，統制群で83.7%と差が無かったほか，宣誓群の非遵守回答率やDK選択率が高くなり，統制群と差が見られなくなった（図8-4右）。すなわち，1回目調査での冒頭宣誓は，当該の調査での回答の質は高めるものの，その効果は一時的で，2カ月後の調査に参加するかどうかや，その回答の質に影響を及ぼさなかった。

　一方でこの結果は，冒頭宣誓に応じる回答者が，そもそも真面目であったというわけではないことも示唆している。すなわち，同じ回答者でも調査のやり方によって不注意回答をしたり，しなかったりするものと思われる。

　TOは，ある立場を取ることを表明するなどしてコミットメントすると，表明内容と一貫した行動をその後も取るようになるという社会心理学的知見（Cialdini, 2009）を応用したものであるが，短い文章を読んでチェックするだけなので回答者の負担は小さい。また簡便に用いることができるという，調査者側のメリットもある。しかしながら指示項目同様，多用されると回答者が慣れて，効果が無くなってしまう可能性もある。

(2) ゲーム型調査の可能性

　増田ほか（2019）の結果は，回答者が調査に積極的に関わるよう働きかけることが有益であることを示している。そのような試みの1つに，ゲーム型調査（gamified survey）がある。

ゲームの考え方やデザインなどの要素を，ゲーム以外の社会的な活動やサービスに利用することはゲーミフィケーションと呼ばれ，既にビジネス，教育分野で多くの実践がなされている（井上，2012）。ゲームには，参加したいとか，継続したいと思わせるためのさまざまな仕掛けがあり，特にゲームへの関心が高かったり，遊び慣れたりしている若年層に有効に働くことが期待できる。たとえば Mavletova（2015）では，7〜15歳の子どもに学校生活やインターネットの利用状況について尋ねる際に，調査画面がテキストだけで構成されている場合，視覚的な要素を加えた場合，ゲームの要素を加えた場合の比較をした。ゲームは，南極への船旅で難破したが，ペンギンが助けてくれることになり，そのときに質問されたりするといったものであった。すると視覚的な要素や，ゲームの要素があるときのほうが，テキストだけのときよりもストレートライニングや中間選択が少なかった。

　Keusch & Zhang（2017）は，ゲーム型調査法と文字だけで行われる従来の調査法とを比較した先行研究のレビューから，ゲーム型調査への関心は高いが，厳密な検証がなされた研究は非常に少なく，またその効果は明確ではないと述べている。そもそもゲームには多様なタイプがあるし，面白さを高めたり，射幸心をあおったりするようなさまざまな要因が含まれている（大森ほか，2017）。それらが回答にどのような影響を及ぼすかがわからないと，特に学術研究のための調査に用いるのは難しい。したがって，乗り越えなければならない多くのハードルがあるが，それだけに回答者が調査に積極的に関与するようになるための，新たな知見が発見される可能性もある。

注

注1　不十分な努力回答（insufficient effort responding; Huang et al., 2015）と呼ばれることもある。また Curran（2016）は2つを合わせて careless or insufficient effort（C/IE）responding と表記している。

注2　もちろん，他の調査モードで得られたデータであれば，常に良いデータを得られるというわけではない。どのようなデータ収集法であっても不注意回答は生じうるので，その対策を講じる必要がある。

注3 satisfice はもともと，Simon（1957）による satisfy と suffice からの造語である。これは optimal（最適化）と対置する概念で，目的を達成するための最小の要件を十分に満たすような選択を意味しており，人は認知能力と時間の制限があるなかで，有効な判断や意思決定をしていると考えている。Krosnick（1991）は，回答の4つのプロセスが十分になされないときの回答方略を説明するにあたって，Simon（1957）からこれらの用語を借りたと述べている。しかしながらその回答方略とは，調査データの妥当性を低める反応バイアス（response bias）とされる黙従傾向や DK 選択などである。そのため，調査での回答行動の点で最小限化という語が使われるときには，有効な判断や意思決定ではなく，不適切な回答がなされることについて言及していると言える。

注4 そもそも回答者は，答えるのが難しかったり，負担を感じたりするような項目には，できれば回答したくないだろう。そのため，回答しないで飛ばしてしまうという項目非回答（item nonresponse）がしばしば生じる（項目非回答を最小限化の指標とすることもある（Roberts et al., 2019））。項目非回答があると，変数間の関連を検討しようとするときの有効データが少なくなるなどの問題が発生するが，Heerwegh & Loosveldt（2008）では，対面型の調査よりもウェブ調査のほうが項目非回答が多かった。
ただしウェブ調査では，その項目に回答しなければ次の項目に進むことができなくなるといった，必須回答の設定をすることで，表向きは項目非回答のない調査データを取得することもできる。このことはウェブ調査の大きなメリットであるが，強制的に回答させようとすると，回答をやめてしまうという調査からの脱落（drop out）が起こりやすい（Décieux et al., 2015; Stieger et al., 2007）。また，回答者はどのような項目であっても，何らかの回答をしなければならなくなるので，成りすまし（faking）回答が増えるという報告もある（Décieux et al., 2015）。したがって，必須回答とすることが必ずしも望ましいわけではない。

注5 逆に言えば，「この項目では"どちらともいえない（3）"を選んでください」というように，中間選択肢を選ぶよう指示することは，不注意回答の検出において有効ではないだろう。実際に増田ほか（2016）では，「一番右（左）をチェックしてください」という指示の非遵守者の，49.3～73.2％がその項目で中間選択をしていた。

注6 大会発表ポスターでは，特に短時間回答者の上位10％に非遵守者が集中していることを示した。

引用文献

Abbey, J. D. & Meloy, M. G.（2017）. Attention by design: Using attention checks to detect inattentive respondents and improve data quality. *Journal of Operations Management*, **53**, 63-70.

Arias, V. B., Garrido, L. E., Jenaro, C., Martínez-Molina, A., & Arias, B.（2020）. A little garbage in, lots of garbage out: Assessing the impact of careless responding in personality survey data. *Behavior Research Methods*, **52**, 2489-2505.

Arthur, W., Hagen, E., & George, F.（2021）. The lazy or dishonest respondent: Detection and prevention. *Annual Review of Organizational Psychology and Organizational Behavior*, **8**, 105-137.

Aust, F., Diedenhofen, B., Ullrich, S., & Musch, J.（2013）. Seriousness checks are useful to improve data validity in online research. *Behavior Research Methods*, **45**, 527-535.

Baumeister, R. F., Bratslavsky, E., Finkenauer, C., & Vohs, K. D.（2001）. Bad is stronger than good. *Review of General Psychology*, **5**, 323-370.

Berinsky, A. J., Margolis, M. F., Sances, M. W., & Warshaw, C.（2021）. Using screeners to measure respondent attention on self-administered surveys: Which items and how many? *Political Science Research and Methods*, **9**, 430-437.

Brühlmann, F., Petralito, S., Aeschbach, L. F., & Opwis, K.（2020）. The quality of data collected online: An investigation of careless responding in a crowdsourced sample. *Methods in Psychology*, **2**（March）, 100022.

Cialdini, R.（2009）. *Influence: Science and practice*（5th ed）. Boston, MA: Pearson Education.（社会行動研究会（訳）（2014）. 影響力の武器: なぜ, 人は動かされるのか［第三版］ 誠信書房）

Colston, H. L.（1999）. "Not good" is "bad," but "not bad" is not "good": An analysis of three accounts of negation asymmetry. *Discourse Processes*, **28**, 237-256.

Curran, P. G.（2016）. Methods for the detection of carelessly invalid responses in survey data. *Journal of Experimental Social Psychology*, **66**, 4-19.

Décieux, J. P., Mergener, A., Neufang, K. M., & Sischka, P.（2015）. Implementation of the forced answering option within online surveys: Do higher item response rates come at the expense of participation and answer quality? *Psihologija*, **48**, 311-326.

DeSimone, J. A. & Harms, P. D.（2018）. Dirty data: The effects of screening respondents who provide low-quality data in survey research. *Journal of Business and Psychology*, **33**, 559-577.

Edwards, J. R.（2019）. Response invalidity in empirical research: Causes, detection, and remedies. *Journal of Operations Management*, **65**, 62-76.

江利川滋・山田一成（2015）. Web 調査の回答形式の違いが結果に及ぼす影響: 複数回答形式と個別強制選択形式の比較 社会心理学研究, **31**, 112-119.

Frederick, S.（2005）. Cognitive reflection and decision making. *Journal of Economic Per-*

spectives, **19**, 25-42.

Galesic, M., Tourangeau, R., Couper, M. P., & Conrad, F. G. (2008). Eye-tracking data: New insights on response order effects and other cognitive shortcuts in survey responding. *Public Opinion Quarterly*, **72**, 892-913.

Goldammer, P., Annen, H., Stöckli, P. L., & Jonas, K. (2020). Careless responding in questionnaire measures: Detection, impact, and remedies. *The Leadership Quarterly*, **31**, 101384.

Greszki, R., Meyer, M., & Schoen, H. (2015). Exploring the effects of removing "too fast" responses and respondents from web surveys. *Public Opinion Quarterly*, **79**, 471-503.

Hauser, D. J. & Schwarz, N. (2015). It's a trap! Instructional manipulation checks prompt systematic thinking on "tricky" tasks. *SAGE Open*, **5**, 1-6.

Hauser, D. J. & Schwarz, N. (2016). Attentive Turkers: MTurk participants perform better on online attention checks than do subject pool participants. *Behavior Research Methods*, **48**, 400-407.

埴淵知哉・村中亮夫・安藤雅登 (2015). インターネット調査によるデータ収集の課題：不良回答，回答時間，および地理的特性に注目した分析　*E-Journal GEO*, **10**, 81-98.

Heerwegh, D. & Loosveldt, G. (2008). Face-to-face versus web surveying in a high-internet-coverage population: Differences in response quality. *Public Opinion Quarterly*, **72**, 836-846.

Huang, J. L., Curran, P. G., Keeney, J., Poposki, E. M., & DeShon, R. P. (2012). Detecting and deterring insufficient effort respond to surveys. *Journal of Business and Psychology*, **27**, 99-114.

Huang, J. L., Liu, M., & Bowling, N. A. (2015). Insufficient effort responding: Examining an insidious confound in survey data. *Journal of Applied Psychology*, **100**, 828-845.

稲垣佑典・前田忠彦 (2016). Web 調査における回答傾向の差異と対処法の探索　日本行動計量学会第 44 回大会抄録集，342-343.

井上明人 (2012). ゲーミフィケーション：ゲームがビジネスを変える　NHK 出版

Johnson, J. A. (2005). Ascertaining the validity of individual protocols from web-based personality inventories. *Journal of Research in Personality*, **39**, 103-129.

Keusch, F. & Zhang, C. (2017). A review of issues in gamified surveys. *Social Science Computer Review*, **35**, 147-166.

Krosnick, J. A. (1991). Response strategies for coping with the cognitive demands of attitude measures in surveys. *Applied Cognitive Psychology*, **5**, 213-236.

Krosnick, J. A. (1999). Survey research. *Annual Review of Psychology*, **50**, 537-567.

Kung, F. Y. H., Kwok, N., & Brown, D. J. (2018). Are attention check questions a threat to scale validity? *Applied Psychology*, **67**, 264-283.

Liu, M. & Wronski, L. (2018). Trap questions in online surveys: Results from three web survey experiments. *International Journal of Market Research*, **60**, 32-49.

Malhotra, N.（2008）. Completion time and response order effects in web surveys. *Public Opinion Quarterly*, **72**, 914-934.

Maniaci, M. R. & Rogge, R. D.（2014）. Caring about carelessness: Participant inattention and its effects on research. *Journal of Research in Personality*, **48**, 61-83.

増田真也・坂上貴之・北岡和代・佐々木恵（2016）. 回答指示の非遵守と反応バイアスの関連　心理学研究，**87**，354-363.

Masuda, S., Sakagami, T., Kawabata, H., Kijima, N., & Hoshino, T.（2017）. Respondents with low motivation tend to choose middle category: Survey questions on happiness in Japan. *Behaviormetrika*, **44**, 593-605.

増田真也・坂上貴之・森井真広（2017）. Web 調査における不良回答と回答時間　日本心理学会第 81 回大会抄録集，10.

増田真也・大野　浩（2019）. 必須回答と冒頭宣誓が Web 調査の回答に及ぼす効果　日本行動計量学会第 47 回大会抄録集，220.

増田真也・坂上貴之・森井真広（2019）. 調査回答の質の向上のための方法の比較　心理学研究，**90**，463-472.

増田真也（2020）. 縦断調査での冒頭宣誓の効果　日本行動計量学会第 48 回大会抄録集，237.

Mavletova, A.（2015）. Web surveys among children and adolescents: Is there a gamification effect? *Social Science Computer Review*, **33**, 372-398.

Meade, A. W. & Craig, S. B.（2012）. Identifying careless responses in survey data. *Psychological Methods*, **17**, 437-455.

Meisenberg, G. & Williams, A.（2008）. Are acquiescent and extreme response styles related to low intelligence and education? *Personality and Individual Differences*, **44**, 1539-1550.

三浦麻子・小林哲郎（2015a）. オンライン調査モニタの Satisfice に関する実験的研究　社会心理学研究，**31**，1-12.

三浦麻子・小林哲郎（2015b）. オンライン調査モニタの Satisfice はいかに実証的知見を毀損するか　社会心理学研究，**31**，120-127.

三浦麻子・小林哲郎（2016）. オンライン調査における努力の最小限化（Satisfice）傾向の比較：IMC 違反率を指標として　メディア・情報・コミュニケーション研究，**1**，27-42.

三浦麻子・小林哲郎（2018）. オンライン調査における努力の最小限化が回答行動に及ぼす影響　行動計量学，**45**，1-11.

Motl, R. & DiStefano, C.（2002）. Longitudinal invariance of self-esteem and method effects associated with negatively worded items. *Structural Equation Modeling: A Multidisciplinary Journal*, **9**, 562-578.

大森貴秀・原田隆史・坂上貴之（2017）. ゲームの面白さとは何だろうか　慶應義塾大学出版会

大隅　昇・前田忠彦（2008）．インターネット調査の抱える課題：実験調査から見えてきたこと（その2）　日本世論調査協会報，**101**，79-94.

Oppenheimer, D. M., Meyvis, T., & Davidenko, N.（2009）. Instructional manipulation checks: Detecting satisficing to increase statistical power. *Journal of Experimental Social Psychology*, **45**, 867-872.

尾崎幸謙・鈴木貴士（2019）．機械学習による不適切回答者の予測　行動計量学，**46**，39-52.

Rasinski, K. A., Mingay, D., & Bradburn, N. M.（1994）. Do respondents really "mark all that apply" on self-administered questions? *Public Opinion Quarterly*, **58**, 400-408.

Reyes, D. L.（2022）. Combatting carelessness: Can placement of quality check items help reduce careless responses? *Current Psychology*. **41**, 6858-6866.

Roberts, C., Gilbert, E., Allum, N., & Eisner, L.（2019）. Satisficing in surveys: A systematic review of the literature. *Public Opinion Quarterly*, **83**, 598-626.

Rosenberg, M.（1965）. *Society and the adolescent self-image.* NJ: Princeton University Press.

Schwarz, N., Knäuper, B., Oyserman, D., & Stich, C.（2008）. The psychology of asking questions. In E. D. de Leeuw, J. Hox, & D. Dillman（Eds.）, *The international handbook of survey methodology*（Vol. 22）. NY: Lawrence Erlbaum Associates. pp. 18-34.

Simon, H. A.（1957）. *Models of man: Social and rational*. John Wiley and Sons.

Stieger, S., Reips, U. D., & Voracek, M.（2007）. Forced-response in online surveys: Bias from reactance and an increase in sex-specific dropout. *Journal of the American Society for Information Science and Technology*, **58**, 1653-1660.

高橋伸彰・成田健一（2018）．データを毀損するのは調査モニタか，インターフェースか?：調査モニタに対するWeb調査と郵送調査の比較　日本社会心理学会第59回大会発表論文集，265.

Tourangeau, R., Rips, L. J., & Rasinski, K.（2000）. *The psychology of survey response*. Cambridge University Press.

Ward, M. K. & Pond, S. B.（2015）. Using virtual presence and survey instructions to minimize careless responding on internet-based surveys. *Computers in Human Behavior*, **48**, 554-568.

West, B. T. & Sinibaldi, J.（2013）. The quality of paradata: A literature review. In F. Kreuter（Ed.）, *Improving surveys with paradata*. Wiley Online Library. pp. 339-359.

Woods, C.（2006）. Careless responding to reverse-worded items: Implications for confirmatory factor analysis. *Journal of Psychopathology and Behavioral Assessment*, **28**, 186-191.

吉村治正（2020）．ウェブ調査の結果はなぜ偏るのか　社会学評論，**71**，65-83.

Zhang, C. & Conrad, F.（2013）. Speeding in web surveys: The tendency to answer very fast and its association with straightlining. *Survey Research Methods*, **8**, 127-135.

9章　回答デバイスと回答の質

山田一成・江利川滋

1. 回答デバイスの変化

　2010年以降のスマートフォン（以下 SP）の急速な普及にともない，近年，ウェブ調査における SP 回答の割合が急増している。日本マーケティング・リサーチ協会によれば，日本の主要調査会社のウェブ調査における SP 回答の割合は，2013年には15.7％であったが，2019年には56.1％と過半数を占めるに至っている。また，そうした SP 回答の割合は年代が若いほど高く，2019年時点では20代で84.6％，10代では94.7％に達している（注1）。
　こうしたウェブ調査環境の変化は，一方においては，それまで調査が困難だった層からの回答を期待させるものであったが（Couper et al., 2017; Wells, 2015）（注2），同時にそれは，SP 回答における「回答の質」の低下を懸念させるものでもあった（Tourangeau et al., 2017; Antoun et al., 2017; Sommer et al., 2017）。そして，そうした懸念は調査設計における重大なジ

204

レンマにも関わっていた。もしも，回答デバイス間に回答の質の著しい差があれば，SP 回答者の除外を検討しなければならないが，SP 回答者の属性に顕著な特徴がある場合には，SP 回答者の除外は致命的なセレクション・バイアスとなってしまうからである（以下では，このジレンマをスマホ・ジレンマと呼ぶ）。

こうした状況を背景に，海外では 2010 年代の前半から回答デバイスと回答の質に関する実証研究が盛んに行われてきた。また，そうした先行研究において回答の質を低下させる原因だと考えられたのは，SP の操作性と携帯可能性であった（Antoun et al., 2017）。まず，操作性については，SP の画面が小さく狭いことや，ズームやスクロールなどのタッチスクリーン操作によって回答負荷が増すこと，および，そうしたことによって誤入力が増えることが懸念された。さらに，携帯可能性については，家庭外での回答においてさまざまなディストラクション（刺激による回答への注意の途切れ）が生じ，最小限化回答が増えることが懸念された。また，周囲に回答画面を覗くことができる人がいると，プライバシーが守られているという意識が低下し，微妙な内容が回答されなくなることも危惧された。

では，そうした事柄が原因となって，実際に，SP 回答と PC 回答の間に回答の質の差が生じていたのだろうか。以下では，まず，海外での研究結果を概観する。

2. スマホ・パラドックス

(1) 2016 年以前の先行研究の概観

回答デバイスが回答の質に及ぼす影響については多くの研究が行われているが，2010 年から 2016 年までの実証研究については Tourangeau et al.（2017）が網羅的なレビューを行っている。彼らは当該の問題を扱った査読付き論文 15 点について，その調査結果を次のように要約している。

まず，レビューの対象となった複数の実証研究の結果は一貫しており，SP 回答は PC 回答に非常によく似ていた。測定誤差については，概して，回答デバイス間にほとんど差が認められなかったのである。もちろん，SP 回答は他のデバイスからの回答に比べ，回答時間が長く（注3），非回収や

脱落や無回答が多く，自由記述が短い，といった特徴を有してはいたが，それらも，あまり大きな違いとは言えないと判断された（注4）。こうした結果は当初の予想に反するものであり，「SPは画面サイズが小さくディストラクションが生じやすいにもかかわらず，回答の質を低下させていない」という逆説を示唆するものであった（以下では，この逆説をスマホ・パラドックスと呼ぶ）。

　もっとも，Tourangeauたちも認めているように，レビューの対象となった実証研究には欧州での研究が多く，ロシアでの研究には携帯電話が含まれているなど，一般化に関する制限がないわけではない。また，レビュー対象となった研究にはLISSやGESIS Panelなどの確率標本を用いた研究が多く（注5），公募型ウェブ調査においても同様の結果が得られるという保証はない。そうしたこともあってか，彼らの中間総括以降も，こうした問題を扱った実証研究の結果は次々に発表されることとなった。

(2) 2017年以降の先行研究の概観

　そうした後続研究としてまず挙げられるのは，Tourangeau et al.（2017）による2015年の米国でのフィールド実験である。この実験では，回答者は面接者から回答デバイスを渡され，それを用いて調査に回答する方式が採用された。回答デバイスはSP，タブレット端末（以下TB），ノートPCの3種類で，回答の質の指標として採用されたのは，単一選択における順序効果，多件法における順序効果，2質問の提示方式（分離／結合）の影響，複数項目の提示方式（分離／グリッド）の影響，回答参照情報の提示方式の影響であった。

　こうした指標について，当初Tourangeauたちは，質問全てを見渡すためにスクロールが必要となるSPでは，視認性の高い選択肢が選ばれやすくなるなど，他のデバイスとは異なる回答傾向が確認されると予想していた。しかし，調査の結果，各指標の主効果が認められることはあっても，回答デバイスが関わる交互作用はほとんど認められなかった。また，この調査データについては，回答時間，無回答，ストレートライニング，尺度の信頼性と妥当性などを指標とする分析も行われたが，回答時間がSPで長いこと以外には，回答デバイスによる差は認められなかった（Tourangeau et al., 2018）。

こうした結果は過去の研究結果とも整合的であり，SP 回答への懸念を払拭するもののように思われた。ただし，こうした結果は調査員が身近に存在する場合のものであったため，そのまま公募型ウェブ調査に当てはまるわけではなかった。

　次に，Tourangeau et al.（2017）と同時期の研究報告として，Antoun et al.（2017）が 2013 年にオランダの LISS パネルを用いて行った実験的調査が挙げられる。この調査では参加要請に応じた者が SP 群と PC 群に分けられ，各群から無作為抽出された者が回答者となった。また，回答者は，まず，どちらかのデバイス条件に回答し，その 1 カ月後に，同じ調査票にもう一方のデバイスから回答した（クロスオーバー・デザイン）。なお，回答の質の指標となったのは，非識別化回答（non-differentiation），端数処理（rounded numerical responses），自由記述量，認知反射テスト（CRT），マルチタスキング（ディストラクション），社会的望ましさ，誤入力，などであった。

　こうした調査の結果，まず，回答者のほとんどが家庭で回答していることが明らかとなった。ただし，SP 群ではマルチタスキングが多く，回答時に他者がいる場合が多く，回答時間も長くなっていたため，SP 回答の質の低下が予想された。しかし，上述の指標を調べると，SP 群と PC 群の間にはほとんど差が認められず，自由記述量は予想に反し PC 群で少ない傾向が認められた。また，社会的望ましさにはデバイス間に差がなかったが，誤入力は SP 群で多くなっていた。

　こうした結果について Antoun たちは，SP の画面サイズの小ささが誤入力を増やすと指摘しながらも，SP の携帯可能性は回答の質に影響しないため，SP 回答者はウェブ調査に含めるべきであり，SP の調査票は SP に最適化すべきである，と述べている。ただし，Antoun たちも認めているように，回答者は確率パネルであり，回収率は低く，1 カ月後とはいえ同じ調査票に 2 回答えているなど，一般化のための制限は多く，上述の研究結果も，そのまま日本の公募型ウェブ調査において再現されるとは限らない。

　さらに，回答の信頼性・妥当性についての研究としては Sommer et al.（2017）が挙げられる。彼女たちは 2013 年のドイツの選挙調査（非商業パネル）を用いて，デスクトップ PC 群とモバイルデバイス群（SP と TB）

を比較している。回答の質の指標は，政治知識項目の信頼性係数，投票意図と政党支持・連立支持・前回投票先との異同などであったが，そうした指標について，上記2群の間には有意な差がまったく認められなかった。

こうした結果について Sommer たちは，モバイルデバイス群ではデスクトップ PC 群よりも低年齢層や女性が多く，また，脱落が多く回答時間が長いが，データの妥当性は損なわれていない，と結論づけている。ただし，彼女たちは，この研究は長期的に安定した政治的態度の研究であるため一般化には制限があるとし，回答時間が重要な意味をもつ質問や認知的負荷を必要とする質問については，さらなる研究が必要であると述べている。

なお，公募型ウェブ調査についての研究としては Zou et al.（2021）が挙げられる。彼女たちは米国（2017年）と中国（2018年）のそれぞれで，観光をテーマとする公募型ウェブ調査を行っている（調査会社委託，性・年代による割当法）。この調査では，モバイル回答者は米国で 48.7 %，中国で 66.2 %であり，そうしたデータについて各国ごとに，モバイル群と PC 群の間に回答の質の差があるかどうか検討された。指標となったのは，回答時間，心理尺度の内的一貫性，自由記述量，「その他」回答であった。

結果を見ると，回答時間については，中国では差がなく米国ではモバイル群で長くなっていた。心理尺度の一貫性については，両国ともモバイル群でいくつかの尺度の α 係数が低くなっており，自由記述量については，中国では差がなく米国では調査末尾の質問でのみモバイル群で自由記述量が少なくなっていた。なお，「その他」回答については，両国とも回答デバイスによる影響は認められなかった。こうした結果について Zou たちは，まず，米中ともモバイル回答と PC 回答に大きな差はなく，モバイル回答の質が低いとは言えない，と結論づけている。また，彼女たちは2国間の差について，中国は「PC 時代」を経験せずにモバイル機器の利用が始まったため，モバイル機器への親近度が高いことが原因である，と主張している。

こうした Zou たちの研究は，SP 回答の割合が明示されていない点に議論の余地を残すものの，回答デバイス間に回答の質の差がないことを示している点では，従来の研究結果と概ね整合的であると考えられる。また，この研究では近年の公募型ウェブ調査が分析対象となっており，その点でも注目に値する。

3. 調査研究の概要

　以上のように，回答デバイスの影響に関する実証研究は Tourangeau et al.（2017）のレビュー以降も盛んに行われている。また，そうした後続研究の結果を概観すると，Tourangeau et al.（2017）の中間総括と同様に，「SP 回答は PC 回答に比べ，長時間化するものの，回答の質が低下するわけではない」との総括が得られるようである。

　もちろん，後続研究においては，個別具体的な質問形式や回答行動に特化した研究も行われており（注6），そうした個々の分析を詳しく検討すれば，SP 回答と PC 回答の差異が部分的に観察されることもある。しかし，そうした詳細な結果報告も含め，海外では既に，回答デバイスの影響について基本的な情報の共有と多岐にわたる検討が行われており，今後の調査設計においても先行研究の結果を参照することが可能となっている。

　そうした状況と比較すると，日本においては回答デバイスに関する実証研究は今なお希少であると言わざるを得ない。特に，公募型ウェブ調査における回答デバイスの影響については実証的な知見に乏しく，現状では調査設計時に必要な情報も十分ではないように思われる（注7）。そこで本研究では，2017 年に一都三県の男女 20 〜 69 歳を対象とした公募型ウェブ調査を実施し（注8），回答デバイスごとに回答者属性が異なるかどうか検討するとともに，回答デバイス間に回答の質の差がないという逆説的状況（スマホ・パラドックス）が生じているかどうか検証する。そして，そのうえで，回答デバイスに関わる問題状況（スマホ・ジレンマ）をどう捉えるべきか検討する（注9）。

　以下では，まず 4 節で，回答デバイスを指定しない公募型ウェブ調査において，回答デバイス種別の割合を明らかにする。また，回答デバイス各群の回答者属性を比較し，回答デバイス各群が主要属性について等質かどうか検証する。続く 5 節では，回答ストレス感，回答中断行動，回答時間に注目し，回答デバイス各群間に回答負荷の違いがあるかどうか検討する。そのうえで，6 節では，回答の質の指標として DKNA 回答，非識別化回答，ストレートライニング，尺度項目の内定一貫性という 4 種類のパラデータを取り

上げ，回答デバイス間に回答の質の差が認められるかどうか検証する。

　なお，個々の分析の報告に先立ち，そうした分析から得られた主な知見の概要を示しておきたい。まず，SP からの回答は約 4 割で，女性で多く，SP 回答者の 6 割弱が若い年代によって占められていた。また，回答行動に関しては，SP 群では PC 群に比べ回答ストレス感が非常に高く，回答中断行動が若干多くなっていた。ただし，回答デバイス間に回答時間の著しい違いは認められなかった。なお，回答の質については，SP 群で PC 群より回答の質が低下することを示す結果は得られず，海外での先行研究と同様に，日本でもスマホ・パラドックスが生じていることが示された。以下では各分析の方法と結果について，それぞれ詳しく解説する。

4．回答デバイスの割合と回答者属性

　まず，回答者が公募型ウェブ調査に回答する際に，回答者自身が選択した回答デバイスの種別について，その割合と，回答デバイス種別間に回答者属性の違いがあるかどうか検討した。

（1）回答デバイスの割合

　各回答デバイスの割合を調査会社の調査システム上で調べたところ，PC が 56.4 %，SP が 39.7 %，タブレット端末（TB）が 4.0 %で（$N=4,140$），SP の割合は日本マーケティング・リサーチ協会の 2017 年度統計とほぼ一致する結果であった。

　なお，今回の調査には回答デバイス種別を尋ねる質問が設けられていたため，調査システム上の回答デバイス記録と自己報告の一致度を調べた（表 9－1）。その結果，一致率は 94.7 %で，記録と自己報告は概ね一致するものの，一部に誤解や虚偽と思われる回答パターンが認められた。そのため，以下の分析では回答デバイスの識別に調査システム上の記録を用いることとした。また，こうした結果から，今後の実証研究における回答デバイス種別の識別には，十分な注意と事前検討が必要であると考えられた。

表9-1　回答デバイスの自己報告と調査システム上の記録

記録	自己報告						N
	DT-PC	N-PC	SP	FP	TB	Other	
PC	39.7	57.4	1.5	0.4	0.6	0.3	2,333
SP	1.5	3.3	92.4	0.7	1.6	0.5	1,643
TB	6.1	7.3	4.9	0.0	81.7	0.0	164
計	23.2	34.0	37.7	0.5	4.3	0.4	4,140

注：数字は行％。記録は調査システム上の記録。DT-PC はデスクトッ
プ PC，N-PC はノート PC，SP はスマートフォン，FP は携帯電話
（SP 以外），TB はタブレット端末，Other は「その他」。

表9-2　回答デバイス各群の回答者属性

Device	性別		年代					N
	男性	女性	20 代	30 代	40 代	50 代	60 代	
PC	55.8	44.2	10.7	13.2	23.1	22.7	30.3	2,333
SP	44.1	55.9	25.7	31.6	26.2	11.4	5.0	1,643
TB	48.2	51.8	12.8	20.1	25.6	23.2	18.3	164

注：数字は行％。Device は回答デバイス種別。SP はスマートフォン，
TB はタブレット端末。

(2) 回答デバイス各群の回答者属性

　次に，回答デバイス各群（PC，SP，TB）の間で回答者属性に違いがある
かどうか検討した（表9-2）。その結果，性別については，SP 群では PC 群
より女性が 10 ポイントほど多くなっていた（$\chi^2 (2) = 53.3$，$p<.001$，
Cramér's $V=.11$）。また，年代については PC 群よりも TB 群，TB 群より
も SP 群で若い年代が多く，特に SP 群では 30 代以下の割合が 6 割弱と，
PC 群の 2.5 倍近い割合となっていた（$\chi^2 (8) = 676.7$，$p<.001$，Cramér's
$V=.29$）。なお，以上の結果は海外での先行研究と一致するものであった。
　一方，教育水準，世帯年収，未既婚，子供の有無，一都三県の別について
は 3 群間に顕著な差は認められなかった。米国では低教育水準層や低収入層
で SP 回答が多いとのレビューもあるが（Wells, 2015），本研究ではそうし
た傾向は認められず，属性との関連については社会状況や調査の仕様の影響
が大きいと考えられた。

5. 回答デバイスの回答負荷

　次に，回答デバイス種別間に回答負荷の違いがあるかどうか検討した。分析に用いた指標は，回答ストレス感（心理尺度），回答中断行動（自己報告），回答時間（調査システム上の記録）の3指標である。

(1) 回答デバイスと回答ストレス感

　回答ストレス感の質問位置は全13問中12問目で（注10），表9-3に挙げた10項目について，それぞれ該当するかどうか2件法で回答を求めた。分析に際しては，不正回答の疑いがある超短時間回答者を除外するために，各回答デバイス群ごとに，回答ストレス感質問の質問画面提示時間を自然対

表9-3　回答デバイス各群の回答ストレス感

回答ストレス感	回答デバイス			V	p
	PC	SP	TB		
1　処理速度が遅いので，ストレスを感じた	13.6	16.5	12.3	.04	*ns*
2　ディスプレイ画面が狭いので，ストレスを感じた	8.0	30.1	12.9	.29	***
3　ブラウザの表示が遅いので，ストレスを感じた	13.4	15.8	10.4	.04	*ns*
4　カーソル操作（タッチ操作）が思うようにいかず，ストレスを感じた	10.7	21.5	21.5	.15	***
5　キーボードが使いにくいので，ストレスを感じた	5.7	12.8	13.5	.13	***
6　画面に表示される文字が小さいので，ストレスを感じた	16.9	24.4	27.6	.10	***
7　ときどきブラウザが反応しなくなるので，ストレスを感じた	14.1	18.8	16.6	.06	**
8　文章や選択肢が画面からはみ出して，見づらい質問があった	9.8	43.0	12.9	.38	***
9　ディスプレイ画面の表示が小さいので，選択肢が選びにくかった質問があった	12.4	37.0	27.0	.29	***
10　長い文章の表示が続いて，答えるのが面倒になった質問があった	24.7	31.5	28.2	.07	***
N	2,283	1,597	163		

注：数字は列％（超短時間回答者を除外）。SP はスマートフォン，TB はタブレット端末。
　　V は Cramér's V。有意水準は表全体を Bonferroni 法で5％水準に調整。
　　* $p<.05$,　** $p<.01$,　*** $p<.001$

212

数化した値を用いて，それぞれ−2*SD*未満の回答者を除外した（*SD*は回答時間の長時間方向の外れ値を除外した後に算出した）（Smyth et al., 2006）。そのうえでクロス集計を行い，回答デバイス各群間で回答ストレス感を比較した。その結果，8項目で有意な関連が認められ（Bonferroni法で5％水準に調整），そのうち6項目でSP群の該当率が最も高率となっていた（表9−3）。特に，項目8と項目9は回答行動への影響が強く懸念される内容であり，SP群の該当率も4割前後と高率であったことから，SPの画面の小ささ・狭さに起因する悪影響が生じている可能性が高いことが示唆された。

(2) 回答デバイスと回答中断行動

　回答中断行動の質問位置は最後（13問中13問目）で，表9−4に挙げた12項目について，それぞれ該当するかどうか2件法で回答を求めた。なお，分析に際しては，上述の回答ストレス感と同様に，超短時間回答者を除外してクロス集計を行い，回答デバイス各群間で回答中断行動を比較した。その結果，8項目で有意な関連が認められ（Bonferroni法で5％水準に調整），

表9−4　回答デバイス各群の回答中断行動

回答ストレス感		回答デバイス			*V*	*p*
		PC	SP	TB		
1	電話	4.2	5.8	8.0	.05	*ns*
2	電子メール	3.5	6.9	4.9	.07	***
3	家の中での家族とのやり取り	7.7	12.9	17.3	.10	***
4	仕事や家事	7.1	10.7	4.9	.07	**
5	食事	3.9	7.0	1.9	.08	***
6	入浴	2.7	3.9	3.1	.03	*ns*
7	睡眠	2.9	5.8	3.1	.07	***
8	休憩	4.2	6.7	4.9	.05	*
9	テレビ視聴	7.9	9.9	6.8	.04	*ns*
10	新聞・雑誌・コミックなどの閲読	2.1	2.8	2.5	.02	*ns*
11	ネットやSNSの閲覧	2.9	6.2	3.7	.08	***
12	その他	6.4	10.5	8.6	.07	***
N		2,316	1,632	162		

注：数字は列％（超短時間回答者を除外）。SPはスマートフォン，TBはタブレット端末。*V*はCramér's *V*。有意水準は表全体をBonferroni法で5％水準に調整。* *p*<.05，** *p*<.01，*** *p*<.001

そのうち7項目でSP群の該当率が最も高率となっていた（表9-4）。また，回答中断行動の該当項目数を算出したところ，回答中断行動が1項目以上あった者の割合は，PC群の25.3％に対し，TB群で30.2％，SP群で34.7％と，モバイルデバイスでやや多くなっていた（χ^2 (2) = 40.9, $p < .001$, Cramér's $V = .10$）。こうした結果は，回答デバイスの携帯可能性などにより，SP（およびTB）ではディストラクションが起こりやすいことを示唆していると考えられた。

（3）回答デバイスと回答時間

本調査の質問のなかには，他の質問への回答内容に従って，質問表示の有無や表示される選択肢の種類が異なる仕様の質問があった。そのため，回答時間の算出にあたっては，全13問のなかからそうした2質問を除外し，残る11問の回答時間の合計値（以下，調査回答時間）を比較した。ただし，そうした11問のなかには，スプリット法により回答形式が2種類用意されていた質問がひとつあったため，調査票の種別は2種類となり（表9-5のSplitのAとB），分析もそれらの種別ごとに行われた。

結果は表9-5に挙げたとおりで，調査回答時間のパーセンタイルを比較すると，両調査票種別に共通して，SP群とPC群の間に大きな差はみられなかった。また，各調査票種別ごとに，調査回答時間を自然対数化した値について一元配置分散分析を行ったが，回答デバイス間に平均値の有意差は認

表9-5　回答デバイス各群の調査回答時間

| Split | Device | 最小 | 最大 | percentile | | | | 歪度 | N | 除外 |
				25 %	50 %	75 %	95 %			
A	PC	72	1863	188	253	337	616	3.5	1,162	1
	SP	64	1869	183	251	353	648	3.1	824	5
	TB	93	529	165	223	318	460	0.7	77	1
B	PC	74	2161	216	286	387	781	3.2	1,167	3
	SP	76	2531	208	280	398	684	4.4	809	5
	TB	135	895	218	279	378	678	1.6	83	3

注：数字は秒。調査回答時間は同一調査票種別の回答者全員に共通する質問の回答時間の合計。
　　Split は調査票種別，Device は回答デバイス。SP はスマートフォン，TB はタブレット端末。
　　除外は除外された回答時間の外れ値数（長時間方向）。

められなかった（注11）。なお、こうした一元配置分散分析を回答中断行動がなかった者を対象に実施したが、結果はまったく同様であった。

　しかし、回答時間は年代が若いほど短いことが予想され、SP回答の割合は若い年代ほど多かったため、調査回答時間の比較を年代別に行ったところ（表9-6）、両調査票種別に共通して、全ての年代で、SP群ではPC群より調査回答時間が長くなる傾向がうかがわれた（TB群はサンプル数が少ないため表記を省略）。また、そうした調査回答時間の差は年代が上がるほど大きく、50代で最大となっていたが、60代ではPC群の調査回答時間が長時間化することにより差が小さくなっていた。なお、差の大きさについては、A票では、第2四分位での最大は86秒、第3四分位での最大は164秒であった。また、B票では、第2四分位での最大は65秒、第3四分位での最大は127秒であった。こうした値は質問数（11問）を考慮すると、平均で1質問あたり、第2四分位で最大8秒弱、第3四分位で最大15秒の長時間化であった。

　ただし、上述の対数化回答時間について回答デバイスと年代を要因とする二元配置分散分析（平方和はタイプⅡ）を行ったところ、まず、A票については、回答デバイスの主効果（$F_{(2, 2048)} = 16.82$、$p < .001$、$\eta^2 = .01$）と年代の主効果（$F_{(4, 2048)} = 47.84$、$p < .001$、$\eta^2 = .08$）が有意で、交互作用は有意ではなかった。また、多重比較（TukeyのHSD）の結果、回答デバイス間には有意差が認められなかったが、年代については有意差が認められ、若い年代ほど回答時間が短かった（20代と30代、30代と40代の間を除く）。次に、B票については、回答デバイスの主効果（$F_{(2, 2044)} = 9.93$、$p < .001$、$\eta^2 = .01$）と年代の主効果（$F_{(4, 2044)} = 44.07$、$p < .001$、$\eta^2 = .08$）が有意で、交互作用は有意ではなかった。また、多重比較（TukeyのHSD）の結果はA票の結果とまったく同様であった。なお、こうした二元配置分散分析を回答中断行動がなかった者を対象に実施したが、結果はほぼ同様であった。

　以上のように、本研究では海外の先行研究とは異なり、SP回答の回答時間がPC回答のそれより明らかに長いという結果は得られなかった。

表9-6　回答デバイス各群の調査回答時間（年代別）

Split	年代	Device	最小	最大	percentile				歪度	N
					25%	50%	75%	95%		
A	20	PC	72	1843	144	212	290	576	4.4	125
		SP	64	1801	161	220	301	593	3.8	208
A	30	PC	77	1327	152	204	284	709	3.0	157
		SP	77	1869	174	237	310	606	3.9	262
A	40	PC	89	1863	169	230	306	560	4.1	268
		SP	105	1353	194	256	356	638	2.5	215
A	50	PC	101	1704	196	247	334	637	3.4	266
		SP	93	1500	251	333	498	970	2.3	91
A	60	PC	111	1663	242	310	392	629	3.4	346
		SP	148	1291	259	340	492	894	1.9	48
B	20	PC	74	2586	165	238	318	1073	4.2	124
		SP	85	2302	176	246	362	699	4.3	213
B	30	PC	84	1263	178	228	323	832	2.5	148
		SP	90	2531	204	275	378	573	5.3	253
B	40	PC	90	2140	197	242	332	801	3.6	271
		SP	76	2206	218	293	406	700	4.2	213
B	50	PC	114	1226	227	281	369	702	2.6	264
		SP	119	2449	254	346	496	834	4.4	96
B	60	PC	95	2111	295	363	461	764	3.2	361
		SP	174	1300	272	373	499	946	2.3	34

注：数字は秒。調査回答時間は同一調査票種別の回答者全員に共通する質問の回答時間の合計。
　　Split は調査票種別，Device は回答デバイス。SP はスマートフォン。

6．回答の質への影響

　回答デバイスの種別により回答の質に違いがあるかどうか調べるために，DKNA 回答，非識別化回答，ストレートライニング，尺度項目の内的一貫

216

性（α係数）を指標とする検討を行った。これらの指標は先行研究において最小限化回答の指標とされ、回答の質の比較検討に用いられてきたものである。以下では各指標ごとに分析の結果を報告する。

（1）DKNA 回答

　教育水準と世帯年収を尋ねる質問の DKNA 回答率を調べた。まず、教育水準の「答えたくない」という選択肢の回答率は、PC 群 1.2 %、SP 群 1.0 %、TB 群 1.8 % と各群とも希少で、両変数の間に有意な関連は認められなかった（$N=4,140$）。また、世帯年収の「わからない・答えたくない」という 1 選択肢の回答率は、PC 群 22.3 %、SP 群 18.7 %、TB 群 22.6 % と SP 群でやや低くなっていた（$\chi^2 (2) =7.9$, $p<.05$, Cramér's $V=.04$）。以上の結果から、SP 群で DKNA 回答の割合が高くなってはいないと判断された。

（2）非識別化回答

　非識別化回答の測定には映像・動画視聴に関する質問（18 項目）を用いた。この質問には背反関係になりうる項目のペアが 3 組含まれており（注12）、全項目選択や全項目非選択は矛盾する回答パターンとなるため、非識別化回答の指標となりうると考えられた。なお、この質問はスプリット法により回答形式が 2 種類用意されており、一方はあてはまる項目をいくつでも回答する複数回答（MA）形式、もう一方は項目ごとにあてはまるかどうかを回答する個別強制選択回答（FC）方式であった。そこで、それぞれの回答形式ごとに、回答デバイス各群間で全項目選択（および、1 項目非選択）と、全項目非選択（および、1 項目選択）の割合を比較した（1 項目非選択や 1 項目選択を準指標としたのは、回答者が全項目同一回答への警告（プロンプト）を回避する目的で、1 箇所だけ回答を変える可能性があったためである）。

　結果を見ると、まず、MA 形式については全項目選択と 1 項目非選択は皆無であったが、全項目非選択は PC 群 22.4 %、SP 群 12.4 %、TB 群 23.1 % と SP 群で低かった（$N=2,070$；$\chi^2 (2) =33.0$, $p<.001$, Cramér's $V=.13$）。また、1 項目選択は PC 群 18.4 %、SP 群 20.6 %、TB 群 17.9 % と同

程度であった。次に，FC 形式については，全項目選択は PC 群 0.6 ％，SP 群 0.6 ％，TB 群 0.0 ％と各デバイスとも希少であった（$N=2{,}070$）。また，1 項目非選択も PC 群 1.1 ％，SP 群 1.0 ％，TB 群 0.0 ％と同様であった。他方，全項目非選択は PC 群 3.0 ％，SP 群 2.9 ％，TB 群 1.2 ％で，回答デバイスとの有意な関連は認められなかった。また，1 項目選択は PC 群 7.2 ％，SP 群 4.1 ％，TB 群 3.5 ％で，SP 群で高くなる傾向は見られなかった。

なお，上記の傾向がテレビとスマートフォンの所有状況の影響を受けている可能性も考えられたため，テレビとスマートフォンの両方を所有する層（MA 形式：$N=1{,}553$，FC 形式：$N=1{,}580$）について同様の分析を行ったが，結果は上記と同様であった。以上の結果から，SP 群で非識別化回答の割合が高くなってはいないと判断された。

（3）ストレートライニング

ストレートライニング（SL）の測定には，改訂版テレビ親近感尺度（以下 TAS，江利川・山田，2012）の項目（7 項目・5 件法），および，視聴している番組・動画のジャンルに関する質問（15 項目・4 件法）を用いた。

まず，TAS 項目については，7 項目中に逆転項目が 1 項目含まれていたため，選択肢両端における SL は不正回答の疑いが濃厚となるが，回答デバイス各群間には選択肢両端における SL の割合にまったく差がみられなかった（注 13）。また，5 件法の項目では中央選択肢で SL が増えることが知られているが（山田・江利川，2021），そうした回答の割合は PC 群 2.6 ％，SP 群 1.0 ％，TB 群 2.4 ％と SP 群で低かった（$\chi^2 (2) = 12.6$，$p<.01$，Cramér's $V=.06$）。なお，こうした結果は，テレビ所有層を対象とした場合もまったく同様であった（表 9-7）。

ただし，この質問は調査冒頭に配置されており，1 画面に表示される項目数も 7 項目と少なかったため，SL が生じにくかった可能性もある。そこで，より調査後方に位置し（13 問中 5 問目），1 画面の項目数（判断回数）が 15 項目と多く，回答者の疲労感や飽きの影響を受けやすかった質問として，視聴している番組・動画のジャンルに関する質問における SL と NSL（near straightlining）について検討した（NSL は 1 項目のみ別回答の準 SL）。結果は表 9-8 に示すとおりで，SL・NSL は各選択肢とも希少で，そ

表9-7　心理尺度質問におけるストレートライニング

尺度	Device	選択肢別					合計	N
		1	2	3	4	5		
TAS	PC	0.5	0.7	2.6	0.2	0.4	4.3	2,260
	SP	0.4	0.7	1.0	0.1	0.4	2.6	1,602
	TB	1.2	0.0	2.5	0.0	0.0	3.7	163

注：数字は％（回答者はテレビ所有者）。TAS は改訂版テレビ親近感尺度。De-vice は回答デバイス。SP はスマートフォン，TB はタブレット端末。選択肢の言語ラベルは1から5へ「あてはまる，まああてはまる，どちらともいえない，あまりあてはまらない，あてはまらない」。

表9-8　視聴行動質問におけるストレートライニング

Device	SL・NSL	選択肢別				合計	N
		1	2	3	4		
PC	SL	0.0	0.2	0.1	1.2	1.5	2,333
	NSL	0.2	0.9	0.2	1.2	2.4	
SP	SL	0.1	0.2	0.1	0.9	1.3	1,643
	NSL	0.3	0.3	0.6	1.1	2.3	
TB	SL	0.0	0.0	0.6	0.6	1.2	164
	NSL	0.6	0.6	0.6	1.2	3.0	

注：数字は％。Device は回答デバイス。SP はスマートフォン，TB はタブレット端末。SL は straightlining，NSL は near straightlining。選択肢の言語ラベルは1から4へ「よく見る，ときどき見る，あまり見ない，まったく見ない」。

うした割合には回答デバイス各群間に差が認められなかった。以上の結果から，SP 群では SL・NSL の割合は高くなっていないと判断された。

（4）尺度項目の内的一貫性

　上述の TAS について，回答デバイス各群間で信頼性係数（α 係数）の値に差があるかどうか検討した。その結果，まず，TAS7 項目の α 係数は，PC 群 0.94（$N=2,333$），SP 群 0.93（$N=1,643$），TB 群 0.93（$N=164$）で回答デバイス間に大きな違いはなく，3 群とも十分に高い値であった。なお，テレビ所有層を対象とした場合でも，TAS7 項目の α 係数は，PC 群 0.94（N

$=2{,}260$),SP 群 0.93（$N=1{,}602$），TB 群 0.93（$N=163$）と上述とまったく同様の結果であった。以上の結果から，SP 群における尺度項目の内的一貫性は他の 2 群と同程度であると判断された。

　以上のように，最小限化に関わる 4 つの指標を用いて検討した結果，公募型ウェブ調査の回答の質には回答デバイス種別による違いは認められなかった。

7.　スマホ・ジレンマの解消？

　本研究では日本の公募型ウェブ調査について，回答デバイス種別の割合を調べるとともに，回答デバイス各群の回答者属性と回答行動の違い，および，回答の質の違いについて検討した。結果を見ると，まず，スマートフォン（SP）からの回答は約 4 割であった。また，SP 回答者は女性で多く，SP 回答者の 6 割弱が若い年代（20 代と 30 代）によって占められていた。次に，回答行動に関しては，SP 群では PC 群に比べ回答ストレス感が非常に高く，回答中断行動が若干多くなっていた。ただし，回答時間については，年代を統制したところ，PC 群よりも SP 群で長時間化する傾向がうかがわれたが，対数化回答時間の平均値については回答デバイス間に有意差が認められなかった。なお，回答の質については，DKNA 回答，非識別化回答，ストレートライニング，尺度項目の内的一貫性という 4 種類のパラデータについて検討した結果，SP 群で PC 群より回答の質が低下することを示す結果は得られず，この点は海外の先行研究と整合的な結果となった。以下では，こうした結果の含意について検討する。

　まず，注目すべきなのは，日本の公募型ウェブ調査においてもスマホ・パラドックスが認められたことである。本研究では，SP は画面が小さく狭いため回答負荷が大きく，ディストラクションが生じやすい可能性があることが示された。にもかかわらず，SP 回答は明らかな長時間化を示さず，回答の質は PC 回答に劣るとは言えないことも示された。こうした逆説的な結果は，公募型ウェブ調査を行う立場から見ると，それ自体としては好ましいものだと言ってよいだろう。

なお，こうした結果が生じる原因としては，まず，SP に慣れ親しみ SP 操作に長けた回答者（登録モニター）が，SP をウェブ調査の回答デバイスとして選択・利用した可能性が考えられる。そして，それが主たる原因であれば，今後の SP の普及や登録モニターの世代交代によって，公募型ウェブ調査における回答デバイスの違いは問題ではなくなっていくことも十分予想される。ただし注意が必要なのは，SP による回答に困難を感じた回答者や，SP によって低質の回答を行いがちな回答者は，脱落によってサンプルに含まれなかった可能性がある，という点である。また，そうだとすれば，SP 回答者には PC 回答者よりも，真面目で粘り強いパーソナリティ特性の持ち主が多く含まれているかもしれない。この点は今後の重要な検討課題であると考えられる。

　しかし，その他の原因として，そもそも本研究で行った調査が，全体として質問数が少なく，不正回答や不良回答が発生しにくいものであった可能性も考えられる。こうした点への積極的な言及は，先行研究においても意外なほど少ないが，質の低い回答は回答デバイスや回答者の特性によって生じるだけでなく，調査の特性によっても生じるはずである。長大な調査票やリッカートグリッドの連続，目的や意義が理解しにくい調査内容など，回答者の回答への動機付けを低下させる要素がないかどうか，調査それ自体についても検討されるべきである（注14）。

　また，そのような意味では，本研究の結果の一般化には一定の制約があることになる。本研究で実施した調査は 2017 年に一都三県の男女 20 〜 69 歳を対象としたものであるが，制約はそれだけに留まらない。本研究の本調査の質問数は 13 問と比較的少なく，回答時間の中央値も 5 分程度に過ぎなかった。また，1 質問の項目数やジャッジ（判断回数）が 20 を超える質問はほとんどなく，リッカートグリッドも 3 問であった。さらには，調査内容が誰にでも容易に回答可能な日常的情報行動であったことも，回答の質が低下しなかった原因となっていたかもしれない。そのため今後は，より質問数が多い調査や目的を異にする調査においても，回答デバイスの影響が生じないかどうか，さらなる検証が必要であると言わねばならない（注15）。

　次に，公募型ウェブ調査の設計において，回答デバイスを PC だけに制限すべきかどうかという問題（スマホ・ジレンマ）について考えておきたい。

ウェブ調査については，不正回答や不良回答を除外するための方法として，回答時間を計測し，超短時間回答者を除外するという方法が知られている（Smyth et al., 2006）。また，従来は，SP 回答の質が PC 回答とは異なる可能性があることをもって，回答デバイスを PC だけに制限することが可能であり，それによって，回答時間によるデータクリーニングも容易となっていた。

　しかし，SP 回答と PC 回答の間に質の差がないという本研究の結果が一般化可能だった場合には，SP 回答を排除する積極的な根拠が減ることになる（「スマホ・パラドックスによるスマホ・ジレンマの解消」と言えるかもしれない）。ただし，回答デバイスを制限しない場合には，回答デバイスごとに超短時間回答者を識別する必要も生じうるため，データクリーニングの手間が増加することも懸念される。そのような意味では，本研究の結果は分析のコスト増につながりうるものであり，手放しで好ましい結果だと言えるわけではない。

　また，最後に，これまであまり議論されていない論点として，公募型ウェブ調査の回答者が SP 回答を望んでいるかどうか，という問題があることにも触れておきたい。ここまでの議論のなかで，SP 回答者の割合が増加していることや，SP 群と PC 群の回答の質に差がなかったことが明らかとなったため，SP 回答者は自ら進んで SP を利用したとのイメージが生まれているかもしれない。しかし，本当にそうだろうか。本研究の結果では，SP 群で回答ストレス感が顕著に高まっていたが，そうした SP 回答者は，その後も喜んで SP で回答し続けているのだろうか。また，公募型ウェブ調査の場合，回答者の脱落率についての情報は入手困難であるが，回答デバイスごとに脱落率に大きな差があるのではないだろうか。そうした考察から導かれるのは，登録モニターの回答頻度や継続年数によって，回答デバイスの選好に違いがあるかどうかというリサーチ・クエスチョンである。回答デバイスの制限が調査のカバレッジにどのような影響を与えうるかを考えるうえで，こうした検討が不可欠であることは言うまでもないだろう。

　今後も公募型ウェブ調査の利用は増加し，SP の普及もさらに進んでいくものと予想されるが，そうした動向のなかで明らかになりつつあるのは，公募型ウェブ調査は「お手軽でコストパフォーマンスの良い手法」であるとは

限らない，ということである。公募型ウェブ調査には適切な使い方があり，そうした使い方を具体的に知るためには，十分な基礎研究と情報の公開・共有が必要とされる（注16）。本研究の結果が指し示しているのも，そうした当たり前の事実である。

注

注1　「インターネット調査品質ガイドライン第2版」（一般社団法人日本マーケティング・リサーチ協会インターネット調査品質委員会，2020年5月刊行）。

注2　たとえば，低所得層，低教育水準層，マイノリティなど（Keusch & Yan, 2017）。

注3　SP回答における時間増の原因としては，通信回線速度の遅さ，画面サイズの小ささ（スクロール時や読み取り時），携帯に起因するディストラションなどが考えられるが，Couper & Peterson（2017）は大学生データを分析し，時間増の主な要因はスクロールであり，特に質問形式がグリッドであるときにそうである，と述べている。

注4　同時期のレビューであるWells（2015）やCouper et al.（2017）においても同様の見解が示されている。ただし，Couper et al.（2017）には一貫した結果が得られていない論点への言及もある。

注5　LISS（オンライン確率パネル）はオランダの研究機関CentERdataのデータ。GESIS Panel（確率ミックスモードパネル）はドイツのライプニッツ社会科学研究所GESISのデータ。

注6　順位法（Revilla, 2017; Revilla et al., 2017; Revilla & Couper, 2018b），グリッド（Revilla & Couper, 2018a），選択肢順序（昇順・降順）（Krebs & Höhne, 2021），マルチタスキング（Höhne et al., 2020），などが挙げられる。

注7　そうしたなか，二瓶（2015），齊藤・二瓶（2016），工藤ほか（2018），水野ほか（2018），高橋・成田（2019），眞嶋・中村（2022）は貴重な研究報告となっている。

注8　公募型ウェブ調査（調査会社委託，ポイント報酬制，スクリーニング調査

と本調査を一体化した調査）。一都三県在住の男女 20 〜 69 歳が対象。調査は 2017 年 3 月 30 日（木）〜 31 日（金）に実施。本調査はスプリット調査であり調査票種別は 4 種類。各調査票ごとに，直近の一都三県の性年代別人口比に基づいて，性年代別の 10 区分に対し 1,000 人を割り付け，総計 4,000 人を目処に実査を行った。実査では，まず，調査会社の登録モニターを対象に，スクリーニング調査を 68,555 人に配信して 5,239 人から回答を得た。次に，ここから無効回答，回答に利害の影響が懸念される特定業種の従事者（家族に従業者がいる者を含む），および，通信速度が著しく遅いダイヤルアップ接続者を除外して，4,317 人を本調査の対象者とし，最終的に 4,140 人の有効回答を得た。調査では 1 画面に 1 質問を表示し，警告表示により無回答を許容しない仕様とした。また，SP の調査票は SP に最適化される仕様であった。なお，調査は株式会社 TBS テレビ・マーケティング部（現：総合マーケティング室）と本論文の著者を構成員とするアクティブメディア研究会が共同で実施した。データ利用を許可していただいた株式会社 TBS テレビ・総合マーケティング室に感謝する。なお，調査は調査会社に委託されたが，回答者の個人情報は調査会社の個人情報保護ポリシーに従って管理されており，プライバシーに関する問題はないと判断された。また，本研究で行うのはパラデータの分析であり，倫理的な問題はないと判断された。

注 9　本章は山田・江利川（2022）に大幅な加筆修正を加えたものである。

注 10　スクリーニング後の本調査において，標準的な回答者が回答する質問は全 13 問であった（回答内容によっては「非該当」による質問のスキップが生じる）。そのため，以下では特に断りのない限り，本調査の質問数を便宜的に「13 問」と見なす。

注 11　一元配置分散分析では，各調査票種別ごとに各回答デバイスの調査回答時間の分布を調べ，長時間方向の外れ値を除外した（除外数は表 9−5 の「除外」欄に表示）。

注 12　視聴画面志向（大画面／スマホ画面），違法動画意識（良くない／気にならない），視聴形態志向（少しずつ／一気）の 3 ペア。

注 13　これらの項目では NSL は十分ありうる回答である。また，調査会社のなかには，項目数が少ない調査画面では全項目同一回答への警告（プロンプト）を表示しない仕様を採用している会社もあるため，回答者がそれを学習している可能性も考えられた。そのため，ここでは SL のみを回答の質の指標とした。

注14　こうした点に関わる研究例としては，フィルター質問における虚偽報告（motivated misreporting）について検討した Daikeler et al.（2022）が挙げられる。ここで言う「フィルター質問における虚偽報告」とは，フィルター質問の下に該当者向けの下位質問が併記されていると，それを見た回答者が，回答が長時間に及ぶことを避けようとして，フィルター質問に「非該当」という虚偽の回答を行う現象のことである。Dikeler たちはこうした現象に注目し，そうした虚偽報告が PC よりもスマホで多発するかどうか実験的ウェブ調査を行っている（2018 年にドイツの非確率オンラインパネルを利用）。調査の結果，PC 回答とスマホ回答の間に虚偽報告の差は認められなかったが，下位質問については回答の質を示す 4 指標のうち，買物額についての端数処理（heaping）と項目無回答（または DK 回答）の 2 指標について，スマホ回答においてデータの質の低下が認められた。もっとも，この調査は実験的調査であり，回答者も PC とスマホの両方を所有・使用している者に限定されていたため，一般的な公募型ウェブ調査でも同様の傾向が認められるとは限らない。しかし，回答者の回答負荷が大きくなった場合には，スマホ回答の回答の質が低下しうることを示唆している点は重要である。

注15　ただし，注意が必要なのは，今後 SP 群において回答の質の低下が認められても，それによって直ちに SP という回答デバイスが全否定されるわけではないという点である。というのも，そうした質の低下が示唆しているのは回答デバイスの適否であるとともに，「質問量の多さ」に代表されるような「調査自体の問題点」でもあるからである（質問量を著しく増やすなどすれば，回答の質を低下させることは容易である）。また，そのような意味では，真に必要とされているのは「質問量の上限」に関する情報や経験則だと言うこともできる。

注16　そうした検討・議論において忘れてはならないのは，データの質の検討が従来型データだけに限られてしまうと，モバイルデバイスの長所や可能性を評価できなくなってしまうということである。こうした問題について Revilla（2022）は，新しいデータの種類としてウェブログ（metered data），位置情報（geolocation data），視覚データ，音声データの 4 種類を挙げ，ウェブ調査という視点から，そうしたデータの取得・活用にはモバイルデバイスが重要であることを指摘している。もちろん，そうしたデータには長所も短所もあるのだが，彼女は「どんなデータにもエラーはある」と述べたうえで，複数のデータの相互補完が重要であることを強調している。ウェブ調査に関する測定誤差の実証研究では，暗黙のうちに従来型の方法やデータとの等価性を基準にしがちであるが，これからの研究においては，新しい方法には従来型の方法にはないメリットがあることや，新し

い方法のメリットとデメリットのバランスやトレードオフをどう考えるか，といった議論が重要となっていくものと思われる。

引用文献

Antoun, C., Couper, M. P., & Conrad, F. G.（2017）. Effects of mobile versus PC web on survey response quality: A crossover experiment in a probability web panel. *Public Opinion Quarterly*, **81**, 280-306.

Couper, M. P., Antoun, C., & Mavletova, A.（2017）. Mobile web surveys. In P. P. Biemer, E. de Leeuw, S. Eckman, B. Edwards, F. Kreuter, L. E. Lyberg, N. C. Tucker & B. T. West（Eds.）, *Total survey error in practice: Improving quality in the era of big data*. New York: Wiley, pp.133-154.

Couper, M. P. & Peterson, G. J.（2017）. Why do web surveys take longer on smartphones? *Social Science Computer Review*, **35**, 357-377.

Daikeler, J., Bach, R. L., Silber, H., & Eckman, S.（2022）. Motivated misreporting in smartphone surveys. *Social Science Computer Review*, **40**, 95-107.

江利川滋・山田一成（2012）. 改訂版テレビ親近感尺度の信頼性と妥当性　心理学研究, **82**, 547-553.

Höhne, J. K., Schlosser, S., Couper, M. P., & Blom, A. G.（2020）. Switching away: Exploring on-device media multitasking in web surveys. *Computers in Human Behavior*, **111**, 106417.

Keusch, F. & Yan, T.（2017）. Web versus mobile web: An experimental study of device effects and self-selection effects. *Social Science Computer Review*, **35**, 751-769.

Krebs, D. & Höhne, J. K.（2021）. Exploring scale direction effects and response behavior across PC and smartphone surveys. *Journal of Survey Statistics and Methodology*, **9**, 477-495.

工藤公久・村上智章・岸田典子・二瓶哲也・出口敬子（2018）. インターネット調査の課題と品質向上に向けた取り組み: 持続可能な調査環境を目指して　政策と調査, **15**, 5-12.

眞嶋良全・中村紘子（2022）. 詰め込みすぎにご用心: モバイル端末と複数呈示形式がデータの質を低下させる可能性の検討　基礎心理学研究, **40**, 147-156.

水野一成・鈴木孝幸樹・吉良文夫（2018）. モバイル動向調査でみる回答の傾向の差異: スマートフォン回答者とパソコン回答者の特性　政策と調査, **15**, 13-19.

二瓶哲也（2015）. インターネット調査の新潮流: スマホユーザーの増加とその活用可能性　政策と調査, **9**, 59-66.

Revilla, M.（2017）. Are there differences depending on the device used to complete a web survey（PC or smartphone）for order-by-click questions? *Field Methods*, **29**, 266-280.

Revilla, M.（2022）. How to enhance web survey data using metered, geolocation, visual and voice data? *Survey Research Methods*, **16**, 1-12.

Revilla, M. & Couper, M. P.（2018a）. Comparing grids with vertical and horizontal item-by-item formats for PCs and smartphones. *Social Science Computer Review*, **36**, 349-368.

Revilla,M. & Couper,M.P.（2018b）. Testing different rank order question layouts for PC and smartphone respondents. *International Journal of Social Research Methodology*, **21**, 695-712.

Revilla,M., Toninelli,D., & Ochoa,C.（2017）. An experiment comparing grids and item-by-item formats in web surveys completed through PCs and smartphones. *Telematics and Informatics*, **34**, 30-42.

齊藤ひとみ・二瓶哲也（2016）．PC・スマホの調査画面における回答方法の考察：アイトラッキングによる検証　政策と調査，**11**，59-66.

Smyth, J. D., Dillman, D. A., Christian, L. M., & Stern, M. J.（2006）. Comparing check-all and forced-choice question formats in Web surveys. *Public Opinion Quarterly*, **70**, 66-77.

Sommer, J., Diedenhofen, B., & Musch, J.（2017）. Not to be considered harmful: Mobile-device users do not spoil data quality in web surveys. *Social Science Computer Review*, **35**, 378-387.

高橋伸彰・成田健一（2019）．Web 調査における画面レイアウトの違いは回答姿勢に影響を与えるか？：同一の調査項目を調査会社 1 社のモニタに施行して　日本心理学会大会発表論文集，**83**，1A-002.

Tourangeau, R., Maitland, A., Rivero, G., Sun, H., Williams, D., & Yan, T.（2017）. Web surveys by smartphone and tablets: Effects on survey responses. *Public Opinion Quarterly*, **81**, 896-929.

Tourangeau, R., Sun, H., Yan, T., Maitland, A., Rivero, G., & Williams, D.（2018）. Web surveys by smartphones and tablets: Effects on data quality. *Social Science Computer Review*, **36**, 542-556.

Wells, T.（2015）. What market researchers should know about mobile surveys. *International Journal of Market Research*, **57**, 521-532.

山田一成・江利川滋（2021）．公募型 Web 調査におけるストレートライニングについて：SD 法を用いた企業イメージ測定に関する事例研究　東洋大学社会学部紀要，**59**(1)，5-17.

山田一成・江利川滋（2022）．公募型 Web 調査の回答の質に回答デバイスが及ぼす影響　東洋大学社会学部紀要，**59**(2)，67-82.

Zou, S., Tan, K. P. S., Liu, H., Li, X., & Chen, Y.（2021）. Mobile vs. PC: the device mode effects on tourism online survey response quality. *Current Issues in Tourism*, **24**, 1345-1357.

10章　回答時間と回答中断行動

山田一成

1. パラデータとしての回答時間

　公募型ウェブ調査は安価で機動性が高く，多様なカスタマイズが可能であり，各種パラデータも入手可能であるため，既に広く利用される方法となっている。しかし同時に，近年の方法論的基礎研究によって，公募型ウェブ調査が従来型調査の安価な代替ではなく，パラデータによる検票を必要とする特殊な方法であることも明らかになりつつある（増田ほか，2019; 埴淵ほか，2015）（注1）。

　本研究でもこのような認識に基づき，公募型ウェブ調査の検票作業に利用可能なパラデータである回答時間と回答中断行動に注目し，まず，その実態を明らかにすることを試みる。そして，回答中断者の回答が回答非中断者の回答と比較して異質であるかどうか検討し，そのうえで回答中断行動を管理する必要があるかどうか議論する（注2）。

228

なお，本研究で取り上げる回答中断行動は無効票となる脱落（breakoff）ではなく，有効票における一時的な回答中断である（注3）。こうした回答者の行動については，早くから休止（inactivities）や中断（interruption, distraction）といった言葉による言及があったものの，その実態や発生理由，および，それが回答の質に及ぼす影響などについては，実証研究が十分に行われないままとなっていた（Callegaro et al., 2015）（注4）。

　そうしたなか，大規模なウェブ調査データに基づき，回答中断行動とその影響について詳細な分析を行ったのが Ansolabehere & Schaffner（2015）である。Ansolabehere たちが分析したのは政治を主題とする4つのウェブ調査で，そのうちひとつは Knowledge Networks 社が2010年に実施した調査（パネルからの確率標本）であった。また，それ以外の3つは YouGov 社が2011年から2012年にかけて実施した調査（オプトイン・パネルからのサンプル・マッチング）で，そのうちの2つは CCES の一部であり，残りの1つは ANES の一部（モード比較のためのオンライン調査）であった（注5）。

　こうした調査のデータを用い，Ansolabehere たちは，家事や電話などの回答中断行動9項目について分析を行い，その結果，①所要時間30分程度の調査で少なくとも1種類以上の回答中断行動があった者は約5割にも及んでおり，回答中断行動が一般的であること，②調査所要時間が長くなるほど回答中断行動が増える傾向があること，③回答中断行動を増加させるのは調査の前半・後半といった質問の位置ではなく，回答が認知的努力を要するかどうかであると考えられること，そして，④そうした回答中断行動は回答時間増につながるものの，回答の質を低下させることはない，などといった貴重な知見を報告している（注6）。

　ただし，Ansolabehere たちが分析に用いたデータは米国において収集されたデータであり，サンプリングの方法も現在日本で多用されている公募型ウェブ調査における割当法（回答者パネルからの先着順方式）とは異なっている。そのため，回答中断に関する彼らの調査結果がそのまま現在の日本の公募型ウェブ調査に当てはまるという保証はない。そこで本研究では，Ansolabehere たちの研究方法を参考に，日本の公募型ウェブ調査における回答中断行動と回答時間の実態を明らかにすることを試みる（注7）。

2．調査研究の概要

　本研究では，以下，まず3節で，回答中断行動の分析に必要な回答時間の特性を明らかにする。そのうえで，4節では回答中断行動の実態について報告し，5節と6節では回答パターンの分析に基づき，回答中断行動が回答の質の低下と関連するかどうか検討する。なお，結果の報告に先立ち，本研究において実施された調査の概要と，分析によって得られた主な知見を要約しておきたい。

　まず，本研究では，一都三県在住の男女20 ～ 69歳を対象に実施された公募型ウェブ調査のデータを分析に用いている。調査は2回行われており，第1回調査は2017年に実施され，分析対象者は1,401名であった（注8）。また，第2回調査は2018年に実施され，分析対象者は594名であった（注9）。なお，どちらの調査にもスプリット法が採用されていた。

　こうした調査データを分析した結果，本研究では以下のような知見が得られた。まず，公募型ウェブ調査の登録モニターのなかには，希少ながら，調査冒頭の調査依頼画面を提示したまま，長時間にわたり回答を開始しない回答者がいることが判明した。また，本研究の調査において，有効回答者の少なくとも4割超が何らかの理由で一時的に回答を中断していることも明らかとなった。ただし，回答中断群と回答非中断群の間に，回答の質の著しい差は認められなかった。また，そのため，一時的な回答中断のみを理由に，回答中断者の回答を無効とする必要があるとは言えないと判断された。

　以下では，そうした個々の分析の方法と結果について，更に詳しい報告を行うことにしたい。

3．回答時間の測定

　本研究では，公募型ウェブ調査の回答時間の特性と実態を明らかにするために，以下のような時間計測を行った。まず，公募型ウェブ調査の回答時間としては，①調査所要時間，および，②質問画面提示時間を測定した（以下では適宜「秒」を「s」と表記する）。

これらのうち，①は調査会社の仕様に従いデフォルトで測定される変数であり，②は発注者の指定によって測定される変数である。なお，②は各質問画面ごとに測定されるため，以下では②の総和を「総質問画面提示時間」または「Σ②」と表記する。また，本研究の公募型ウェブ調査はスプリット調査として行われたため，分析は，適宜，スプリットの各票別に行った（第1回調査の調査票はA票〜D票の4種類，第2回調査の調査票はA票〜C票の3種類）。なお，回答時間の分析に際しては，適宜，自然対数化した値を用いた。

　まず，第1回調査の結果を見ると，調査所要時間（①）と総質問画面提示時間（Σ②）の分布には著しい違いが認められた（①：最小値90s，最大値56,936s，中央値284s，Σ②：最小値71s，最大値2,067s，中央値266s）。そこで，こうした結果になる理由を調査会社に問い合わせたところ，①と②の間に「①＝Σ②＋③調査依頼画面提示時間」という関係があることが判明した。

　ここで言う「調査依頼画面」とは，回答者が調査票にアクセスした際に，質問画面に先行して表示される「依頼メッセージ表示画面」のことである。本研究で実施した調査では，調査依頼画面に表示された回答者への依頼メッセージは，調査タイトルを含め176字（ボタン操作指示を除く）であったが，③（＝①−Σ②）の分布を調べたところ，調査の冒頭で調査依頼画面が提示された後，長時間「質問1（最初の質問）」に進まない回答者がいることが明らかとなった（③：最小値3s，最大値56,641s，中央値10s，第3四分位15s）。具体的に言えば，回答者の94.7％は60秒以内に「質問1」に進んでいたが，1時間以上「質問1」に進まなかった回答者も20名存在した。また，そのうち5名は10時間以上「質問1」に進んでおらず，③の最大値は16時間弱であった。

　次に，第2回調査の回答時間について検討したところ，上述の結果とほぼ同様の結果が得られた（①：最小値101s，最大値35,617s，中央値335s，Σ②：最小値92s，最大値2,050s，中央値316s）。また，③についても同様に，長時間「質問1」に進まない回答者が存在した（③：最小値3s，最大値35,291s，中央値10s，第3四分位15s）。なお，回答者の94.8％は60秒以内に「質問1」に進んでいたが，1時間以上「質問1」に進まなかった回答者

も9名存在した。また，そのうち3名は8時間半以上「質問1」に進んでおらず，③の最大値は10時間弱であった。

　こうした結果から，公募型ウェブ調査で異常に長い回答時間が測定された場合には，当該の変数が上記①であるかどうか確認する必要があると考えられる（注10）。また，Σ②の最大値が35分弱であることから，数時間にも及ぶ異常に長い回答時間は，質問への回答が開始されてからは発生しない可能性が高いと考えられる。ただし，両調査とも1ジャッジ・1クリックで回答可能な質問が5〜7割を占めており，Σ②の値が低めである点には注意が必要である。なお，一部の回答者が長時間「質問1」に進まなかったことについては，そうした行動の前提に，PCの常時稼働と常時ウェブ接続，および，同時並行作業（multitasking）の習慣化があると考えられる。

　以下では，回答時間に関する上記の検討を踏まえたうえで，まず，回答中断行動と回答時間の関係について検討する。なお，以下では特に断りの無い限り，便宜的に質問画面提示時間を回答時間と呼称する。

4. 回答中断行動の実態

　本研究では回答中断行動の実態を明らかにするために，調査の最後で「あなたは，今回の調査に回答する間に，次にあげるような理由で，一時的に回答を中断したことがありましたか」と尋ね，表10-1に挙げた12項目のそれぞれについて，該当するかどうか2件法で回答を求めた（質問画面には「事前アンケートを含めずに，本アンケートの開始後についてお知らせください」と注記した）。また，回答者は，こうした質問について1項目以上該当項目があれば「回答中断群」（以下，中断群），全項目非該当であれば「回答非中断群」（以下，非中断群）に分類された。

　以下では，こうした質問を用いて回答中断行動の分析を行うが，そうした分析に先立って，回答中断行動質問（表10-1）に明らかな不正回答が含まれていないかどうか検討しておくことにしたい。なお，ウェブ調査の個々の回答が不正回答かどうかについては，絶対的な真偽判定を下すことは不可能である。そのため，ここで行う検討も，個々の回答が不正回答の疑いが濃厚なものかどうかという検討に留まらざるを得ない。しかし，実証研究におい

232

表 10-1　回答中断行動の頻度（理由別）

中断理由	第 1 回調査		第 2 回調査	
	頻度 1	頻度 2	頻度 1	頻度 2
電話	6.3	14.7	4.9	10.5
電子メール	9.4	22.0	8.6	18.4
家の中での家族とのやり取り	18.4	43.0	17.3	37.2
仕事や家事	16.5	38.5	18.0	38.6
食事	10.8	25.3	12.3	26.4
入浴	5.8	13.5	5.6	11.9
睡眠	7.9	18.3	7.2	15.5
休憩	10.2	23.8	8.4	18.1
テレビ視聴	12.6	29.5	14.3	30.7
新聞・雑誌・コミックなどの閲読	2.8	6.5	3.4	7.2
ネットや SNS の閲覧	7.7	18.0	6.7	14.4
その他の理由	11.9	27.8	12.8	27.4
N	1,401	600	594	277

注：数字は列％。頻度 2 の N は回答中断者。質問項目では各中断理由の後に「に
　　よる回答中断」と記述。

て推論を行うためには，そうした検討を行っておくことが望ましいと考えら
れる。

（1）明らかな不正回答の有無

　不正回答の指標となるのは回答時間，および，ストレートライニング
（straightlining: SL）と呼ばれる回答パターンである（1 項目以外ストレート
ライニングは near straightlining: NSL）。

　以下では，まず，第 1 回調査について，回答中断行動に関する「該当」の
SL・NSL パターン，「非該当」の SL・NSL パターンの順に検討し，その
後，第 2 回調査について同様の検討を行う。そして，そのうえで，回答中断
理由，および，回答中断行動と回答時間の関係について検討する。

　第 1 回調査の結果　　まず，第 1 回調査については，回答中断行動「該
当」パターンのうち，全項目該当（12 個：SL）は 0.3 ％で，これに 1 項目
非該当（11 個：NSL）の 0.3 ％を加えても，0.6 ％（8 名）と希少であった
（表 10-2）。また，これら 8 名の回答中断行動質問への回答時間の範囲は 9s
〜 56s で，±2SD 基準で除外対象となるのは 8 名中 1 名であり，最小値の 9

表 10 − 2 　回答中断理由の該当個数

| 個数 | 第 1 回調査 | | 第 2 回調査 | |
	%	累積%	%	累積%
0	57.2	57.2	53.4	53.4
1	17.1	74.3	21.0	74.4
2	7.4	81.7	10.3	84.7
3	6.9	88.7	5.1	89.7
4	4.4	93.1	3.4	93.1
5	1.9	94.9	1.9	94.9
6	1.6	96.5	1.9	96.8
7	0.7	97.2	0.8	97.6
8	0.9	98.1	0.3	98.0
9	0.8	98.9	0.7	98.7
10	0.6	99.4	0.7	99.3
11	0.3	99.7	0.5	99.8
12	0.3	100.0	0.2	100.0
N	1,401		594	

秒についても，適切な回答行動が不可能な値ではないと考えられた。そのため，「該当」に関するSL・NSLについては，明らかな不正回答はないと仮定した。

　次に，回答中断行動「非該当」パターンのうち，全項目非該当（0個：SL）は57.2％で，1項目該当（1個：NSL）も17.1％と多く（表10−2)，それらは経験的に十分ありうるパターンであると考えられた。ただし，全項目非該当という回答パターンに，虚偽回答としての「中断なし」が混在している可能性がないわけではない。

　しかし，そのような虚偽回答は，以下のような理由により，回答時間に注目しても発見・除外することが困難であると考えられる。まず，回答時間の短さに注目すると，この質問が回答中断行動に関する質問であることは，質問画面提示後に短時間で理解可能であり，「中断なし」（全項目非該当）と回答する作業も短時間で可能である。そのため，「非中断者が全項目非該当と回答する」という適切な回答（T）も短時間で可能となるが，同時に，「中断者が全項目非該当と回答する」という虚偽回答（F）も短時間で可能となる。このように，今回の分析に使用した質問の形式では，TとFの混在が予想されるとしても，回答時間の短さによる虚偽回答の識別は極めて困難で

あると考えられる。

　ただし，非中断群において異常に長い回答時間が測定された場合には，虚偽回答の識別も不可能ではない。そこで，スプリット4群ごとに，非中断群における回答時間の分布を調べた。なお，ここで分析に用いた回答時間は，「質問1」から「回答中断行動質問の直前の質問」までの質問画面提示時間の総和である（以下，便宜的に④分析用回答時間，または，④と呼称する）。その結果，外れ値がA票に1つ，D票に2つ認められたが，それらの値は，明らかな虚偽回答を示唆するような著しく大きな値ではなかった。

　第2回調査の結果　　第2回調査についても第1回調査とほぼ同様で，まず「該当」パターンについては，SL（12個）とNSL（11個）の合計は0.7 %（4名）と希少であった（表10-2）。また，これら4名の回答中断行動質問への回答時間の範囲は9s～57sで，最小値の9秒についても，適切な回答行動が不可能な値ではないと考えられた。そのため，第2回調査についても，「該当」に関するSL・NSLについては，明らかな不正回答はないと仮定した。

　なお，「非該当」パターンについても，SL（0個）が53.4 %，NSL（1個）が21.0 %と，第1回調査とほぼ同様の結果であった（表10-2）。また，非中断群における回答時間（④分析用回答時間）については，外れ値がA票に1つ，C票に1つ，対数化回答時間の平均値から+2SDを超える外れ値がB票に5つ認められた。しかし，それらの値も，明らかな虚偽回答を示唆するような著しく大きな値ではなかった。

　小括　　以上のような検討の結果，上記の質問（表10-1）には，明らかな虚偽回答が含まれているとは言えなかった。また，そのため，測定された各回答中断行動の割合は，概ね妥当であると判断された。ただし，中断者が非中断群に混在している可能性を完全に排除することはできないため，厳密に言えば，各回答中断行動の割合は，一種の下限値として扱うべきであると考えられる。なお，一般に，回答中断は好ましくないことと見なされる。また，登録モニターにとって，回答中断行動を問う質問は調査会社のパネル管理作業を連想させる可能性がある。更には，回答中断者のほうが「中断」かどうかの判断基準が緩いことも十分考えられる。こうした点も，上記の回答中断行動の割合を下限値と見なす根拠になりうると考えられる。

（2）回答中断者の割合と中断理由

　以上の検討を踏まえ，以下では，回答時間±2*SD* 基準などによるサンプルの除外を行わずに，回答中断者の割合と回答中断理由の頻度を示す。なお，両調査とも，回答中断理由の全項目について，スプリットされた群間に差が認められなかったため，以下では群を併合した場合の結果を示す（表10−1，表10−2）。

　第1回調査の結果　　まず，第1回調査における回答中断理由の選択個数については，上述のとおり，「0個」（回答中断なし）が57.2％で，回答中断者は4割を超えていた。また，回答中断理由を1つだけ選択した者は17.1％に留まり，理由を複数挙げた者のほうが25.7％と多かった。なお，回答中断理由は単一の項目に集中せず，多くの項目に分散していたが，多かったのは「家の中での家族とのやり取り」と「仕事や家事」で，それらに「テレビ視聴」と「食事」が続いていた。なお，第2回調査についても，ほぼ同様の結果であった（表10−1，表10−2）(注11)。

　次に，回答中断行動の有無と上述の④分析用回答時間の関係については，表10−3と表10−4に示すとおりである。まず，第1回調査の結果を見ると（表10−3），スプリット4群ともほぼ同様の結果となっており，非中断群と中断群の間に第3四分位（75％）で25s〜41sの差があり，中断群のほうで④が長くなっていた。また，④の最大値も，中断群で非中断群よりも742s〜1,086s大きくなっていた。ただし，このような増加は，調査所要時間（①）について計測された異常に長い回答時間とは異なり，最大値で見ても最大18分程度の増加に過ぎなかった。

　第2回調査の結果　　次に，第2回調査の結果を見ると（表10−4），スプリット3群ともほぼ同様の結果となっており，非中断群と中断群の間に第3四分位（75％）で51s〜89sの差があり，中断群のほうで④が長くなっていた。また，④の最大値も，中断群で非中断群よりも115s〜390s大きくなっていた。ただし，このような増加は最大値で見ても最大6分半程度の増加に過ぎなかった。

　小括　　以上が2回の調査における結果であるが，こうした結果はどのように解釈されるべきだろうか。回答中断行動によって回答時間が増加するの

表 10-3　分析用回答時間の記述統計量（第 1 回調査・回答中断行動の有無別：秒）

| | | A 票（Split 1） | | B 票（Split 2） | | C 票（Split 3） | | D 票（Split 4） | |
		非中断	中　断	非中断	中　断	非中断	中　断	非中断	中　断
最小値		86	82	86	92	71	62	87	77
最大値		845	1872	813	1906	981	1713	861	1781
四分位	25 %	185	188	172	185	189	182	175	173
	50 %	236	251	240	244	226	246	239	244
	75 %	320	349	312	337	295	336	329	356
平均		268.0	309.2	267.0	311.3	259.0	303.7	270.6	317.3
標準偏差		129.6	221.6	137.2	261.7	126.1	223.0	139.3	274.5
歪度		1.78	3.68	1.69	4.01	2.02	3.24	1.65	3.50
N		196	161	213	139	211	153	178	147

注：分析用回答時間は「質問 1」から「回答中断行動質問の直前の質問」までの質問画面提示時間の総和。非中断群については分析用回答時間の明らかな外れ値を A 票で 1 つ，D 票で 2 つ除外した。

表 10-4　分析用回答時間の記述統計量（第 2 回調査・回答中断行動の有無別：秒）

| | | A 票（Split 1） | | B 票（Split 2） | | C 票（Split 3） | |
		非中断	中　断	非中断	中　断	非中断	中　断
最小値		77	99	84	95	87	101
最大値		850	1098	675	1065	882	997
四分位	25 %	220	232	191	215	184	232
	50 %	292	313	261	313	262	301
	75 %	378	419	341	430	354	405
平均		312.1	361.6	272.0	357.5	288.3	348.0
標準偏差		141.1	202.5	112.4	206.2	146.4	172.0
歪度		1.18	1.60	0.62	1.39	1.42	1.69
N		101	92	113	96	97	85

注：分析用回答時間は「質問 1」から「回答中断行動質問の直前の質問」までの質問画面提示時間の総和。非中断群については，分析用回答時間の明らかな外れ値を A 票で 1 つ，B 票で 4 つ，C 票で 1 つ除外した。中断群については，同様の外れ値を A 票で 1 つ，B 票で 1 つ，C 票で 2 つ除外した。

は当然であるが，問題はその程度である。もしも，多くの回答者において，回答中断行動により数時間から十数時間もの時間増が生じているようであれば，調査の目的によっては，回答者間でも回答者内でも同じ条件下で回答したとは仮定できなくなる可能性がある。

　しかし，本研究の結果からは，回答中断行動によって，そのような大幅な時間増は生じていないことが明らかとなった。中断群と非中断群を比較すると，④分析用回答時間の差は第3四分位（75％）で数十秒程度で，明らかな外れ値を除外した場合の最大値で数分または十数分程度である（注12）。しかも，そうした回答者は，中断後に回答を再開し，最後まで回答を終えているのである。

　そう考えてみると，回答時間増のみを理由に，回答中断行動を積極的に管理する必要があるようには思われない。ただし，それだけを理由に管理不要との結論を下せるかというと，必ずしもそうではない。というのも，もしも中断群と非中断群の間で回答の質に著しい差があるようであれば，管理の要不要について更なる議論が必要になるからである。そこで次に，回答中断行動の有無による回答パターンの異同について検討することにしたい。

5.　回答中断行動とストレートライニング

　回答の質の指標となる回答パターンについては，まず，ストレートライニング（SL・NSL）について検討した。SL・NSL は不正回答が疑われる回答パターンであり，中断群に不正回答者が多く含まれるのであれば，SL・NSL は非中断群よりも中断群で多くなると予測される。

　なお，本研究では，そうした検討のために認知欲求尺度（神山・藤原，1991）が利用可能であった。この尺度は7件法のリッカート尺度15項目から成り，逆転項目を8項目含んでいるため，中央および中央付近の選択肢以外では，回答が SL・NSL となる可能性は極めて低いと考えられる（項目の提示順序はプログラム管理により回答者ごとにランダマイズされた）。

　まず，第1回調査の結果は表10-5のとおりで，認知欲求尺度15項目への回答における SL・NSL の割合は，中断群で4.5％，非中断群で9.2％と，中断群で低かった（ χ^2 (1) = 10.8, p < .001, Cramér's V = .09）。また，

表 10-5　心理尺度項目 15 項目におけるストレートライニングの割合（第 1 回調査：%）

	SL·NSL		肯定 1	← 2	3	回答選択肢 4	5	→ 6	否定 7	N
中 断 群	4.5	SL	0.0	0.0	0.0	0.3	0.2	0.0	0.0	600
		NSL	0.0	0.0	0.2	3.8	0.0	0.0	0.0	
非中断群	9.2	SL	0.1	0.0	0.0	2.4	0.1	0.0	0.2	801
		NSL	0.0	0.0	0.1	5.6	0.1	0.0	0.5	

注：SL は straightlining，NSL は near straightlining。項目選択肢の言語ラベルは神山・藤原（1991）どおり。

表 10-6　心理尺度項目 15 項目におけるストレートライニングの割合（第 2 回調査：%）

	SL·NSL		肯定 1	← 2	3	回答選択肢 4	5	→ 6	否定 7	N
中 断 群	7.9	SL	0.0	0.0	0.0	1.1	0.0	0.0	0.0	277
		NSL	0.0	0.0	0.4	6.1	0.4	0.0	0.0	
非中断群	14.2	SL	0.0	0.0	0.0	3.5	0.0	0.0	0.0	317
		NSL	0.0	0.0	0.6	9.5	0.0	0.3	0.3	

注：SL は straightlining，NSL は near straightlining。項目選択肢の言語ラベルは神山・藤原（1991）どおり。

SL・NSL の割合を選択肢ごとに見ると，1・2・6・7といった選択肢では SL・NSL がほとんど認められず（これらの選択肢での SL・NSL は不正回答の疑いが濃厚である），希少ながら認められた SL・NSL も非中断群での回答であった。なお，こうした傾向は第 2 回調査でもまったく同様で（表 10-6），SL・NSL の割合は，中断群で 7.9 %，非中断群で 14.2 % と，中断群で低かった（$\chi^2 (1) = 5.17$, $p < .05$, Cramér's $V = .02$）。また，選択肢ごとの SL・NSL の頻度についても，第 1 回調査とほぼ同様の結果であった。こうした結果は中断群で不正回答者が多いとは言えないことを示唆している。

　ただし，回答パターンについては SL・NSL の回答時間の長短も問題となる。もしも，どちらかの群で回答時間が極端に短い SL・NSL が多ければ，群間で回答の質に違いがあることになる。そこで，次に，中断群と非中断群の間で SL・NSL の回答時間に差があるかどうか検討した。

表 10-7　心理尺度項目 15 項目への回答時間（第 1 回調査：秒）

		最小	最大	四分位			平均	標準偏差	歪度	N
				25 %	50 %	75 %				
SL・NSL	中　断	9	53	15	21	30	24.0	12.7	1.12	27
	非中断	5	143	16	21	30	26.5	19.6	4.05	74
非 SL・NSL	中　断	7	1481	46	67	95	90.0	119.8	6.20	573
	非中断	9	449	48	67	90	77.7	52.9	2.77	727

注：SL は straightlining，NSL は near straightlining。

表 10-8　心理尺度項目 15 項目への回答時間（第 2 回調査：秒）

		最小	最大	四分位			平均	標準偏差	歪度	N
				25 %	50 %	75 %				
SL・NSL	中　断	9	200	16	23	28	31.0	38.8	4.33	22
	非中断	9	80	13	19	31	23.9	15.9	1.80	45
非 SL・NSL	中　断	8	774	42	63	86	79.0	79.2	4.83	255
	非中断	7	760	38	56	77	68.3	67.9	5.58	272

注：SL は straightlining，NSL は near straightlining。

　第 1 回調査の結果は表 10-7 のとおりで，まず，SL・NSL 以外の回答パターン（下段「非 SL・NSL」）に比べ，SL・NSL の回答時間（上段「SL・NSL」）は著しく短かった（中央値で約 45 秒の差があり，この差が全てカーソル移動時間の差によるものとは考えにくい）。また，SL・NSL の回答時間について（上段「SL・NSL」），中断群と非中断群の四分位範囲を比較すると，両者はほぼ重なり合っていた（「非 SL・NSL」についてもまったく同様であった）。

　次に，第 2 回調査の結果は表 10-8 のとおりで，SL・NSL 以外の回答パターンに比べ，SL・NSL の回答時間は著しく短かった（中央値で約 40 秒の差）。また，SL・NSL の回答時間についても，上記と同様に四分位範囲はほぼ重なり合っていた（「非 SL・NSL」についてもまったく同様であった）。

　以上の結果から，まず，公募型ウェブ調査においては，リッカート型の心理尺度項目群に一定の割合で不正回答が含まれている可能性があることが示唆された。しかし，そうした不正回答が疑われる回答パターンが中断群で多

くなる傾向は認められず，むしろ，SL・NSL の割合は中断群のほうで低いことが示された。

　なお，認知欲求尺度は一定の認知的負荷を伴う項目群であり，不正回答としての SL・NSL が生起しやすい質問であったと考えられる。また，そのため，中断群が不正回答を頻繁に行う回答者を多く含むのであれば，中断群でSL・NSL が多くなるはずである。しかし，本研究の調査では，2回ともそうした傾向は認められなかった。こうした結果は，回答中断行動の発生が，直ちに低質な回答の指標となるわけではないことを示唆している。

　ただし，非中断群のほうで SL・NSL が多くなっていた点については，不正回答を行う回答者が，回答を中断することはないものの，どの質問でも短時間で回答を終わらせようとして，SL・NSL という回答パターンを採用した可能性があることを示唆している。そこで次に，各質問への回答時間の質に注目し，回答中断行動との関連について検討することにした。

6.　超短時間回答と超長時間回答

　回答中断行動の有無によって回答時間の質に違いが認められるかどうか検討するために，本研究では回答時間の質の指標として，超短時間回答数と超長時間回答数を取り上げた（注13）。ここで言う超短時間回答（extremely short response time: ESRT）とは，不正回答の疑いが濃厚な短時間回答のことで，一定の長さの質問文や複数の選択肢が並んでいる質問画面で，わずか数秒の回答時間，すなわち，質問文や選択肢の読解，および，回答のための思考がなされたとは言いがたい短時間の回答を指す。他方，ここで言う超長時間回答（extremely long response time: ELRT）とは，回答中断を想定しないと了解不能な長時間回答のことで，回答時間の値が明らかに外れ値であるような長時間の回答を指す。

　本研究では回答者ごとに調査全体における ESRT 数と ELRT 数を算出し，それらの値が中断群と非中断群の間で異なるかどうか検討した。なお，一般論としては，ESRT 数の値は高くなるほど不正回答数が多いことを示唆し，当該回答者の回答の質が低い可能性があることを意味する。また，ELRT 数の値は，回答中断が頻繁に行われることが回答や調査への非専念性

を示唆するため，値が高くなるほど当該回答者の回答の質が低い可能性があることを意味する。したがって，一般論としては，非中断群よりも中断群でESRT数やELRT数が高い回答者の割合が多ければ，回答中断行動は不正回答や非専念回答の生起と関連すると考えざるを得ず，そのため，回答中断行動を管理する必要が生じることになる。

　なお，分析にあたっては，各質問画面ごとに，回答時間が2.5パーセンタイル値未満の回答をESRT，97.5パーセンタイル値超の回答をELRTと操作的に定義した（注14）。また，ESRT数とELRT数の値は，調査末尾の回答中断行動質問を除く全質問についてカウントしているため，両指標とも，第1回調査（質問数18）では0～17，第2回調査（質問数17）では0～16の値を取る。

　分析の結果は表10-9に示すとおりである。まず，第1回調査では，ESRT数の割合は中断群も非中断群もほぼ同様の分布となっている。他方，ELRT数については，予測どおり中断群で高い値の割合が多くなる傾向がう

表 10-9　超短時間回答数と超長時間回答数（回答中断の有無別）

個数	第1回調査				第2回調査			
	ESRT 数		ELRT 数		ESRT 数		ELRT 数	
	非中断	中　断	非中断	中　断	非中断	中　断	非中断	中　断
0	81.6	81.2	80.6	70.2	81.1	83.8	83.3	73.6
1	9.6	9.8	12.4	19.8	9.5	11.6	10.1	16.6
2	3.6	3.5	3.1	5.3	2.2	2.5	3.5	4.3
3	1.7	1.8	1.4	2.2	2.8	0.4	1.6	3.6
4	1.4	1.2	1.5	1.0	2.8	0.4	0.6	1.1
5	1.0	0.5	0.5	0.7	0.3	0.7	0.9	0.0
6	0.6	0.8	0.2	0.3	0.3	0.4	0.0	0.0
7	0.0	0.5	0.0	0.0	0.3	0.4	0.0	0.0
8	0.2	0.2	0.0	0.0	0.0	0.0	0.0	0.7
9	0.1	0.0	0.1	0.2	0.3	0.0		
10	0.0	0.2	0.1	0.0	0.3	0.0		
11	0.0	0.0	0.0	0.0				
12	0.0	0.3	0.0	0.2				
N	801	600	801	600	317	277	317	277

注：ESRTは超短時間回答，ELRTは超長時間回答。数字は列％で，％は各指標の最大値まで表示。

かがえるが、中断群で高い値の割合が著しく多くなってはいなかった。また、こうした結果は第2回調査についてもまったく同様であった。

なお、ESRT 数と ELRT 数のそれぞれについて、回答中断の有無と関連するかどうかカイ二乗検定を行った。カテゴリー数は、ESRT 数と ELRT 数については2以上の値を併合して「0」「1」「2以上」の3つとし、回答中断については「中断群」と「非中断群」の2つとした。その結果、第1回調査において、回答中断と ESRT 数の割合との間には関連が認められなかったが、ELRT 数の割合との間には有意な関連が認められ（$\chi^2 (2) = 21.0$, $p < .001$, Cramér's $V = .12$）、中断群で高い ELRT 数の割合が多くなっていた。また、第2回調査においては、回答中断の有無と ESRT 数との関連について有意傾向が示されたが（$\chi^2 (2) = 5.4$, $p < .1$, Cramér's $V = .07$）、ESRT 数が高い回答者の割合は非中断群で多くなっていた。他方、回答中断の有無と ELRT 数との間には有意な関連が認められ（$\chi^2 (2) = 8.3$, $p < .05$, Cramér's $V = .12$）、中断群で高い ELRT 数の割合が多くなっていた。

以上のように、まず、ESRT 数と回答中断の間には有意な関連が認められなかったため、多くの画面で不正回答をするような回答者が中断群により多く含まれているとは言えない結果となった。また、ELRT 数と回答中断の間には有意な関連が認められたものの、多くの画面（2質問超）で非専念回答を行っているような回答者が中断群により多く含まれているとは言えない結果となった。こうした結果は、いずれも、回答中断行動を管理する積極的な理由がないことを示唆している。

7. パラデータによる検票の必要性

本研究では、まず、公募型ウェブ調査の登録モニターのなかに、希少ながら、調査冒頭の調査依頼画面を提示したまま長時間にわたり回答を開始しない回答者がいることが明らかとなった。また、そのため、回答時間をパラデータとして利用する際には、調査会社に回答時間の測定方法を確認する必要があることが示唆された。

次に、公募型ウェブ調査については、有効回答者の少なくとも4割超が何らかの理由で一時的に回答を中断していることが明らかとなった。また、そ

うした回答中断により回答時間は増加するものの，時間増は数十秒程度であることも多く，最大値も 20 分弱であった。

　更に，ストレートライニング，超短時間回答数，超長時間回答数などを不正回答や非専念回答の指標とし，回答中断群と回答非中断群の間で回答の質に違いが認められるかどうか検討した。その結果，両群間に著しい差は認められず，回答中断群に不正回答や非専念回答を行う回答者がより多く含まれることを示す結果は得られなかった。

　以上の結果から，公募型ウェブ調査においては，データ納品時の有効票について，一時的な回答中断のみを理由に，回答中断者の回答を無効とする必要があるとは言えないと考えられる。もちろん，公募型ウェブ調査に回答者全員が同じ状況下で回答した，という仮定や，同一回答者の回答は全て同じ状況下で行われた，という仮定が必要となるのであれば話は別である。しかし，公募型ウェブ調査にそこまでの厳密さが求められるケースは極めて希であるように思われる。

　なお，本研究では回答中断行動を不正回答や非専念回答の指標と見なして分析を進めたが，回答中断行動を別の側面から見れば，回答中断によって中断後の回答の質が高まる可能性があることも否定できない。具体的に言えば，長時間に及ぶ調査では，短時間の休憩によって誤入力の発生を低減させることや（注 15），各種の回答中断行動によって，回答に必要な認知情報処理の妨害刺激を除去できる可能性もある。本研究ではこうした点について直接検討しているわけではないが，回答中断行動の有無によって回答の質に差が生じていないのは，そうしたことが原因となっている可能性もあると考えられる。また，そのため，こうした点については，今後，更なる実証研究が必要であるように思われる。

　ただし，以上の議論から，回答中断行動というパラデータの重要性が否定されるわけではないという点には注意が必要である。長時間に及ぶ調査の後半で，回答中断を意味する超長時間回答が頻発するようであれば，回答者の疲労が閾値を超えている可能性が高くなり，そうした情報から，適切な質問量や調査時間に関する貴重な資料が入手できる可能性もある。

　そのような意味では，必要なのはパラデータというデータだけでなく，公募型ウェブ調査が「パラデータによる検票を必要とする特殊な調査手法」で

あるという認識であり，経験に基づいた適切な調査管理であると言うべきである。そして，そのような認識に基づくならば，現時点で問題にすべきなのは回答中断行動よりも，むしろ，回答中断の有無に関わらず一定数存在する超短時間回答であると考えられる。ただし，現段階では超短時間回答の操作的定義や管理方法について十分な実証研究が行われているとは言えず，そうした点に関する実証研究は当該研究領域において急務となっているように思われる。

　なお，最後に，本研究の結果の一般化可能性，および，方法上の制約について述べておきたい。まず，本研究に利用したウェブ調査の回答者は一都三県に限定されており，こうした限定がない場合にどのような結果になるかについては未検討である。また，本研究に利用したウェブ調査では回答デバイスを PC に限定していたが，スマートフォンからの回答を許容した場合にも同様の結果になるかどうかは不明である（注16）。更に，本研究で利用したウェブ調査の質問数は20問未満と比較的少なかったため，質問数の多いウェブ調査でも同様の結果が得られるとは限らない。

　なお，本研究では回答中断行動の有無を自己報告によって測定しているが，4節で検討したように，そうした自己報告において虚偽回答が皆無であるという保証があるわけではない。もちろん，現状で，そうした虚偽回答が著しく多いことを示す具体的な知見が得られているわけではない。しかし，もしもそのようなことが起こっているとしたら，本研究の結果の解釈にも少なからず修正が必要となるため，こうした点もまた，今後の重要な研究課題であるように思われる（注17）。

　以上のように，本研究の結果の一般化可能性には一定の制限があると言わざるを得ない。しかし，重要なのは，結果の一般化だけでなく，公募型ウェブ調査の有効利用にはパラデータを用いた検票が不可欠であるという認識である。また，今後必要とされるのは，そうした認識に基づいた調査設計や調査管理であり，実査後のパラデータによる検票作業である。今後の公募型ウェブ調査の利用に際しては，そのような点に留意しつつ，さらなる方法論的基礎研究が必要であると言わねばならない。

注

注1　サーベイのパラデータについては，社会調査協会の機関誌『社会と調査』の 18 号において「パラデータの活用に向けて」という特集が組まれている。この特集にはパラデータの命名者であるミック・P・クーパーの「パラデータ概念の誕生と普及」とともに，大隅ほか（2017）や松本（2017）を初めとして，パラデータに関する貴重で有益な論文が多数収録されており，サーベイの方法論に関わる研究者の必読文献となっている。なお，この特集後に刊行されたウェブ調査のパラデータ研究としては，浅川ほか（2020）が挙げられる。

注2　具体的な管理方法としては，まず，中断者の回答を分析から除外するという方法が挙げられる。たとえば，Heerwegh & Loosveldt（2008）は回答時間 3 時間以上の回答者を除外しているが，そうした方法は中断者が少ない場合には一種の安全策として有効であると考えられる。ただし，そうした方法においては無効票判定基準の根拠が不明・曖昧であることも多く，中断者が多い場合にはサンプル数の減少や選択バイアス（selection bias）が問題となる。次に，より積極的な管理方法として冒頭宣言が挙げられる（増田ほか，2019）。冒頭宣言とは調査の冒頭で回答者に真面目に回答することを約束してもらう方法であるが，増田ほか（2019）はこの方法が不良回答者を減少させることを報告しており，同様の方法が回答中断行動を減少させることも十分予想される。

注3　本研究では，ウェブ調査の途中で回答が放棄され，特定の質問画面以降の回答が全て無回答となっている状態を脱落と呼ぶ（中止，あるいは，調査自体からの離脱と表現することも可能である）。これに対し，ウェブ調査の個々の質問画面への回答作業が一時的に中止されても，最終的には回答作業が完了している場合には，そうした中止を回答中断と呼ぶことにする。なお，脱落が個々の質問画面で生起した場合には無回答が発生するが，本研究で分析に用いた公募型ウェブ調査は全質問画面で無回答を許容しない仕様であったため，回答中断による無回答は発生していない。

注4　同様の問題は訪問留置調査や郵送調査においても潜在していたはずであるが，これまでそうした問題が十分検討されてきたとは言えないようである。他方，ウェブ調査の場合は，回答時間というパラデータが入手できることで，そうした問題を経験的に検討することが可能となっており，そうした点もウェブ調査のメリットのひとつであると考えられる。

注5　CCES と ANES は選挙研究のために実施される米国の大規模調査。CCES

は Cooperative Congressional Election Study の略。ANES は American National Election Studies の略。

注6　Ansolabehere et al.（2015）では，ウェブ調査において政治知識質問の正答探しがウェブ上で行われているかどうかが検討され，そうした不正行為の生起を示す体系的な証拠は得られなかったと結論づけられている。他方，Marquis（2021）では，2015 年のスイス全国調査のデータに基づき，政治知識質問への不正行為が疑われる回答が 1 〜 2 割認められたことが報告されている。このように両者の結論は正反対であるが，ここで注目したいのは両研究に共通して，不正行為の検知や修正のために回答時間というパラデータが積極的に利用されている点である。こうした点にも，ウェブ調査が回答時間によって検票されるべき方法であることが表れている。

注7　本章は山田（2019）に大幅な加筆修正を加えたものである。なお，本研究は平成 28 〜 30 年度日本学術振興会科学研究費補助金・基盤研究（A）「多肢選択肢における回答行動の統合的研究：質問紙・ウェブ調査法の設計と妥当性の検討」（研究代表者：坂上貴之，課題番号 16H02050）の助成を受けて行われた。また，本研究において実施された調査は東洋大学大学院社会学研究科研究倫理委員会の承認を受けた。

注8　調査会社委託（ポイント報酬制）。一都三県在住の男女 20 〜 69 歳が対象。調査会社の登録モニターから事前調査で回答者を抽出し，総数 1,400 人程度を目途に人口比例させた性年代人数を本調査に割り当てた（人口比例は平成 27 年度の国勢調査に基づく）。事前調査（スクリーニング調査）は 2017 年 1 月 17 日（火）〜 18 日（水）に実施し，69,810 人に配信して 5,000 人から回答を得た。ここから，無効回答，回答に利害の影響が懸念される特定業種の従事者（従事者が家族にいる者を含む）と，通信速度が著しく遅いダイヤルアップ接続者を除外して 4,137 人を抽出。そこから 2,325 人をランダムに抽出した後，本調査を 2017 年 1 月 20 日（金）〜 1 月 22 日（日）に配信し，割当人数分の回答回収時点で調査を終了して，1,444 人の有効回答を得た。調査では 1 画面に 1 質問を表示し，未回答存在時の警告表示により無回答を許容しない仕様とした。なお，本調査の質問数はスプリット 4 群とも 18 問であった（A 票〜 C 票：総クリック数 55 ＋数値入力 2 箇所，D 票：総クリック数 53 ＋数値入力 2 箇所＋スライダー尺度回答 2 箇所）。分析ではスマートフォンや携帯電話からの回答者を除き，回答デバイスが PC であった 1,401 名を分析対象とした。

注9　調査会社委託（ポイント報酬制）。一都三県在住の男女 20 〜 69 歳が対象。調査会社の登録モニターから事前調査で回答者を抽出し，総数 600 人程度

を目途に人口比例させた性年代人数を本調査に割り当てた（平成27年度国勢調査に基づく）。事前調査（スクリーニング調査）は2018年1月17日（水）～19日（金）に実施し，89,253人に配信して5,000人から回答を得た。ここから無効回答，回答への利害の影響が懸念される特定業種の従事者（従事者が家族にいる者を含む）と，通信速度が著しく遅いダイヤルアップ接続者を除外して4,118人を抽出した。そこから1,149人をランダムに抽出した後，本調査を2018年1月19日（金）～1月21日（日）に配信し，割当人数分の回答回収時点で調査を終了して，622人の有効回答を得た。なお，本調査の質問数はスプリット3群とも17問であった（A票～B票：総クリック数75＋数値入力2箇所，C票：総クリック数73＋数値入力2箇所＋スライダー尺度回答2箇所）。分析では，スマートフォンや携帯電話からの回答者を除き，回答デバイスがPCであった594名を分析対象とした。

注10　公募型ウェブ調査の仕様については，事前に詳細な情報が開示されるとは限らず，発注者から質問してはじめて入手可能となる場合が多いようである。発注者の知識・技量・経験が問われる所以である。

注11　本研究の目的は回答中断行動が回答の質に与える影響を明らかにすることであり，そのために必要なのは回答中断者を識別するための操作的な指標である。そのため，ここでは個々の回答中断行動についての詳細な検討は行わない。

注12　群間比較のために，各条件で，長時間方向にある外れ値を数件除外している。

注13　Matjašič et al.（2018）はウェブ調査の回答時間について科学論文28本を対象とする体系的なレビューを行っている（2003年1月1日から2017年6月25日までの科学論文を対象とする体系的な文献検索に基づく）。その結果，回答時間についての考え方（統計的，認知的），測定単位（項目，ページ，調査票），外れ値の基準については，対象論文間にコンセンサスがなかったことが報告されているが，そうした状況にはその後も大きな変化はないように思われる。なお，彼らのレビューによれば，回答時間の外れ値の基準には以下のような指標が採用されている。まず，統計的な基準としては，パーセンタイル（1st/99th，5th/95th，90th），標準偏差（平均値±2SD，平均値＋3SD），四分位範囲（±1.5IQR，±1.5IQR），平均値（平均値6倍），中央絶対偏差（5MAD），対数変換値（平均値＋SD，平均値＋2SD，パーセンタイル99.9th），中央値（中央値の30％・40％・50％）が挙げられる。一方，認知的な基準としては読み速度（reading rate）（例：1

語あたり 350 ミリ秒，1 分間に 450 語）が挙げられる。なお，回答時間の外れ値の基準については絶対的な正解があるようには思われないが，今後の実証研究においては基準値設定の根拠が示されることが重要であると考えられる。また，そうした研究として注目されるのが Schneider et al. (2022) である。彼らはウェブ調査の回答時間について，機械学習による予測モデルを開発している。開発に利用されたのは Understanding America Study（全米の大規模な確率パネル）のデータで，開発されたアルゴリズムは一般的な調査項目の回答時間の基準値導出に利用可能とされている。なお，そうした予測においては，回答時間の外れ値の除外（99 パーセンタイル基準）によって，回答中断行動が影響しないように考慮されているようである。

注 14　ここでは回答時間の正規分布を仮定せず，分布の上位 2.5 ％と下位 2.5 ％を便宜的に「極端な値」と見なしているが，長時間方向と短時間方向では値の発生理由が異なる可能性がある点には注意が必要である（長時間方向の値［上位 2.5 ％］は回答中断による可能性が高く，短時間方向の値［下位 2.5 ％］は不正回答・不良回答による可能性が高い）。

注 15　公募型ウェブ調査への回答が，情報機器作業（VDT 作業）が長時間連続するなかで行われるとしたら，回答者が回答作業の継続に困難さを感じた時点で積極的に休憩を取ったほうが，回答への動機付けが維持され，誤入力の発生も低下するかもしれない。もちろん，長大な調査票による調査の実施は避けるべきであるが，やむを得ない場合の休憩の効果については実証研究が必要でもあるように思われる。なお，人間工学，経営工学，産業医学などの分野では，VDT 作業と休憩の関係が古くから研究されている。また，厚生労働省の「情報機器作業における労働衛生管理のためのガイドライン（令和 3 年 12 月 1 日）」には，「一連続作業時間が 1 時間を超えない作業途中，1，2 回の小休止」や「次の連続作業までに 10 〜 15 分の作業休止」といった事項が盛り込まれている。

注 16　Antoun, et al. (2017) の実験的調査によれば，PC 回答者とスマートフォン回答者の間に，回答の質の差は認められていない。ただし，この実験的調査がパネルからの確率標本についてのものである点には注意が必要である。

注 17　今後の重要な検討課題のひとつとして回答中断行動の規定因の特定が挙げられる。そこで本研究では二項ロジスティック回帰分析による探索的検討を行った。従属変数は回答中断行動の有無（中断群／非中断群）であり，独立変数（カテゴリー数）は，性別 (2)，年代 (5)，教育水準 (4)，世帯

年収（5），回答デバイス種別（3），直近30日間の公募型ウェブ調査回答件数（4）である。結果を見ると，第1回調査では Nagelkerke's R^2 は.045で，Bonferroni 法（5％水準）による調整後に有意な関連を示したカテゴリーは「女性」と「50代」のみであった（「中断有」は「女性」で多く「50代」で少なくなっていた）。また，第2回調査では Nagelkerke's R^2 は.061で，Bonferroni 法（5％水準）による調整後に有意な関連を示したカテゴリーは皆無であった。なお，Bonferroni 法（5％水準）による調整を行わない場合は，有意な関連を示すカテゴリーは第1回調査で4つ，第2回調査で3つ認められたが，両回に共通して有意な関連を示した変数は皆無であった。以上のように，両回とも擬似決定係数が非常に低く，両回に共通して有意な関連を示す独立変数（カテゴリー）が認められなかったため，こうした結果は，回答中断行動が回答時の状況や偶然によって生起することを示唆していると考えられる（ただし，以上の分析において，解答中断行動に虚偽回答が含まれていないと仮定している点には注意が必要である）。

引用文献

Ansolabehere, S. & Schaffner, B. F.（2015）. Distractions: The incidence and consequences of interruptions for survey respondents. *Journal of Survey Statistics and Methodology*, **3**, 216-239.

Antoun, C., Couper, M. P., & Conrad, F. G.（2017）. Effects of mobile versus PC Web on survey response quality: A crossover experiment in a probability Web panel. *Public Opinion Quarterly*, **81**, 280-306.

浅川雅美・岡野雅雄・林　英夫（2020）．アイトラッキングによる自記式質問紙への回答行動の分析：Web 調査用質問画面の場合　行動計量学，**47**，141-152.

Callegaro, M., Manfreda, K. L., & Vehovar, V.（2015）. *Web survey methodology*. London: Sage.

埴淵知哉・村中亮夫・安藤雅登（2015）．インターネット調査によるデータ収集の課題：不良回答，回答時間，および地理的特性に注目した分析　*E-journal GEO*，**10**，81-98.

Heerwegh, D. & Loosveldt, G.（2008）. Face-to-face versus web surveying in a high-internet-coverage population: Differences in response quality, *Public Opinion Quarterly*, **72**, 836-846.

神山貴弥・藤原武弘（1991）．認知欲求尺度に関する基礎的研究　社会心理学研究，**6**，184-192.

増田真也・坂上貴之・森井真広（2019）．調査回答の質の向上のための方法の比較　心理学研究，**90**，463-472.

Marquis, L.（2021）. Using response times to enhance the reliability of political knowledge items: An application to the 2015 Swiss post-election survey. *Survey Research Methods*, **15**, 79-100.

Matjašič, M., Vehovar, V., & Manfreda, K. L.（2018）. Web survey paradata on response time outliers: A systematic literature review. *Advances in Methodology and Statistics*, **15**, 23-41.

松本　渉（2017）．データ取得プロセスの分析から調査を改善する　社会と調査，**18**，5-13.

大隅　昇・林　　文・矢口博之・簑原勝史（2017）．ウェブ調査におけるパラデータの有効利用と今後の課題　社会と調査，**18**，50-61.

Schneider, S., Jin, H., Orriens, B., Junghaenel, D. U., Kapteyn, A., Meijer, E., & Stone, A. A.（2022）. Using attributes of survey items to predict response times may benefit survey research. *Field Methods*, doi:10.1177/1525822X221100904.

山田一成（2019）．公募型 Web 調査における回答時間と回答中断行動　東洋大学社会学部紀要，**56**(2)，79-94.

おわりに

　筆者が初めて公募型ウェブ調査の設計に参加したのは 2010 年 2 月のこと
だった。当時，仕事の打ち合わせで TBS テレビの江利川滋さんとご一緒し
た際，近々ウェブ調査を実施する計画があるとのお話をうかがい，意見交換
をさせていただいたところ，「方法論的基礎研究が急務」との見解で一致し
たのである。

　さっそく具体的な研究テーマの選定に入り，調査票の設計が開始された
が，回答形式や選択肢はもちろん，質問文や項目の一字一句に到るまで，検
討はなかなか終了しなかった。また，そのため，画面校正作業も締め切り直
前まで続けられ，ギリギリのところで何とか双方の納得を得て，ようやく実
査に入ることができた。

　しかし，そこから先は驚くほど早かった。なにしろスクリーニング調査の
数日後には全データの納品が完了し，あとは分析するだけなのである。それ
まで経験してきた面接調査や留置調査とは比較にならないほどの早さであ
る。これならすぐに成果が出せる——そう思ったのだが，それで話は終わら
なかった。というのも，すぐに研究成果も得られたのだが，それとともに，
ウェブ調査が抱える新しい問題にも直面してしまったからである。研究者と
して大変な課題を背負ってしまった——二人がそう気づいた時が，本書の始
まりの時だった。

　とはいえ，最初から書籍という形がイメージされていたわけではない。慎
重を期し，まずは学会発表からスタートすることとなった。分析と議論の繰
り返しを経て，最初の研究発表が行われたのは，2013 年の日本社会心理学
会第 54 回大会だった。このときの発表内容は本書の 2 章に収録されている
が，調査結果には何人もの方々から「驚くべき結果ですね」とのコメントを
頂戴した。

　しかし，驚くべきことは，それだけでは終わらなかった。同大会に参加さ
れておられた慶應義塾大学の増田真也先生から筆者にお話があり，慶應義塾

大学の坂上貴之先生の研究プロジェクトへの参加を打診されたのである。しかも，錚々たる先生方がご参加予定とのこと。予想もしなかった展開に大いに驚き，戸惑ったものの，プロジェクトの目的が調査の方法論的基礎研究とうかがい，参加させていただくことにした。もちろん，襟を正す思いとともに，である。

こうして，江利川さんとの共同研究が先行するなか，並行して新しいプロジェクトも動き出し，筆者の全ての研究エフォートがウェブ調査の方法論的基礎研究に集中することとなった。そして，その後，シンポジウム，学会発表，論文投稿などを経て，それぞれの研究テーマが論文として形を成したところで出版の可能性が模索され，大変ありがたいことに誠信書房にお引き受けいただけることとなった。しかも，坂上先生と増田先生にもご執筆いただけるという幸運にも恵まれた。このように，いろいろな方々のご厚意とご協力を得て，ようやく形となったのが，本書『ウェブ調査の基礎：実例で考える設計と管理』である。

なお，そうした本書の1章，6章，8章は書き下ろしであるが，それ以外の章には，下記のとおり，初出に相当する論文がある。ただし，いずれの章も，初出に相当する論文に大幅な加筆修正が施されており，章によっては追加調査や追加分析の結果も加筆されていることをお断りしておく。

2章　複数回答形式と個別強制選択形式の比較

江利川滋・山田一成（2015）．Web調査の回答形式の違いが結果に及ぼす影響：複数回答形式と個別強制選択形式の比較　社会心理学研究, **31**, 112-119.

3章　個別強制選択形式の有効性評価

江利川滋・山田一成（2018）．公募型Web調査における複数回答形式の有効性評価　心理学研究, **89**, 139-149.

4章　両極型スライダー尺度の有効性

山田一成（2020）．公募型Web調査におけるスライダー尺度の有効性評価（1）：両極型スライダー尺度による収入満足度の測定　東洋大学社会学部紀要, **58**(1), 35-50.

5章　単極型スライダー尺度の有効性

山田一成（2021）．公募型 Web 調査におけるスライダー尺度の有効性評価（2）：単極型スライダー尺度による主観的ストレスの測定　東洋大学社会学部紀要，**58**(2)，19-33.

7章　ストレートライニングの検出と評価

山田一成・江利川滋（2021）．公募型 Web 調査におけるストレートライニングについて：SD 法を用いた企業イメージ測定に関する事例研究　東洋大学社会学部紀要，**59**(1)，5-17.

9章　回答デバイスと回答の質

山田一成・江利川滋（2022）．公募型 Web 調査の回答の質に回答デバイスが及ぼす影響　東洋大学社会学部紀要，**59**(2)，67-82.

10章　回答時間と回答中断行動

山田一成（2019）．公募型 Web 調査における回答時間と回答中断行動　東洋大学社会学部紀要，**56**(2)，79-94

なお，言うまでもないことではあるが，ウェブ調査の方法を主題とする邦文書籍や邦文論文は，これまでにも少なからず刊行されており，本書もそうした書籍や論文に多くを負っている。紙幅の都合もあるため，ここでその全てを挙げることはできないが，それでも，下記の書籍だけは挙げさせていただきたい。

大隅　昇・鳰真紀子・井田潤治・小野裕亮（訳）（2019）．ウェブ調査の科学：調査計画から分析まで　朝倉書店（Tourangeau, R., Conrad, F.G., & Couper, M.P. (2013). *The science of web surveys*. New York: Oxford University Press.）

この翻訳書とその日本語版付録には，大いに学ばせていただくとともに，研究者としてのあるべき姿勢を教えていただいた。記して心からの敬意と感謝を表明させていただきたい。

また，公募型ウェブ調査に関する実証研究を実施するにあたっては，調査会社サイドが公開している情報も大変有益であった。参考にさせていただいた情報は数多くあるが，特に近年の必読情報としては，一般社団法人日本

マーケティング・リサーチ協会（JMRA）の下記のガイドラインを挙げさせていただきたい。

一般社団法人日本マーケティング・リサーチ協会インターネット調査品質委員会（2020）. インターネット調査品質ガイドライン 第2版.（https://www.jmra-net.or.jp/rule/guideline/）（2022年12月21日閲覧）

なお，本書の出版が実現するまでには，いろいろな方々からご高配を賜るとともに，望外の幸運にも恵まれた。共同研究でご一緒させていただき，多くを学ばせていただいた方々については既に述べたとおりであるが，それとともに大変ありがたかったのが，東洋大学の研究教育環境である。東洋大学では単年度の個人研究費によって毎年ウェブ調査が実施できただけでなく，体系的に整備されたカリキュラムと大規模な最新の情報教育設備によって，研究と教育を重ねることが可能となった。しかも，2021年度には国内特別研究（サバティカル）を取得することも可能であった。そうした貴重な研究教育環境を与えて下さった東洋大学には，ここであらためて，心より感謝申し上げる。

　また，本書の2章，3章，7章，9章では，株式会社TBSテレビ・マーケティング部（現：総合マーケティング室）とアクティブメディア研究会が共同で実施した調査のデータを使用させていただいた。データ利用を許可していただいた株式会社TBSテレビ・総合マーケティング室に厚く感謝申し上げる。

　さらに，本書の4章，5章，10章で分析の対象となった調査は，平成28〜30年度日本学術振興会科学研究費補助金・基盤研究（A）「多肢選択肢における回答行動の統合的研究：質問紙・ウェブ調査法の設計と妥当性の検討」（研究代表者：坂上貴之，課題番号16H02050）の助成を受けて行われた。記して心より感謝申し上げる。

　そして，本書を締めくくるにあたり，本書の出版を快くお引き受け下さった誠信書房の楠本龍一さんに特別の感謝を捧げたい。楠本さんは，出版事情厳しき折にもかかわらず，本書の出版を現実のものとし，終始，大変有益で行き届いたコメントを下さった。執筆者一同，心より御礼を申し上げる次第である。

本書が日本におけるウェブ調査の方法論的基礎研究のひとつとして，今後の公募型ウェブ調査の有効利用に向けた議論の一助となることを，心から願っている。

2023 年 2 月吉日

山田一成

編著者紹介

山田一成 （やまだ　かずなり）

現　　　在　東洋大学社会学部社会心理学科　教授，専門社会調査士

経歴・役職　1990 年，東京大学大学院社会学研究科博士課程単位取得退学。

その後，東京大学文学部助手，法政大学社会学部専任講師，同助教授，同教授を経て，2013 年より現職。

東京大学，東京都立大学，学習院大学で非常勤講師，日経消費経済研究所，日経産業消費研究所で非常勤研究員を歴任。

日本心理学会，日本社会心理学会，日本行動計量学会，会員。社会心理学研究編集委員（2005 ～ 2009 年）。

著書・論文　著書に『心理学から見た社会』（共編著，誠信書房，2020 年），『消費者心理学』（共編著，勁草書房，2018 年），『心理学研究法 補訂版』（分担執筆，有斐閣，2017 年），『心理学研究法 5 社会』（分担執筆，誠信書房，2012 年），『聞き方の技術』（日本経済新聞出版社，2010 年），ほか。論文に「政策に関する世論調査における疑似意見」（東洋大学大学院紀要，58，2022 年），「変わるサーベイの意味と役割」（日本世論調査協会報，108，2011 年），ほか。

執筆者紹介（執筆順）

山田一成（やまだ　かずなり）　　【はじめに，1〜5章，7章，9〜10章，おわりに】
編著者紹介参照

江利川　滋（えりかわ　しげる）　　【2章，3章，7章，9章】

現　　　在　株式会社 TBS テレビ総合編成本部総合マーケティング室担当局次長，専門
　　　　　　社会調査士
経歴・役職　1996 年，東京大学大学院人文社会系研究科博士課程単位取得退学。
　　　　　　その後，株式会社東京放送（現株式会社 TBS ホールディングス）入社，調
　　　　　　査部，営業推進部，マーケティング部などの勤務を経て，2020 年より現職。
　　　　　　帝京大学，法政大学，日本大学で非常勤講師を歴任。
　　　　　　日本心理学会，日本社会心理学会，日本行動計量学会，会員。日本世論調査
　　　　　　協会評議員（2016 〜 2022 年）。
著書・論文　著書に『社会心理学研究法』（分担執筆，福村出版，2007 年），『女性のパソ
　　　　　　コン利用と情報社会の展望』（共著，富士通ブックス，1997 年），ほか。論
　　　　　　文に「テレビ親近感とテレビ視聴行動の関連性について」（共著，社会心理
　　　　　　学研究，22，2007 年），「ソーシャルメディアを傾聴するテレビコンテンツ・
　　　　　　マーケティング」（マーケティングジャーナル，123，2012 年），「改訂版テ
　　　　　　レビ親近感尺度の信頼性と妥当性」（共著，心理学研究，2012 年），ほか。

増田真也（ますだ　しんや）　　【6章，8章】

現　　　在　慶應義塾大学看護医療学部　教授，博士（心理学）
経歴・役職　1995 年，慶應義塾大学大学院社会学研究科博士課程単位取得退学。
　　　　　　その後，茨城大学助教授，慶應義塾大学准教授を経て，2018 年より現職。
　　　　　　日本心理学会，日本社会心理学会，日本行動計量学会，会員。
著書・論文　著書に『心理学が描くリスクの世界 Advanced：行動的意思決定の展開』
　　　　　　（共編著，慶應義塾大学出版会，2023 年），『心理学が描くリスクの世界：行
　　　　　　動的意思決定入門第 3 版』（共編著，慶應義塾大学出版会，2018 年），『意思
　　　　　　決定と経済の心理学』（分担執筆，朝倉書店，2009 年）ほか。論文に「調査
　　　　　　回答の質の向上のための方法の比較」（共著，心理学研究，90，2019 年），
　　　　　　Respondents with low motivation tend to choose middle category: Survey questions on
　　　　　　happiness in Japan（共著，*Behaviormetrika*，44，2017 年），「調査の回答における
　　　　　　中間選択：原因，影響とその対策」（共著，心理学評論，57，2014 年），ほ
　　　　　　か。

坂上貴之 (さかがみ　たかゆき)　　【6章, 8章】
　　　　　　　慶應義塾大学　名誉教授, 文学博士
経歴・役職　1984 年, 慶應義塾大学大学院社会学研究科博士課程単位取得退学。
　　　　　　　その後, 慶應義塾大学助教授, 同大学教授を経て, 2019 年に同大学を退職。
　　　　　　　日本心理学会編集委員会委員 (2007 〜 2011 年), 日本基礎心理学会理事長
　　　　　　　(2011 〜 2017 年), 日本行動分析学会理事長 (2015 〜 2018 年), 日本心理学会
　　　　　　　理事長 (2019 〜 2023 年), 日本心理学諸学会連合理事長 (2020 〜 2023 年)。
　　　　　　　2023 年, 逝去。
著書・論文　著書に *Diversity of Experimental Methods in Economics* (分担執筆, Springer,
　　　　　　　2019 年), 『行動分析学:行動の科学的理解をめざして』(共著, 有斐閣,
　　　　　　　2018 年), 『意思決定と経済の心理学』(編, 朝倉書店, 2009 年) ほか。論文
　　　　　　　に「多くの項目に回答することによる中間選択の増加」(共著, 行動計量学,
　　　　　　　44, 2017 年), ほか。

ウェブ調査の基礎
——実例で考える設計と管理

2023年2月20日　第1刷発行
2024年4月5日　第2刷発行

編著者　山田一成
発行者　柴田敏樹
印刷者　藤森英夫

発行所　株式会社　誠信書房
〒112-0012　東京都文京区大塚3-20-6
電話03（3946）5666
https://www.seishinshobo.co.jp/

印刷／製本：亜細亜印刷㈱
ISBN 978-4-414-30022-2 C3011

心理学から見た社会
実証研究の可能性と課題

安藤清志・大島 尚 監修
北村英哉・桐生正幸・山田一成 編著

第一線の研究者たちが、それぞれの研究テーマやスタイルに基づきながら、「社会」というキーワードを共有して執筆した。各領域において示される、到達点と今後の研究課題は、これから研究を始める人や、これまでの研究をさらに展開させたいと考える人にとって、示唆に富み、知的探求心や創造性を刺激する。正統的でありながらアクティブであり、心理学最先端のテーマを扱いながら、リーダブルな専門書である。

A5判並製　定価(本体2700円+税)